本书得到河南大学哲学与公共管理学院出版基金支持。

理论与实践
公共管理的多维探索

郭 婕◎著

汕头大学出版社

图书在版编目（CIP）数据

理论与实践：公共管理的多维探索 / 郭婕著.
汕头：汕头大学出版社，2024.8. -- ISBN 978-7-5658-5378-4

Ⅰ. D035

中国国家版本馆 CIP 数据核字第 2024ET2667 号

理论与实践：公共管理的多维探索
LILUN YU SHIJIAN GONGGONG GUANLI DE DUOWEI TANSUO

著　　者：	郭　婕
责任编辑：	宋倩倩
责任技编：	黄东生
封面设计：	寒　露
出版发行：	汕头大学出版社
	广东省汕头市大学路 243 号汕头大学校园内　邮政编码：515063
电　　话：	0754-82904613
印　　刷：	河北万卷印刷有限公司
开　　本：	710 mm×1000 mm　1/16
印　　张：	16
字　　数：	220 千字
版　　次：	2024 年 8 月第 1 版
印　　次：	2024 年 9 月第 1 次印刷
定　　价：	98.00 元

ISBN 978-7-5658-5378-4

版权所有，翻版必究

如发现印装质量问题，请与承印厂联系退换

前 言

在当今这个快速变化的世界中，公共管理作为一个学科领域，正面临着前所未有的挑战和机遇。全球化的浪潮、信息技术的迅猛发展、社会结构的深刻变化，以及公民期望的不断提高，这些因素共同推动了公共管理理论与实践的深度变革。随着新的社会需求和管理问题的出现，研究公共管理不仅需要重新审视其基本原则和方法，还需要探索更为创新和有效的管理策略。另外，公共管理作为一门学科，其目的在于为国家培养公共管理方面的杰出人才，以提升政府和公共机构的管理效能、确保公共服务的有效提供，以及促进社会公正和经济发展。这不仅要求公共管理者具备较高的专业知识水平和技能水平，还要求他们能够适应不断变化的环境，面对多样化的社会需求和复杂的管理挑战。因此，公共管理领域中的理论和实践不断演进，旨在寻找更加高效、公平和可持续的管理方法。

本书旨在为读者提供一种对公共管理的探索视角。全书共分为八章，第一章梳理了公共管理的基本概念、发展脉络以及作为公共管理基础的公共管理环境的一系列要点。通过对公共管理的概述，为读者揭示公共管理作为学科的核心问题和研究范式。第二章深入探讨了公共管理的执行主体，即政府、社会组织等，强调了在现代公共管理中多主体协作的重要性以及各主体在公共服务提供中的角色和作用。第三章以公共政策的相关基本概念为基础，集中剖析了公共政策的全周期，包括政策的制订、执行、评估与监控。本章通过分析公共政策执行过程中的关键环节，展现公共政策如何响应社会需求、解决公共问题。第四章讨论了公共部门财政管理的基本原则和实践，包括公共预算的基本概念、公共收支的管理，以及通过财政手段实现政策目标的策略。第五章关注公共部门如何通过绩效管理提高效率，包括绩效管理的含义、特点与功能，绩效计划的制订、实施，绩效的考核，以及绩效反馈与持续优化的过程。第六章从各方面分析了公共部门人力资源管理，包括内涵、特点、重要性、目标、内容等，对公共部门人力资源管理改革的趋势进行了探讨。第七章深入讨论了公共服务与基本公共服务的相关知识，论述了如何实现基本公共服务的均等化以及城乡在公共服务方面的差异和应对策略。第八章聚焦于大数据如何影响公共管理发展，探讨了大数据时代下公共管理创新的意义、理念、原则以及电子政务的建设和服务型政府的构建。

  面对复杂多变的社会环境和日益增长的公共需求，公共管理的任务越发艰巨。公共管理者不仅要具备跨学科的知识结构，还需要具有优秀的创新意识和实践能力，以应对不断出现的新情况和新问题。由于时间仓促、水平有限，本书不足之处在所难免，恳切希望广大读者、专家批评指正。

目　录

第一章　公共管理概述　/ 1
　　第一节　公共管理入门　/ 1
　　第二节　公共管理的理论演变　/ 19
　　第三节　公共管理环境阐释　/ 25

第二章　公共管理的主体　/ 31
　　第一节　公共管理主体的内涵与特点　/ 31
　　第二节　政府部门的职能　/ 35
　　第三节　社会组织的协同作用　/ 52

第三章　公共政策的深度剖析　/ 57
　　第一节　公共政策的含义、特征与分类　/ 57
　　第二节　公共政策的制订　/ 67
　　第三节　公共政策的执行　/ 74
　　第四节　公共政策的评估与监控　/ 83

第四章　公共部门的财政管理　/ 89
　　第一节　公共预算初探　/ 89

第二节　公共收入与支出管理 / 98

第三节　公共预算与政府决算 / 106

第五章　公共部门的绩效管理 / 111

第一节　公共部门绩效管理的含义、特点与功能 / 111

第二节　公共部门绩效计划制订与实施 / 120

第三节　公共部门绩效考核 / 126

第四节　公共部门绩效反馈与持续优化 / 134

第六章　公共部门的人力资源管理 / 143

第一节　公共部门人力资源管理的内涵、特点及重要性 / 143

第二节　公共部门人力资源管理的目标 / 149

第三节　公共部门人力资源管理的内容 / 151

第四节　公共部门人力资源管理的改革 / 159

第七章　公共服务的现代化发展 / 171

第一节　公共服务与基本公共服务简析 / 171

第二节　基本公共服务均等化 / 182

第三节　城乡基本公共服务均等化 / 192

第八章　大数据时代公共管理的创新发展 / 199

第一节　大数据与公共管理创新 / 199

第二节　大数据时代公共管理创新的意义、理念与原则 / 204

第三节　大数据时代电子政务的建设实施 / 217

第四节　大数据时代服务型政府的构建 / 229

参考文献 / 245

第一章　公共管理概述

第一节　公共管理入门

公共管理是20世纪60年代以后，伴随新公共行政学的崛起在西方国家出现的一个新概念，它与公共政策、公共服务等都有密切的联系。①

在现代社会的复杂框架内，公共管理充当着不可或缺的角色，它涉及如何有效地管理和分配资源以满足公共需求，并促进公平与持续发展。本节通过对公共管理基础知识的介绍，对公共管理的职能、目标、基本原则等方面进行了初步探讨，为深入探索公共管理的多维世界奠定了坚实的基础。

一、公共管理的概念

公共管理从概念范围来讲主要就是指公共事务管理，是通过对公共资源的有效整合来促进管理效能的最大化发挥，包括政治、经济、管理、法律等知识在政府和相关公共事务方面的运用。② 公共管理作为一个独特的学科和实践领域，涉及在公共部门内进行的规划、组织、领导、协调和控制活动。这些活动旨在高效地利用公共资源，以满足社会的需求、

---

① 赵京国. 公共管理理论与实践探索 [M]. 长春：吉林人民出版社，2021：1.
② 林冬鹏. 公共管理视角下监狱人民警察职业倦怠成因与对策研究：以广东省H监狱为例 [D]. 桂林：广西师范大学，2022.

实现社会发展的目标。根源上，公共管理关注的是政府和非营利组织如何管理其内部结构和外部关系，以确保公共服务的有效提供和公共政策的成功实施。公共管理的范畴广泛，包括但不限于财政管理、人力资源管理、公共政策分析和评估以及公共服务提供。它旨在通过提高政府的管理效能，促进社会公平正义，提高经济发展效率和环境可持续性。与此同时，公共管理强调公民参与和利益相关者协商对于提高政策制订过程透明度和推行政府问责制的重要性。

公共管理的概念反映了这样一种理念，即：通过公共部门的活动和服务，可以实现公共利益和社会福祉的最大化。这要求公共管理者不仅具备传统管理技能，如领导力和决策能力，还需要理解经济学、社会学和政治学等多个学科的知识，以便在复杂的政治和社会环境中做出明智的管理决策。在实践中，实施公共管理的主体包括国家、地方政府机构以及公共部门内部的不同部门。这些机构需要在资源有限的情况下，解决复杂的社会问题，如教育平等、公共安全和环境保护等方面的问题，这要求公共管理者展现出高度的灵活性、创新能力和战略思维。公共管理寻求公共利益的最大化，这与私人部门追求利润最大化的目标形成鲜明对比。公共管理强调的是如何在有限的资源下满足社会最广泛的需求，而不仅仅是为了实现财务盈利。这一点体现了公共管理在价值观、目标设定和利益平衡方面的独特性。公共管理面临的挑战是多方面的，包括如何应对日益增长的公众期望、如何在财政压力下维持高质量的公共服务，以及如何在全球化和技术变革的背景下保持政策的相关性和有效性。公共管理者还需要处理公共部门内部的道德和伦理问题，确保透明度和公正性，同时促进公众参与和利益相关者的协商。

随着时间的推移，公共管理作为一门学科一直在不断发展和适应新的挑战。从早期的官僚制管理模式到新公共管理的兴起，再到对新公共服务治理模式的探索，公共管理者不断地寻求创新和改进，以提高政府和公共部门的性能与公共服务的质量。

二、公共管理与私人管理的区别

公共管理与私人管理在管理目标、调控机制、利益相关者、责任与问责机制、资源获取与使用等方面存在根本的差异（图1-1）。这些差异反映了两种管理形式在面对其责任和挑战时的不同途径和策略。

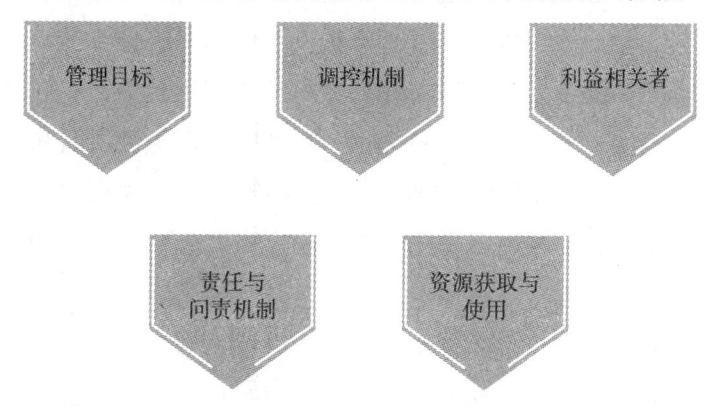

图1-1 公共管理与私人管理的区别

（一）管理目标

公共管理的主要目标是服务于公众利益，实现公共价值。这包括保障公民的基本权利和自由、提供必要的公共服务、维持社会秩序、促进公平正义，以及推动可持续发展。这些目标体现了公共管理的使命是推动整个社会的发展、增进民生福祉，而不仅仅是为了特定个人或群体的利益。换言之，公共组织的产生与存在是为了维护和增进公共利益，绝不能以公共组织的自身利益作为活动目标。[①] 因此，公共管理者在制订和执行政策时，需要平衡不同社会群体的利益，确保资源的公平分配，并努力解决社会问题。与公共管理的广泛目标相比，私人管理的目标通常更具体，主要集中在提升企业的经济价值上。这包括盈利最大化、市场份额扩大、成本控制、产品和服务质量提升、客户满意度提升等。私人

---

① 黎民.公共管理学[M].2版.北京：高等教育出版社，2011：14.

企业追求效率和利益，力求在激烈的市场竞争中保持领先地位。私人管理的这些目标反映了其核心任务是为股东和投资者创造最大的经济回报。

这种在管理目标上的根本差异导致了公共管理和私人管理在决策、策略制订和执行等方面的显著不同。公共管理在追求公共目标的过程中，往往需要考虑政策的广泛社会影响，这可能包括对环境的保护、对弱势群体的支持和对公共安全的维护等方面。从而公共管理者需要具备较高的政策敏感性和道德责任感，以确保政策能够兼顾公平性和效率性。相反，私人管理在追求经济效益的同时，可能会采取更为灵活和创新的管理策略。私人企业在制订目标时可以更加聚焦于市场需求和客户偏好，通过优化资源配置、采用先进技术和提高服务质量来实现竞争优势。

（二）调控机制

调控机制关系到如何通过一系列规则、政策、标准和过程来引导和控制组织行为，以确保组织目标的有效实现。这类机制不仅影响组织内部的决策和操作，还涉及组织与外部环境的互动。公共管理主要是通过政府机制来实现的，私人管理则主要是通过市场机制来完成的。[1]

在公共管理领域，调控机制主要通过法律法规、政策指导、规章制度和公共监督来实施，旨在确保公共服务的提供、公共资源的合理分配和公共利益的最大化。公共部门需要在宽广的社会目标和公共利益的框架内运作，这要求其调控机制能够反映公共政策的导向，同时兼顾效率、公平和透明度。例如，政府部门在制订公共政策时，会通过公众咨询和利益相关者参与的方式来确保决策过程的透明度和包容性。此外，公共监督机制，如审计、评估和公众反馈机制确保了公共管理活动的问责性和透明性。私人管理中的调控机制更多依赖于市场机制、企业治理结构和内部管理制度。私人企业在追求盈利最大化的过程中，通过竞争和效率原则来调节其运作和策略。市场机制为私人管理提供了自然的调节方

---

[1] 楚明锟.公共管理学[M].开封：河南大学出版社，2013：10.

式，如供需关系、价格机制和竞争状态等，促使企业不断优化资源配置和运营效率。企业治理结构，包括董事会、股东大会和管理层，确保了企业决策的合法性和合理性，同时通过内部控制和风险管理机制来监控企业活动和绩效。这些调控机制使私人企业能够灵活应对市场变化、追求创新和提升效率。正是政府机制在公共管理中的核心地位，决定了公共管理是在公共利益的引导下，以近乎垄断的方式提供公共物品和公共服务；而私人管理在市场竞争机制的驱动下，始终如一地以利润为导向，以竞争的方式提供私人产品。[①]

这种在调控机制上的差异反映了公共管理和私人管理在目标定位、组织责任和外部环境互动方面的本质区别。公共管理的调控机制重视法律法规的遵循、公共政策的实施和公共利益的维护，强调过程的正义和公众参与；而私人管理的调控机制更加注重市场导向、组织效率和股东利益的最大化，侧重于结果的优化和创新能力的提升。

（三）利益相关者

利益相关者指的是那些对组织的活动、目标和决策有直接或间接兴趣的个人或群体。他们可能受到组织决策的影响，或者能够影响组织的决策和表现。公共管理与私人管理在识别、满足这些利益相关者需求方面存在明显的差异，这些差异反映了各自的目标、责任和操作环境的本质区别。公共管理的利益相关者通常包括广大公众、政府机构、非政府组织等，所以公共管理者在决策过程中要考虑到广泛的利益相关者群体。公共管理应坚持透明和包容，确保各利益相关者的意见和需求得到充分考虑和平衡。这通常涉及复杂的协商和沟通过程，以及建立有效的参与机制，以确保政策制订和执行的公正性和合理性。公共管理中的利益相关者参与不仅有助于提高政策的有效性和可接受性，还能提升公共管理活动的透明度和公众信任度。私人管理的利益相关者包括股东、客户、

[①] 黎民．公共管理学[M]．2版．北京：高等教育出版社，2011：4．

员工、供应商、竞争对手等。私人管理的核心目标是实现组织的经济利益和提升股东价值，这要求管理者在决策过程中重点关注那些直接影响组织经济绩效的利益相关者。私人企业通常通过市场研究、顾客满意度调查和员工反馈等手段来识别和满足关键利益相关者的需求。此外，企业社会责任项目和社区参与活动也成为私人企业连接更广泛利益相关者、塑造品牌形象和提升公众影响力的重要手段。对利益相关者的管理在公共管理和私人管理中的这种差异凸显了两者在优先考虑的利益相关者群体、参与方式和目标实现路径上的本质区别。公共管理更注重于公众利益的实现和多元利益的平衡，而私人管理侧重于经济效益的最大化和核心利益相关者需求的满足。这不仅要求管理者具备不同的技能和策略，还意味着两种管理模式在实践中面临着不同的挑战和责任。理解和应对这些差异对于提高管理效能、提升利益相关者满意度和促进组织成功至关重要。

（四）责任与问责机制

责任与问责机制在公共管理与私人管理中扮演着核心角色，体现了组织对其行为和决策的责任感及对利益相关者的回应程度。这些机制不仅关系到组织的诚信和透明度，还直接影响到其效能、公信力和长期成功。在公共管理与私人管理的对比中，责任与问责机制展现出显著的差异。

公共管理中的责任与问责机制主要是为了保障政府和公共机构在服务公众时的透明度、公正性和有效性。公共部门的责任是对全体公民负责，特别是在使用公共资源、提供服务和制订及执行政策的过程中。因此，公共部门需遵循严格的法律法规，确保其行为能够承受公众、媒体和监管机构的审查。公共管理的问责机制包括定期的性能评估、审计、公众咨询和反馈程序等，这些都是确保公共管理透明度和回应公众需求的关键措施。此外，政策失败或服务不足时，公共部门和个人可能面临来自政治、法律或社会的责任追究，这有助于强化公共服务提供的质量

第一章 公共管理概述

和效率。私人管理中的责任与问责机制更多地集中在对股东、投资者和客户的责任。私人企业需确保其操作和决策能够提升公司的经济利益，同时符合法律法规和行业标准。私人管理的问责机制通常包括内部审计、市场竞争、股东会议和消费者反馈等。虽然私人企业也受到公众和法律的监督，但相比公共部门而言，私人企业更多地依赖市场机制和企业自身的治理结构。企业在面临市场失败或经营不善时，主要通过市场竞争和法律诉讼来实现责任追究。此外，企业社会责任成为企业自愿承担社会责任和提高透明度的一种方式，虽非强制性问责机制，但在提升企业形象和帮助企业取得成功方面发挥着越来越重要的作用。

这种在责任与问责机制上的差异反映了公共管理与私人管理在追求目标、满足利益相关者需求和承担社会责任上的本质区别。公共管理的责任与问责机制更加注重公共利益的维护、政策的公正执行和公共资源的有效使用，强调的是对公众的广泛责任；而私人管理更侧重于经济目标的实现、对股东和客户的责任，以及通过市场机制来实现自我调节和问责。理解这些差异对于管理实践者、政策制订者和相关学者来说至关重要，有助于他们在面对不同管理环境和挑战时，做出恰当的决策和采取有效的管理策略。

（五）资源获取与使用

公共管理的资源获取主要依赖于政府预算、税收和政府债券等公共财政手段。这些资源来自公众的贡献，因而其使用受到严格的监督和规范，旨在确保公共资源能够按照公平、有效和透明的原则被用于提供公共服务、实施公共政策和增进社会福祉。公共管理在资源使用上应考虑到广泛的公共利益，确保资源分配能够反映社会的优先需求，并通过适当的财政手段，对资源的配置和使用进行计划、监控和评估。此外，公共管理面临的资源限制要求公共部门在资源使用上展现出高度的责任感和效率，以实现最大程度的公共利益。与此相对，私人管理的资源获取则更多依赖于市场操作，包括投资、贷款、股票发行和内部利润等。私人企业在资源使用上追求的是经济效益和投资回报最大化。这意味着私人企业需要在高度竞争的市场环境中灵活调配资源、快速响应市场变化、创新产品和服务，以及优化运营效率。私人企业在资源配置决策中通常采取成本效益分析，重点关注投资的收益率和风险管理。私人企业还可能通过战略联盟、合作伙伴关系和外包等方式，有效拓展和利用外部资源，以增强自身的竞争力和市场地位。

这种在资源获取与使用上的差异凸显了公共管理和私人管理在追求的目标、面临的约束和采取的策略上的本质区别。公共管理的资源使用更注重公共利益的实现、资源的公平分配和社会目标的达成；而私人管理侧重于经济效益的最大化和企业利润的增长。这不仅要求两种管理模式在资源管理上采用不同的方法和工具，还意味着它们在发挥组织效能和承担社会责任方面面临着不同的挑战和机遇。理解这些差异对于有效的资源管理、政策制订和组织战略规划至关重要，它有助于组织在复杂多变的环境中做出恰当的决策和行动。

三、公共管理的主要职能

公共管理的主要职能不仅是政府和公共部门日常运作的基础，还是推动社会发展和增进公共福祉的关键。所谓职能，是指特定组织基于某种规定所承担的基本职责和基于自身结构形式所能发挥的功能、作用，它是职责与功能的统一。而公共管理职能是指特定环境下，公共管理部门在管理社会公共物品与服务的过程中所承担的基本职责与所具有的功能作用的统一体。[①] 公共管理的职能体现了公共管理者在处理公共事务、实现政策目标、管理公共资源和提供公共服务方面的作用和责任。这些职能涵盖了规划、组织、领导、协调、执行、控制和评估等多个方面，每一方面都对公共管理的有效性和效率有着深远的影响（图1-2）。

---

① 郭敏. 公共管理理论与城市服务创新[M]. 长春：吉林出版集团股份有限公司，2020：9.

第一章 公共管理概述

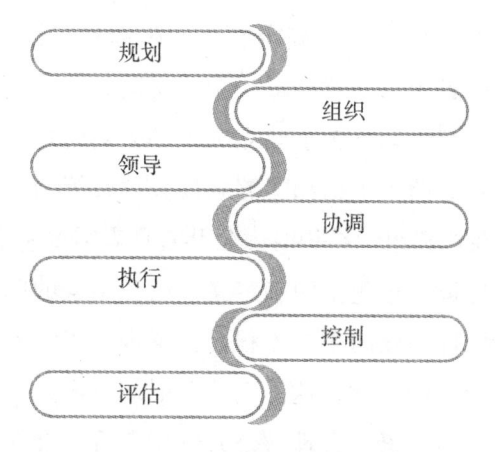

图 1-2 公共管理的主要职能

（一）规划

规划职能能够为公共政策的制订和实施提供基础和方向。在规划过程中，公共管理者需要进行综合的情景分析，这包括对社会、经济、环境以及技术趋势的评估，以预测未来的需求和挑战。这一过程不仅依赖于定量的数据分析，如人口统计和经济模型，还依赖于定性的方法，包括专家意见和利益相关者咨询。有效的规划也需考虑到策略的可持续性和灵活性，允许在未来条件出现变化时进行调整。为了实现这一点，公共管理者可以建立一套包容性的决策框架，鼓励跨部门合作，确保所有利益相关者的观点和需求都能得到充分考虑和平衡。这种参与性规划过程有助于提高政策的透明度和社会接受度，同时增强政策的实施效果。在实施规划时，公共管理者要把握好如何处理不确定性和复杂性以及如何在有限的资源下优化决策。这要求公共管理者具备前瞻性思维、卓越的分析能力和强烈的公共责任感。此外，随着技术的进步和社会的变化，公共管理者需要不断更新和调整规划策略，以适应新的挑战和机遇。

（二）组织

组织职能是指公共管理者为了有效地实现既定的政府管理目标和任

务，通过建立公共组织机构，确定职位、职责和职权，协调相互关系，从而将组织内部的各个要素联结成一个有机的整体，使人、财、物得到最合理的使用。①组织职能关乎建立和维护公共管理、执行其任务所需的结构和流程。有效的组织结构能够确保公共政策的顺利实施和公共服务的高效提供。在构建组织结构时，公共管理者需要考虑到机构的使命、目标以及内外部环境。这包括明确定义部门和个人的职责、建立清晰的权责关系，以及设计高效的工作流程。为了提高组织效率，公共管理者还需着手于资源配置的优化，这不仅涉及财政资源，还包括人力资源和物质资源。通过科学的资源管理，公共管理者可以确保公共机构在提供服务时能够做到既经济又高效。随着公共管理环境的不断变化，公共管理者也需不断调整和优化组织结构和流程，以保持其适应性和灵活性。组织职能的有效实施还依赖于公共管理者在人力资源管理上的能力，包括招聘、培训、绩效管理和激励机制的设计。通过建立一个积极、包容和高效的工作环境，公共管理者可以激发公职人员的潜能、促进团队合作、优化组织的整体表现。组织职能要求公共管理者具有高度的领导能力和沟通能力，能够有效地指导和协调组织内部各个层级的活动，同时与外部机构和公众建立良好的关系。这对于提升公共机构的形象、增强公众信任和实现政策目标至关重要。

（三）领导

领导职能是指引导和激励公职人员，推动他们朝着组织目标努力的能力。领导力的核心在于能够理解并应对复杂的社会挑战，通过明确的方向和激励，促进组织成员共同努力实现公共目标。在公共部门，有效的领导不仅仅是关于个人的魅力或权威，更多是关于能够建立共享的愿景、激发公职人员的潜能、促进团队合作，以及通过示范行为树立道德和诚信的标杆。领导者在公共管理中的角色涉及多个层面，包括策略制

---

① 郭敏. 公共管理理论与城市服务创新[M]. 长春：吉林出版集团股份有限公司，2020：14.

订、决策过程的引导、组织文化的塑造，以及变革的推动。有效的领导能力可以帮助公共部门应对不断变化的政策环境，提高服务的效率和质量，同时增强对公众需求的响应能力。此外，领导者需要促进内部沟通，确保信息在组织内部流动顺畅，提升组织透明度和公众信任感。公共管理的领导力还体现在问题解决能力和冲突管理能力上。在多元利益的公共领域，领导者需具备高度的协商和调解技巧，以平衡不同的利益关系，解决可能出现的利益冲突。通过有效领导和管理，公共管理者可以更好地实现政策目标，提升公共服务的效果，以及增强组织的凝聚力和社会责任感。

（四）协调

协调就是设计和保持一种良好的行政环境，使身处其间的人们能够在组织内协调地开展管理工作，从而有效地完成行政目标。[①] 协调职能涉及不同部门、机构和利益相关者之间的合作和沟通，以确保公共管理活动的一致性和协同性。公共管理者进行公共管理的协调工作时不仅仅需要处理内部资源的分配和任务的执行，更重要的是在执行公共政策和项目时，需要确保各方面的活动协同一致，避免重复劳动和资源浪费。公共管理中的协调还涉及与外部组织和公众的互动。通过建立合作伙伴关系、参与社区活动、利用社交媒体等手段，公共管理者可以加强与公众的沟通，收集社会反馈，提高政策的适应性和公众对政策的接受度。有效的协调机制不仅能够提高政府部门内部的工作效率，还能提升公共政策的社会影响力和公众满意度。

（五）执行

执行职能是将公共政策和计划转化为实际行动的过程。这一职能确保政策和计划不是仅仅停留在纸上，而是能够转化为具体的行动和成果。

---

① 赵艳霞. 公共管理学[M]. 哈尔滨：哈尔滨工程大学出版社，2016：99.

执行是否有效直接关系到公共管理能否达成既定的社会目标，如提高公共服务质量、实现社会公正以及促进经济发展等。在执行过程中，公共管理者需要解决如何确保项目按照既定计划进行、如何有效地调动和利用资源，以及如何应对执行过程中出现的意外情况等问题。这要求公共管理者具备强大的项目管理能力，能够准确地把握项目进度、有效地分配资源、及时调整执行策略以应对变化。同时，执行职能要求公共管理者具有良好的领导和沟通能力，以确保团队成员之间的协作和动力维持，以及与利益相关者的有效沟通。公共管理者在执行过程中还需确保活动的公正性和透明度，这包括公开项目信息、提供公众参与机会以及确保执行过程的公平性。通过这些措施，公共管理者可以增强公众对公共管理活动的信任和支持，提高政策实施的社会接受度。

（六）控制

控制职能是指根据公共组织计划标准来衡量计划完成情况，并纠正计划执行中的偏差，以确保公共组织目标和计划目标实现的管理活动。[①] 控制职能包括监督和评估公共管理活动的表现，以确保目标的实现和资源的有效使用。控制不仅涉及对执行过程的监督，还包括对结果的评估，以及基于评估结果进行必要的调整和改进。这一职能能够帮助公共管理者及时发现问题、识别不足，并采取纠正措施，从而提高公共服务的质量和效率。控制职能的实施涉及多个方面，包括制订明确的性能标准、定期收集和分析执行数据、进行绩效评估以及根据评估结果进行改进。这些控制活动不仅需要量化的数据进行支持，还需要定性的分析来帮助公共管理者深入理解执行过程中的问题和挑战。有效的控制职能还要求公共机构建立起一套完善的反馈机制，这包括内部反馈（公职人员意见和建议等）和外部反馈（公众满意度调查和利益相关者评价等）。通过这些反馈，公共管理者可以获得宝贵的信息和见解，用于指导后续的决策。

---

① 赵艳霞. 公共管理学[M]. 哈尔滨：哈尔滨工程大学出版社，2016: 99.

（七）评估

评估职能是对公共政策、项目和服务效果的系统分析，以确定它们是否达到了既定目标，并为未来的决策提供反馈。评估职能的实施需要采用多种方法和工具，包括定量分析（成本效益分析、统计分析等）和定性分析（案例研究、专家访谈等）。这种综合性的分析方法能够为公共管理者提供全面、多维度的信息，帮助他们理解政策或项目的实际影响，识别强项和弱项，以及发现未预见的副作用或机遇。评估不仅仅关注最终结果，更注重评估过程本身的公正性和包容性。这意味着评估活动应当充分考虑和平衡不同利益相关者的观点和需求，确保评估过程的透明性和公平性。通过这种开放和包容的评估过程，政策的社会接受度和有效性可以得到提升，同时政策制订者和执行者都能得到宝贵的学习和改进机会。

四、公共管理的目标

公共管理的目标是提高公共服务效率、促进社会公平正义以及实现公共利益的最大化（图1-3）。这些目标体现了公共管理在服务社会、响应公民需求和推动社会发展方面的关键作用。

图 1-3 公共管理的目标

（一）提高公共服务效率

公共服务效率能否提高与政府能否充分满足公民的需求、提升公民的生活质量以及增强政府的公信力息息相关。实现这一目标涉及一系列复杂而细致的管理活动，包括对资源的合理配置、对服务流程的不断优化，以及对公共服务可达性和响应速度的提升。

在现代社会，公民对公共服务的期待值不断提高，不仅要求服务效率提升，还希望服务能够更加便捷、透明和人性化。因此，公共管理机构面临着如何在有限的资源下使服务效益最大化的挑战。这要求公共管理机构不仅仅关注资源的数量，更关注资源的使用效率。为了提高公共服务的效率，公共管理机构需要对现有的资源分配方式进行深入分析，找到其中的不足之处，并采取相应措施进行改进。这包括对财政资金的合理规划、对人力资源的科学配置以及对物质和技术资源的有效利用。同时，公共管理机构要优化服务流程、简化烦琐的行政程序，以减少时间成本和经济成本。公共管理机构还要提升公共服务的可达性和响应速度。这不仅要求公共管理机构及时识别并满足公民的需求，还要求公共管理机构在提供服务的过程中保持高度的灵活性和适应性，以应对不断变化的社会环境和公民需求。这需要公共管理机构建立快速反应的机制，加强与公民的沟通和互动，利用现代信息技术提高服务效率。

此外，要提高公共服务效率，公共管理机构需要建立一套完善的评估和反馈机制，定期对公共服务的提供进行评估，收集公民的反馈意见，以不断对服务进行调整和优化。这种持续的改进不仅能够确保公共服务更好地满足公民的需求，还能够促进公共管理机构的持续学习和创新。

（二）促进社会公平正义

促进社会公平正义这一目标着眼于通过确保公共资源和服务的公平分配，为公民提供更好的服务，促进整个社会的和谐与稳定。在现实社会中，资源和服务的需求差异较大，这种差异可能来源于经济条件、地理位置、教育背景等多种因素。公平分配的挑战在于如何在有限的资源条件下，通过有效的公共管理手段，实现对所有社会成员的公平对待，确保每个人都能够获得他们所需的基本服务，如教育、医疗、社会保障等。

实现公平分配不仅要求公共管理机构对资源进行科学合理的规划和调配，还要求在政策制订和执行过程中公共管理机构公开透明地进行决策、接受社会的监督、体现公正性原则。同时，公共管理机构要关注那些在社会经济活动中处于不利地位的群体，通过制订专门的支持政策和措施，帮助他们克服困难，提高他们的生活质量。促进社会公平正义也需要公共管理机构不断地进行自我反思和改进，倾听社会各界的建议，确保政策的制订和执行真正符合公众的需求和利益。这包括建立有效的反馈机制、定期评估政策的影响、及时调整和优化政策。

（三）实现公共利益的最大化

实现公共利益的最大化是一个复杂的过程，需要公共管理机构在全局视野下，综合考虑经济、环境、社会等多方面因素，采取科学、合理的措施。这一过程强调了政策制订和实施的整体性和系统性，要求公共管理机构具有较强的责任感、专业能力和创新精神，以应对不断变化的挑战，实现公共管理活动的长远目标。

五、公共管理的基本原则

公共管理需要遵循一系列基本原则，这些原则是指导公共部门行为和决策的核心价值观，它们确保公共服务和政策的实施既有效又符合公众利益（图1-4）。

图1-4 公共管理的基本原则

（一）人本原则

人本原则强调在公共管理的所有活动中，人的价值和需求应当被置于首位。这种以人为本的理念要求政策制订者和公共服务提供者不仅仅关注公民的物质需求，更重要的是关注公民的精神和文化需求，尊重公民的意愿和选择，保障公民的基本人权。在实践中，人本原则意味着公共管理者需要采取包容性的政策制订方式，让公民参与政策的讨论、制订和评估，尤其是那些直接受政策影响的群体。这种参与可以通过公共听证会、民意调查、在线平台等多种方式实现，确保政策能够真正反映公民的意见和需求。此外，人本原则要求在执行公共管理活动过程中，公共管理者对弱势群体提供特别的关注和支持，通过定制化的服务和援助计划，帮助他们克服生活中的困难，提升他们的生活质量，实现社会的全面和谐发展。

（二）服务原则

公共服务是公共管理的内核和基础，公共管理的目的不是向社会、企业和公众提供价值，而是为他们追求和实现自身价值创造良好的条件。[1] 公共管理的服务原则强调的是公共机构存在的根本目的是服务公众，这不仅仅体现在服务的广度和深度上，更体现在服务质量的持续提升上。公共服务的优化和改进是一个永无止境的过程，它要求公共管理者不断地评估服务效果、收集公众反馈，及时调整服务策略和方法。在提高服务效率和质量方面，公共管理者可以利用现代科技，如数字化服务平台、大数据分析等工具，提高服务的可访问性和个性化水平，同时通过精细化管理，确保服务资源得到最有效利用。例如，公共管理者通过在线平台提供政府服务，不仅可以大大降低公民获取服务的时间成本，还可以通过数据分析预测公共服务的需求趋势、优化资源分配。服务原则还强调服务提供的公平性和可达性，确保每个公民都能公平享受到高

---

[1] 徐邦友.社会变迁与政府行政模式转型[J].浙江学刊,1999（5）：52-57,90.

第一章 公共管理概述

质量的公共服务,无论他们的经济状况、居住地、性别、年龄或其他个人背景如何。这要求公共管理者在服务设计和实施过程中,采取有效措施消除服务获取的障碍,例如,为偏远地区提供移动服务车,为残障人士提供特殊的服务设施,等等。

(三)合作原则

公共管理发展的一个重要特征是形成多主体合作治理结构。[1] 合作原则在公共管理中的应用反映了现代社会管理的复杂性和多元性,要求公共管理者跨越传统的部门界限,打破信息孤岛,建立一个基于合作与共享的管理体系。在这一原则的指导下,公共管理不再是政府单一的行为,而是多方参与者共同参与的过程。合作原则的实现要求政府部门之间能够有效地共享信息和资源,协同解决跨部门问题。例如,环境保护和经济发展之间的协调需要环境保护部门与经济规划部门的紧密合作,共同制订可持续发展策略。合作原则还强调政府与社会各界的合作。民非政府组织、私营部门等在解决社会问题、提供公共服务方面可以发挥重要作用。通过与这些组织的合作,公共管理能够更加贴近社会需求,提升政策的创新性和适应性。与国际组织的合作则能够帮助公共管理吸收国际经验,应对全球性挑战,如气候变化、突发公共卫生事件等。

(四)效能原则

效能原则强调的是公共管理活动的结果导向性,它要求公共管理者在政策制订和服务提供过程中始终保持对社会效益的追求。这一原则的实践意味着,公共管理的所有决策和行动都应以实现最佳社会效益为目标,并通过科学的方法评估政策和服务的实际影响。实现效能原则要求公共管理机构建立起一套完整的评估体系,对公共服务和政策的执行进行持续监测和评价。这不仅仅包括对活动的短期成效进行评估,更重要

---

[1] 张良. 公共管理学[M]. 上海:华东理工大学出版社,2017:61.

的是评估其长期影响,确保公共政策和服务的可持续性。效能原则还要求公共管理者持续改进管理策略和工作方法,通过引入创新的解决方案,提高公共服务的效率和质量。这包括利用新技术改进服务提供方式、通过数据驱动决策制订,以及鼓励公共部门内部和外部的创新。

(五)均衡原则

均衡原则的实践有助于建立一个更加和谐、稳定的社会环境,为公共管理的各项任务提供坚实的基础。通过在各种利益之间寻找合理的平衡,公共管理者不仅能够提升政策的有效性和公众的满意度,还能够促进社会的可持续发展,实现真正意义上的公共利益最大化。

这一原则指导公共管理者在制订政策和分配资源时,不仅要考虑到各种利益的公平性和合理性,还要考虑到这些决策对社会长远发展的影响。公共管理者通过在不同领域和不同目标之间寻找一个恰当的平衡点,确保社会资源得到合理利用,同时有利于社会公平、环境保护和经济发展。例如,在经济发展和环境保护之间找到平衡,意味着在追求经济增长的同时,不忽视对环境的保护,确保经济活动不会对自然资源造成不可逆的损害;短期目标与长期利益之间的平衡则要求公共管理者在解决当下问题的同时,不牺牲未来的福祉,以保障政策的可持续性和有效性。实现均衡原则需要公共管理者具备敏锐的洞察力和高度的判断力,能够准确评估各种政策或决策的潜在影响,并在此基础上做出合理的选择。这一原则还要求公共管理者拥有良好的沟通和协调能力,能通过有效的对话和协商,调和不同群体之间的利益冲突,达成共识,寻求利益的最大公约数。

第二节　公共管理的理论演变

公共管理作为一门跨学科的研究领域，其理论基础和实践方法随着社会的发展而不断演进。从早期的行政管理到新公共管理，再到当下的网络治理和数字化公共管理，每一步都反映了公共管理者对提高公共服务效率、促进公平正义以及解决复杂社会问题的不懈追求。

一、公共管理理论的起源与早期发展

公共管理作为一个独立学科的形成，可以追溯到19世纪末至20世纪初，这一时期工业化进程加速、城市化水平提升，公共部门职能和规模快速增长。公共管理的初衷是解决随着社会转型而出现的管理挑战，其核心任务是提高公共部门的效率，确保政府能够有效地服务公众。

早期公共管理理论的发展受到了科学管理理论的影响，弗雷德里克·温斯洛·泰勒（Frederick Winslow Taylor）为科学管理理论的提出者。弗雷德里克·温斯洛·泰勒强调机械式科学管理、职能分工和动作研究，主张通过时间和动作研究来优化工作流程、提高工作效率。尽管他的研究主要集中在私营部门，但其原理很快就被应用于公共部门的管理中，并引入了效率和标准化程序的概念。[1] 马克斯·韦伯（Max Weber）的官僚制理论为公共管理提供了另一个理论基础。韦伯认为，官僚制是一种理想的组织形式，其特点包括固定和有序的层级结构、基于规则的操作，以及职位系统。韦伯指出，官僚制具有理性的性质，准确、速度、知识、连续性、灵活、统一、严格的服从、摩擦少、物力和人力成本低是严格的官僚制行政的属性。[2] 官僚制的这些原则为公共部门的组织提供了清

---

[1] 泰勒.科学管理原理[M].马风才,译.北京：机械工业出版社,2007：24-27.
[2] 韦伯.经济与社会：上[M].林荣远,译.北京：商务印书馆,1997：37.

晰的指导，强调了公共管理中的规范化和专业化。亨利·法约尔（Henri Fayol）提出的管理原则进一步丰富了公共管理理论。他提出了管理的五项基本职能：计划、组织、指挥、协调和控制，并强调了管理过程中的14项原则，如权威与责任、纪律、统一指挥等。[①] 法约尔的原则对公共部门管理产生了深远的影响，为后来的公共管理实践提供了原则指导和方法论。

　　这一时期的理论发展奠定了公共管理学科的基础，并对后续的理论和实践产生了深远的影响。早期理论的共同点在于对效率的追求和对管理过程的规范化要求。它们为公共管理的现代化提供了必要的理论支撑，同时引发了对管理方法和组织结构的进一步探讨。尽管早期的公共管理理论为后来的发展奠定了基础，但这些理论也面临着批评和挑战，主要集中在对人的因素和组织内部动态的忽视上。科学管理法虽然能够提高工作效率，但过分强调时间和动作的优化忽略了公职人员的满意度和动机。官僚制理论虽然为公共部门的组织和运作提供了清晰的框架，但其僵化的层级制度和规则导致了灵活性的缺失和对创新能力的抑制。法约尔的管理原则提供了管理过程的基本框架，但在实践中，这些原则需要根据具体情景进行调整以适应不同的组织需求。

二、行为科学的兴起与发展

　　20世纪初，随着行为科学的兴起，公共管理理论开始关注组织内的人的行为、动机和领导风格。行为科学的理论基础主要来源于心理学、社会学和人类行为学的研究，它试图通过对个体和群体行为的系统研究，来解释和预测组织中的行为模式。在公共管理领域，这意味着要深入理解公职人员的需求、动机、态度和行为，以及这些因素如何影响组织的运作和绩效。行为科学在公共管理中的应用的显著代表是霍桑实验。这项由乔治·埃尔顿·梅奥（George Elton Mayo）领导的研究揭示

---

① 法约尔. 工业管理与一般管理[M]. 周安华，林宗锦，展学仲，等译. 北京：中国社会科学出版社，1998: 6-9.

了工作环境中社会因素和员工关注对生产率的重大影响。霍桑实验的结果强调了管理者对员工的关注和组织内的社会关系对提升员工工作满意度和生产效率的重要性。霍桑实验之后，人际关系运动开始兴起。该运动强调人际交往在组织管理中的作用，认为有效的沟通、良好的人际关系和对员工社会需求的满足是提升组织效能的关键。道格拉斯·麦格雷戈（Douglas McGregor）的X理论与Y理论对这一时期的理论发展有着重要影响。X理论认为人们天生懒惰，需要通过外部控制和惩罚来驱动工作；而Y理论认为，人们具有自我实现的需求，如果工作环境适宜，员工会自发地追求目标和责任。[1] 行为科学的发展也促进了对组织决策过程的研究。赫伯特·西蒙（Herbert A. Simon）的有限理性模型挑战了传统的全能理性假设，指出在实际的决策过程中，个体受到信息、时间和认知能力的限制，因此往往采取满意化而非最优化的选择。[2] 西蒙的工作揭示了复杂决策环境中的实际行为逻辑对公共管理领域的政策制订和管理决策有深远影响。

随着行为科学的深入发展，组织文化和变革管理逐渐成为研究的重点。这一方向关注组织内的价值观、信仰和规范如何影响员工行为和组织绩效，以及如何通过管理和引导组织文化来促进变革和创新。这些研究强调了软实力在组织管理中的重要性，以及通过理解和塑造组织文化来激发员工潜力和创新能力的必要性。行为科学的发展同样促进了对领导力的深入研究。早期的领导理论主要集中在领导者的个人特质上，认为领导力是天生的。然而，随着行为科学的进步，研究者开始探讨领导行为和领导风格对组织和员工表现的影响。领导力理论从特质理论、行为理论，发展到情境领导理论，这些理论认为有效的领导不仅取决于领导者的性格和行为，还取决于组织的环境和员工的需求。这一转变强调

---

[1] 麦格雷戈. 企业的人性面[M]. 格尔圣菲尔德，注释. 韩卉，译. 北京：中国人民大学出版社，2008：33.

[2] 西蒙. 管理行为：修订版：原书第4版[M]. 詹正茂，译. 北京：机械工业出版社，2007：66.

了领导力的科学性和适应性，为公共管理领域提供了更为灵活和实用的领导模式。

三、公共管理多元化时期

20世纪60年代初，公共管理领域出现了新的理论派别，其中包括系统管理学派和行政生态学派。这些学派试图通过整合既有的管理理论，来提升管理的价值和效果。

系统管理学派是在一般系统论的基础上发展起来的。一般系统论认为，一个系统是由多个相互联系、相互作用的要素组成，这些要素共同构成了具有特定功能的整体。系统不是封闭的，它通过与外部环境交换物质和能量来维持稳定状态。西方一些学者将系统理论应用于工商管理领域，进而形成了系统管理学派。系统管理学派主张从系统角度出发，识别和分析组成系统的各种要素，并将这些要素作为管理的焦点，以实现对整体组织的有效管理。这种视角认为企业本身既是一个系统，又是更大系统的一个子系统。从企业角度看，企业系统由多个子系统组成，如目标和准则、技术、社会心理、组织结构和外部环境等。每一个子系统的变动都会影响到整个企业系统。从社会角度看，企业又是社会的一个子系统，与社会存在互动关系。系统管理学派的这种视角有助于提升管理效率和目标导向性，避免管理者在日常管理中失去方向。

行政生态学派可以看作系统管理学派的延伸。它将行政视为一个系统，研究行政与外部环境之间的互动。这一学派从生态学中汲取灵感，研究生命个体与环境之间的互动关系，并将这种方法应用于对行政生态系统的研究。行政生态学派的贡献在于将生态学的思维方式和研究方法引入行政管理中，更注重管理的整体性，超越了传统管理理论过分关注抽象原则、细节技术和微观视角的局限，从宏观角度探讨管理的重要性和方法。这种思考方式为行政管理理论和实践的发展提供了新的视角。

四、公共管理价值取向改变后时期

20世纪60年代末70年代初，西方各主要资本主义国家遭遇了政治、经济和社会等多个领域的危机，政府的社会管理功能遭受重大挑战。在这种动荡的社会背景下，公共行政领域的改革呼声高涨，行政学者对此积极应对，他们努力摆脱传统公共行政理论的限制，重新审视并质疑这些理论，寻求新的理论视角和更科学的价值标准来指导公共行政的革新和未来发展。

（一）新公共行政学派

新公共行政学派认为，之前形成的公共行政理论属于传统范畴，而新公共行政理论采用现象学方法、解释学、本土方法论、符号互动论及批判理论等工具，以"公共"的概念为研究核心，这标志着一个新的研究时代的开始。这个学派的一个显著特点是将特定的价值观融入行政管理，认为行政管理不应是价值中立的。新公共行政学派强调，公共行政实践应体现正义、自由和民主等价值观念，使公共行政的人文价值得以回归和得到强调。新公共行政学派的影响较为显著，它用富有人文精神的公平和民主的价值观念取代了传统理论中的效率优先原则，突出了公共行政的本质属性。同时，这个学派对公共行政理论的刷新为公共管理的未来研究提供了更广阔的空间和更符合其本质的研究方法。不过，这种剧烈的变革也导致了新公共行政理论与传统公共行政理论的分离，其连贯性和稳定基础相对薄弱，尽管迎合了先进的发展趋势，但尚未能完全替代传统理论的主导地位。

（二）黑堡学派

20世纪80年代兴起的黑堡学派是在美国政治和社会环境对既有行政体系产生冲击的背景下形成的。非理性的反政府、反权威和反官僚的社会氛围对公共行政的稳定构成了威胁，黑堡学派主张在维护公共行政正当地位的基础上，推动政府再造，认为这一过程需要行政人员和官僚系统在价值观、态度、认知和行为上的集体转变和努力。黑堡学派还深入探讨了行政与政治的关系，提出在不同层级上，政治与行政的区分度存在差异；层级越高，这种区分度越来越模糊。他们认为公共行政是宪法的捍卫者，能够充分体现宪法的精神和意志，并概述了公务人员应承担的五种角色，强调了公务人员的正当性和必要性。虽然黑堡学派与新公共行政学派在许多观点上是一致的，但黑堡学派对社会制度层面的深入关注和对公共利益强调的特色使其在公共行政理论领域中占有一席之地。

五、公共管理创新时期

20世纪末叶，随着经济学、政策分析、工商管理等领域与公共行政学的交融，公共行政学不断引入创新的理论和方法，从而促进了其理论基础的不断进化。在这样的背景下，涌现出了如公共选择学派、新公共管理学派、新公共服务学派以及治理学派等多个对现代公共管理有深远影响的学派，它们丰富了公共行政理论的研究内容和方法。

（一）公共选择学派

公共选择学派的主要特色在于利用经济学的思维方式和原则来解决公共行政中的问题。由经济学家创立的这一学派受到了较大的经济学的影响。在公共产品的供应效率、官僚制的克服以及民主政府的功能方面，公共选择学派提供了独到的见解。研究方法上，该学派将个体看作行政行为的主体，采用"经济人"假设，认为个人行政行为是以"自利"为出发点的。该学派将政治活动视为一种交易过程，认为此过程是通过各利益方的沟通与协调，实现互利的政治过程。在公共产品供给问题上，该学派认为公共物品的非排他性和非竞争性导致无法简单应用市场原则对其进行供应，应通过集体支付方式来反映公共物品的需求。在解决官僚主义问题时，该学派提出在承认官僚个人利益存在的前提下，通过引入竞争机制和市场原则来调和个人利益与公共利益，提高行政效率。此外，该学派还提出了三种不同性质的政府模式，认为代议制民主是实现公共选择对政府行为约束的最佳方式，能确保政府行为符合公共利益。

（二）新公共管理学派

新公共管理学派同样引入了经济学的观点，提出政府介入市场和行政手段已无法有效应对新兴的公共问题，指出政府在某些领域已失灵。他们倡导将经济学原理、企业管理理论等应用于公共管理，强调去官僚化和市场化的重要性。新公共管理学派强调效率和分权，提倡用类似于私人部门的管理方式来管理公共部门，提出了政府再造等理论，强调通过绩效评估和公民参与提高政府管理的效率。该学派的理念是将公民视为顾客，通过建立一套以顾客为中心的全面质量管理体系，提高政府的服务质量和回应能力。

（三）新公共服务学派

新公共服务学派同样突破了传统公共行政理论的局限，强调从人文精神出发探求公共管理的真谛。这一学派主张政府应服务公民，以及公共利益应是公共管理的核心价值导向。新公共服务学派认为，公共资源应由全体公民共享，政府的行为应当体现民主公民权理论、社区与公民社会理论的原则，效率并非唯一追求的目标，政府的责任是多元化的。该学派的理论在强调公民参与和公共服务的重要性方面提供了新的视角，促进了公共管理理论的进一步发展。

第三节　公共管理环境阐释

公共管理环境对于公共政策的制订、执行以及评估具有深远的影响。它涉及一系列内部和外部因素，这些因素以复杂且动态的方式相互作用，塑造公共部门的行为和决策。良好的公共管理环境是推动政府及其他公共部门增强自身适应新的政治经济和社会生活环境能力的强大动力。[1]

一、公共管理环境的内涵

公共管理环境指的是公共管理组织所处的一系列外部情况和条件的总和。[2] 公共管理环境的内涵涉及构成该环境的本质和基本特征，即所有能影响公共管理决策和操作的外部和内部条件。这一内涵关注公共管理的策略和行动指南如何在环境因素的综合影响下形成。内涵的核心在于理解这些环境因素如何共同作用于公共管理体系，以及管理者应如何利用这些因素制订有效的公共政策。公共管理环境为管理者提供了进行决策时应考虑的背景。这不仅包括政治稳定性、经济条件、社会需求和技术发展，还包括公众期望和国际趋势。这些因素为公共政策提供了必要的参考框架，能够帮助管理者评估各种选项的可行性和潜在影响。环境因素的综合影响强调了在公共管理中策略形成的复杂性。管理者需要考虑多方面的信息和条件，从而制订出能够适应这些环境变量的策略。例如，通过分析经济环境的发展趋势和技术的进步趋势，管理者可以预见到应调整的公共服务领域，对其进行调整以适应这些变化。

二、公共管理环境的分类

对公共管理环境的分类不仅有助于公共管理者系统地理解和分析影响公共管理的各种因素，还能帮助他们制订更为精准和有效的管理策略。在公共管理的文献和实践中，依据不同的标准，公共管理环境通常被划分为以下几大类（图1-5）。

---

[1] 郭敏. 公共管理理论与城市服务创新[M]. 长春：吉林出版集团股份有限公司, 2021: 10.
[2] 黄德林, 田家华. 公共管理学概论[M]. 武汉：湖北人民出版社, 2004: 2.

- 自然环境与社会环境
- 宏观环境、中观环境与微观环境
- 国内环境与国际环境
- 有利环境与不利环境
- 一般环境与具体环境

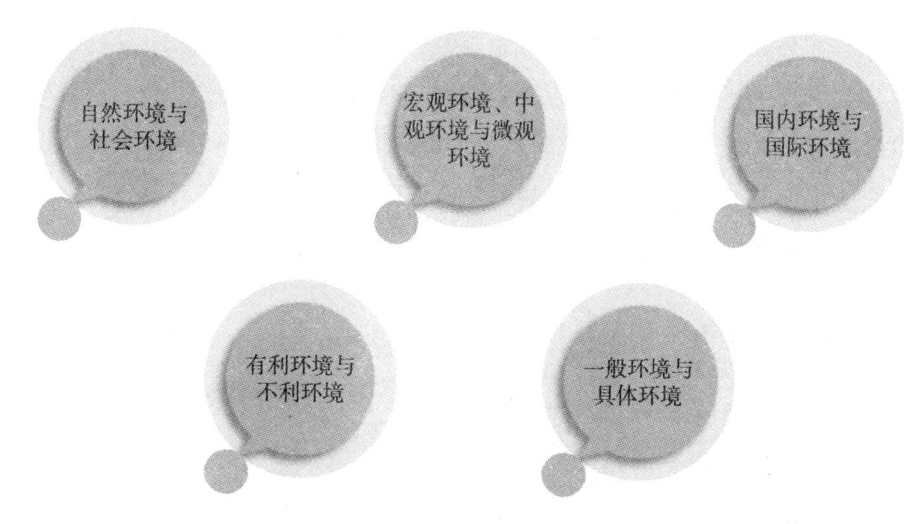

图1-5 公共管理的基本原则

（一）自然环境与社会环境

按照结构内容来划分，公共管理环境可以分为自然环境和社会环境。自然环境包括地理位置、气候、自然资源等直接或间接影响人类生活和生产活动的自然因素。这些因素为公共管理设置了基本的物理和生态条件，对资源管理、灾害预防和应对、环境保护政策等领域有着重大影响。社会环境则是在自然环境基础上，通过人类的生产活动和社会实践形成的环境体系。它包括政治环境、经济环境、文化环境、人口环境等多个方面，这些环境因素通过影响社会结构、价值观念、经济活动和政治过程，直接或间接地影响公共管理的目标、策略和效果。

（二）宏观环境、中观环境与微观环境

按照规模、层次和影响范围来划分，公共管理环境可以分为宏观环境、中观环境和微观环境。宏观环境是指那些在国家乃至全球层面上影响公共管理的广泛因素，如全球经济趋势、国际政治关系、全球化进程等。这些因素为公共管理提供了一个广阔的操作背景，影响着公共政策的制订和公共管理的战略定位。中观环境关注特定领域或行业内的环境

条件，如公共部门组织结构、行业规范、专业协会等。这些因素直接影响公共管理的运行效率和服务质量。微观环境则更加聚焦于个别公共组织内部或与其直接互动的外部环境，如组织的内部文化、领导风格、资源配置以及与特定利益相关者的关系等。这些因素直接决定了公共组织的日常管理和操作性能。

（三）国内环境与国际环境

按照管理区域来划分，公共管理环境可以分为国内环境和国际环境。国内环境指的是在本国范围内对公共管理产生直接或间接影响的各种因素，这包括国内的政治动态、经济状况、法律法规、社会文化等。这些因素构成了公共管理活动的直接背景和操作环境。国际环境则涵盖了全球范围内对一个国家的公共管理产生影响的国际的自然和社会环境因素。随着全球化的深入发展，国际环境对国家公共管理的影响日益增强，涉及国际合作、跨国问题处理、全球经济政策等方面。

（四）有利环境与不利环境

根据影响效果的不同，公共管理环境可分为有利环境和不利环境。有利环境为公共管理提供了积极的支持，能促进公共政策的有效实施和公共服务的优化。而不利环境可能带来挑战和阻碍，使得公共管理活动难以顺利进行，影响政策目标的实现和公共服务的质量。有利环境可能包括经济增长、社会稳定、技术进步和国际合作等因素。这些因素能够为公共管理提供资源、技术和知识的支持，促进政策创新和服务改进。例如，经济增长可以增加政府的财政收入，为公共服务和基础设施建设提供资金支持，技术进步可以提升公共服务的效率和可达性。不利环境则可能包括经济衰退、社会冲突、自然灾害和国际局势紧张等。这些因素可能导致资源短缺、政策执行障碍、公共服务中断，甚至政策目标的彻底失败。例如，经济衰退可能使政府的财政收入减少，限制政府在公共服务和福利项目上的投入；社会冲突和自然灾害可能迫使政府将资源和注意力转移至应急响应和灾难恢复上,从而影响其他公共管理活动的正常进行。

(五) 一般环境与具体环境

按照作用对象范围来划分,公共管理环境可以分为一般环境和具体环境。一般环境又称为普遍环境,指的是那些对所有公共管理组织均具有影响的广泛因素,如文化、科技、政治等。这些因素构成了公共管理操作的宏观背景,对公共管理的理念、目标和策略有着深远影响。具体环境又称为特定环境,涉及直接影响特定公共管理组织的因素,如特定的顾客群、供应商、竞争者以及与之相关的社会和政治条件。这些因素对组织的日常运营和管理决策有着直接的影响。对特定环境的管理要求公共管理者对其所面临的独特挑战和机遇有着深刻的理解,能制订妥帖的应对策略。

三、公共管理环境的特点

了解公共管理环境的特点有助于公共管理者更好地理解需要考虑的外部条件,从而在复杂多变的环境中做出更加明智的决策(图1-6)。

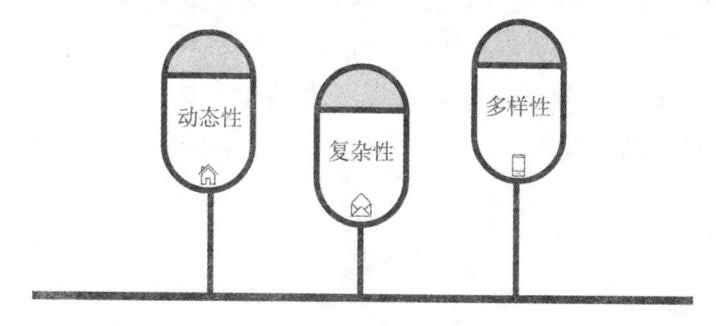

图1-6 公共管理环境的特点

(一) 动态性

公共管理环境的动态性表现在各个方面。从全球化的趋势到地方政策的变更,从经济周期的波动到技术革新的突破,公共管理者面对的是一个持续变化的世界。例如，社交媒体的兴起改变了政府与公民沟通的方式，使得信息传播更加迅速和广泛，同时带来了新的治理挑战。例如，如何处理网络谣言和保护网络安全。此外，全球气候变化和相关政策的不断调整对环境保护和资源管理提出了新的要求。

（二）复杂性

公共管理环境的复杂性体现在其由多重因素构成，这些因素相互之间还存在着复杂的关系。例如，经济政策的调整可能会影响到社会福利制度，社会福利制度的变化又可能对政治稳定性产生影响。此外，技术进步虽然为公共服务提供了新的可能，但同时引发了关于隐私保护、数据安全等新的社会问题。

（三）多样性

公共管理环境的多样性是由全球化背景下各国家和地区之间以及国内不同地区之间的差异造成的。这些差异可能体现在政治体制、经济发展水平、文化传统、社会结构、技术进步速度以及法律法规等多个方面。例如，发达国家和发展中国家在经济结构、技术水平和管理能力上的差异会导致它们在公共管理上面临不同的挑战和需求。同样，一个国家内部不同地区因资源分布、人口结构、文化背景等方面的差异，也会形成不同的公共管理环境。

第二章 公共管理的主体

第一节 公共管理主体的内涵与特点

公共管理主体不仅是政策制订和执行的核心力量,还是连接政府、社会和公民的桥梁。公共管理主体负责将公共政策的理论转化为实践,解决社会问题,满足公众需求,并推动社会进步。随着公共管理范式的演进,这些主体日益呈现出多样化和复杂化的特征,主体间的相互作用定义了公共管理的效能和方向。

一、公共管理主体的内涵阐释

公共管理主体是指公共管理活动的具体承担者和实施者,既包括以组织形式出现的政府、非政府公共组织,又包括以个体角色出现的公共管理领导者和一般行政人员。[1] 这一定义揭示了公共管理活动具有参与者多元的特性,强调了除政府机构外,包括非政府组织、私营企业、社会团体及广大公民在内的多种力量都在公共管理过程中发挥着不可或缺的作用。公共管理主体在公共管理体系中的地位和作用体现了现代社会治理多元化、协作化的基本趋势。

政府作为传统公共管理的主导者,其职责并不局限于传统的行政管理、法律执行等方面,还扩展到了公共服务的提供、公共资源的分配、

---

[1] 楚明锟. 公共管理学 [M]. 郑州:河南大学出版社,2013:90.

社会问题的协调解决等更为广泛的领域。在这一过程中，政府需要与社会的其他力量合作，共同推进公共目标的实现。随着社会的发展和公民意识的提高，非政府组织和社会团体通过提供专业服务、参与政策的讨论和评估、促进社会公平正义等方式，已成为公共管理不可或缺的力量。这些组织通常更接近社会基层，能够更直接地感知社会需求和问题，从而能够为政府的决策提供重要的补充。私营企业在公共管理中的作用也日益显著。通过公共私营合作制模式，私营企业能够参与公共设施建设、公共服务提供等领域，这不仅有助于服务效率的提高，还有助于市场竞争机制的引入，从而促使服务质量提升。企业的社会责任活动也是公共管理的重要组成部分。企业通过履行社会责任，参与环境保护、教育支持、贫困救助等活动，成为推动社会进步的重要力量。公民个体作为公共管理的基础主体，其参与意义重大。随着信息技术的发展和社会治理模式的变革，公民个体能够通过社交媒体、在线平台等手段参与公共政策的讨论、监督和评价。这不仅有助于提升政策制订的透明度和民主性，还有助于提升政策的合理性和社会接受度。公民参与的扩大体现了公共管理由自上而下的单向管理向双向互动、多方协作的治理模式转变。

二、公共管理主体的特点

公共管理主体的特点体现在其独特的角色和职能上，这些特点不仅定义了它们在公共管理过程中的作用，还影响了公共政策的制订、执行和评估的效果。理解这些特点对提升公共管理的有效性至关重要（图 2-1）。

图 2-1 公共管理主体的特点

第二章 公共管理的主体

（一）多元性

在现代社会，管理公共事务的主体不再限于传统的政府机构，随着社会的发展和治理需求的日益复杂化，非政府组织、私营企业、社会团体以及广大公民等都应积极参与公共管理，进而形成一个多元共治的公共管理格局。这种格局反映了公共管理的参与主体日益多元化，各管理主体从不同的角度和层面参与公共事务的管理，贡献自己的力量和智慧。在这一格局下，政府机构不再是唯一的公共管理执行者，而是成为众多参与者中的一个重要角色，与其他管理主体协作处理公共管理问题。非政府组织通过提供专业知识和服务，能够补充或强化政府在特定领域的功能。私营企业利用其创新能力和资源优势，在提供公共服务、推动技术进步等方面发挥重要作用。社会团体和公民则通过参与决策过程、监督政府行为等方式，提升了公共管理的透明度和民主性。

（二）层级性

公共管理的层级性特点体现在政府机构内部的组织结构上，呈现为从中央政府到地方政府不同层级的管理和职责分工。这种分工按照职能和地域划分，确保了公共管理活动能够在不同层级得到有效实施。层级性结构使得政府能够根据各个层级的具体情况和需求，进行资源的合理配置和管理职责的明确划分。这种结构的优势在于高层次的政府机构负责制订全局性、战略性的政策和规划；较低层次的政府机构则更专注于政策的具体执行和地方性问题的处理。这样既能够保证政策制订的统一性和连贯性，又能够确保政策执行的灵活性和适应性，从而使得公共管理能够更贴近民众的实际需要。层级性结构还有助于提高管理效率和响应速度。对不同层级的职责和权力的明确划分有助于避免职能重叠和资源浪费，加强各级政府之间的协调和信息交流，从而确保公共政策的顺利实施和问题的及时解决。

（三）互动性

互动性体现在政府机构、非政府组织、私营企业、社会团体及公民等不同参与者之间的合作、协调和竞争方面。这种互动关系确保了公共政策的制订和实施过程不再是自上而下的单向操作，而是成为一个多方参与、相互作用的动态过程。合作和协调能够促进不同主体之间的信息共享、资源整合，有利于推动公共目标的实现。例如，政府可能会与非政府组织合作，利用其在特定领域的专业知识，共同开展社会服务项目；政府可能与私营企业合作，如公共私营合作制，以提高基础设施项目的建设质量；社会团体和公民的参与可以提高政策制订的透明度和公众满意度，确保政策更贴近民众需求。竞争也能够体现公共管理的互动性，特别是在资源有限的情况下，不同主体之间的健康竞争可以促进创新、提高服务质量。例如，在提供某些公共服务时，政府可能会引入市场竞争机制，选择能提供更高质量服务的组织，无论是非政府组织，还是私营企业。

互动性要求各参与主体具备开放的心态和较强的沟通协调能力，以便在多样化的公共管理环境中抓住合作机会，妥善处理竞争和冲突，确保公共管理活动顺利进行。这种多方互动可以集中各方智慧和资源，有助于政府有效应对公共管理挑战，推进公共政策的优化，最终实现公共利益的最大化。

（四）责任性

责任性确保了公共目标的实现和公共服务的提供是每个参与者的明确的义务。在这个框架下，政府因其公共性质和资源配置能力而承担最终责任，保障公共利益和社会福祉。政府的责任不仅体现在直接提供服务上，还包括制订政策、规范市场、保护环境等，以确保社会稳定、和谐发展。随着公共管理实践的发展，政府不再是单一责任者，非政府组织、私营企业等其他主体在公共服务提供、政策制订和社会问题解决中也发挥着重要的作用。这些主体根据自己的专长和资源，参与公共管理，承担起相应的社会责任。例如，非政府组织在教育、健康、环境保护等领域的贡献不仅弥补了政府服务的不足，还推动了公共政策的完善；私营企业通过参与公共私营合作制，在基础设施建设、技术创新等方面承担责任。

第二节　政府部门的职能

在公共管理的广阔舞台上，政府部门扮演着至关重要的角色。政府作为公共组织的重要特征是它具有完整意义上的公共性及其权威性。[①]政府部门不仅是政策制订和执行的中心，还是维护社会秩序、推动经济发展、提供基本公共服务的关键力量。了解政府部门的职能，即探究政府部门如何通过各种机制和措施有效应对社会需求、增进公共福祉。这是深入理解公共管理本质的前提。

一、政策制订与执行

政策制订与执行是政府行使其公共管理职能的主要方式之一，涉及从政策理念的形成、决策，到政策实施的具体操作和效果评估的全过程。这一过程不仅反映了政府识别和解决社会问题的能力，还体现了政府与社会各方面的互动和协调。

政策制订是一个复杂而细致的过程，要求政府准确识别和理解社会需求与问题，进行科学决策，并制订出能够解决特定社会问题的政策方案。这一过程要求政府具备高度的专业性和前瞻性，能够综合运用政治、经济、社会等多领域的知识，通过组织广泛的社会参与和公共讨论，确保政策既具有可行性，又能够有效响应公众的期待和需求。政策制订的

---

① 赵京国. 公共管理理论与实践探索 [M]. 长春：吉林人民出版社，2021：49.

框架通常包括问题的识别、政策目标的设定、方案的规划、决策的制订等关键步骤。在这一过程中,政府部门需要充分考虑政策的社会影响,评估不同政策选项的成本与收益,确保政策决策的科学性和合理性。

政策执行是将政策目标转化为实际成果的关键步骤,涉及政策方案的具体实施、资源的配置与管理、执行过程的监督与调整等多个方面。政策执行的有效性高低直接关系到政策目标是否能够实现以及政策效果的好坏。政府执行政策时面临的挑战包括资源的限制、执行过程中的协调与合作、对执行环境的适应能力等。为了克服这些挑战,政府部门需要建立有效的政策执行机制,优化资源配置,加强部门之间以及与其他社会主体之间的协调与合作,提高政策执行的灵活性和适应性。

政策执行不仅是政府部门的责任,还需要社会各界的广泛参与。建立开放透明的政策执行机制,鼓励公众、社会组织、企业等多元主体参与政策执行过程可以提高政策执行的效率、取得更好的执行效果,也有助于提升政策的公信力和社会接受度。政策执行过程中的反馈机制同样重要,定期的政策评估和效果监测、收集执行过程中的数据和反馈信息、对政策执行及时进行调整和优化是确保政策目标实现的关键。此外,反馈机制也为政策的持续改进提供了重要依据,有助于政府部门更好地理解政策效果,识别政策实施过程中可能出现的问题和挑战。

二、公共服务的提供

在现代社会中,政府部门承担着提供基本公共服务的重要责任,这些服务不仅能够满足公民的基本需求,还是维护社会稳定、促进经济发展的基础。通过教育、卫生保健、公共安全、交通基础设施和环境保护等多方面的服务,政府部门能够提高公民的生活质量,保障公民的基本权利和福祉(图 2-2)。

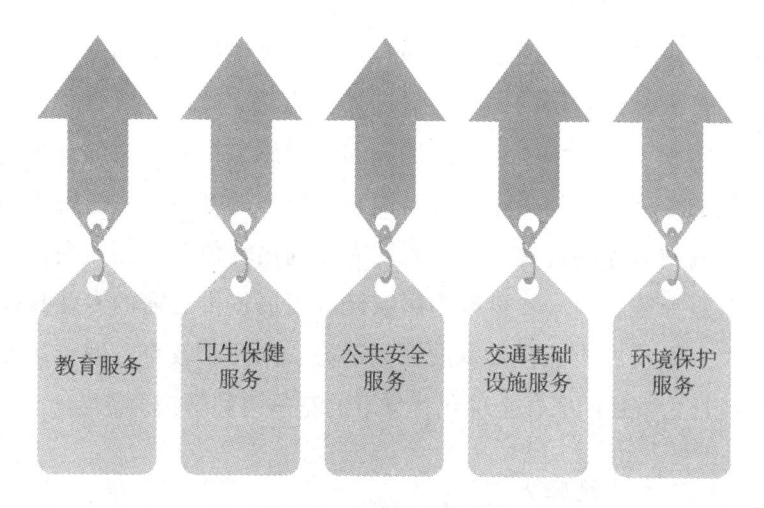

图 2-2　公共服务的提供

（一）教育服务

教育服务作为政府提供的公共服务中既基础又重要的部分，承担着塑造国家未来栋梁和促进社会进步的关键作用。通过有效的教育系统，政府不仅确保了每个公民接受教育的权利，还为社会培养了必要的人才，为国家的持续发展奠定了坚实的基础。教育的重要性体现在多个层面，从个人发展到社会进步，再到国家的长远发展，教育都发挥着不可替代的作用。教育服务的目标是为所有公民提供平等的教育机会，无论是在城市还是农村，不分性别、种族或经济背景。为实现这一目标，政府投入了大量资源建立学校、配备教育设施、招聘并培训教师，也制订了一系列教育标准和评估体系，确保教育质量的持续提升。优质的教育服务不仅能够提高国民的文化素养和专业技能，还能够促进社会公平。

教育服务对于个人而言意味着更好的就业机会和生活质量。教育能够提升个人的知识水平和技能水平，提高个人的创新能力和竞争力，从而有助于个人在就业市场上占据更有利的位置。教育还能够提升个人的社会意识和责任感，使其成为对社会有贡献的公民。对于社会来说，教育服务的提供有助于更加和谐、公正的社会结构的形成。教育是减少社会不平等的重要工具，通过为不同背景的公民提供平等的教育机会，可以有效地打破社会阶层的固化，促进社会流动。此外，教育还能够促进文化的传承和创新，增强国民对国家的认同感，增强社会的凝聚力。从国家发展的角度看，教育竞争力是国家竞争力的基石。一个国家的发展离不开高素质人才的支撑，而高素质人才的培养依赖全面而高质量的教育。教育服务输送的人才可以为国家经济发展提供必需的专业技能和创新能力，为科技进步和社会发展提供动力。同时，教育有助于培养公民的国际视野，增强国家在全球化背景下的竞争力和影响力。

（二）卫生保健服务

卫生保健服务是政府向公民提供的一项基本公共服务，目的在于保障和提升人民群众的健康水平，这对于社会的稳定与发展、国民生活质量的提高具有深远的影响。在全球化的今天，随着人口老龄化、环境污染等问题的日益严峻，卫生保健服务面临着前所未有的挑战。因此，政府在这一领域的作用变得尤为重要，不仅仅涉及医疗服务的提供，更关系到公共健康政策的制订、健康教育的普及以及疾病的预防和控制等多个方面。

第一，政府在卫生保健服务中的职责体现在制订全面、科学的卫生保健政策。这包括了对公共卫生事业的投资、医疗保险制度的设计以及医疗服务体系的建设等。这些政策的实施可以确保公民在需要时能够获得必要的医疗服务。尤其是对于低收入家庭和弱势群体，政府提供的卫生保健服务尤为关键，直接关系到他们的生命健康。

第二，卫生保健服务的一个重要组成部分是公共卫生。政府通过公共卫生体系对传染病进行预防和控制，对环境污染进行监测和管理，对食品安全进行检查和指导，这些都是维护公共健康、防止疾病传播的重要措施。在面对公共卫生事件，如传染病爆发时，政府的快速响应和有效干预是阻止疫情扩散、保护公民生命安全的关键。政府还致力医疗服务体系的建设和完善。这包括医院的建设、医疗设备的更新、医护人员的培训以及医疗服务的普及等。通过不断优化医疗服务体系，政府可以提高医疗服务的效率和质量，满足公民日益增长的医疗需求。政府还通过法律法规确保医疗活动的规范运行，保障患者权益，打击医疗欺诈和不正当行为。

第三，健康教育也是卫生保健服务不可或缺的一部分。政府能够通过媒体、学校和社区等渠道普及健康知识，增强公民的健康意识，引导公民形成健康的生活方式，这对于提高国民整体健康水平、降低疾病发生率具有重要作用。健康教育应覆盖各个年龄段和社会群体，包括儿童、青少年、成人以及老年人，针对这些不同群体的特点和需求，提供适宜的健康知识和生活方式建议。例如，学校健康教育项目可以帮助青少年形成正确的饮食习惯和体育锻炼习惯，预防肥胖和相关慢性疾病的发生；针对成人的健康宣教活动则更多关注职业病防护、心理健康管理、慢性病防控等内容。

第四，疾病预防控制是卫生保健服务中的重要职能。政府通过疫苗接种计划、健康筛查项目、传染病监测与报告系统等措施，能够有效预防许多传染病和慢性病的发生和传播。疫苗接种计划尤其重要，它通过为儿童和成人提供免费或低成本的疫苗接种服务，大大降低了麻疹、百日咳、肺炎等疾病的发病率，保护了公众健康。

第五，环境卫生和食品安全也是政府卫生保健服务不可分割的一部分。通过对水质、空气质量的监测和改善，对食品生产、加工、流通和销售的严格监管，政府保障了公民的生活环境和食品消费安全，降低了环境和食品污染引起的健康风险。

（三）公共安全服务

公共安全服务是政府为保障公民的生命财产安全及社会秩序而提供的一项基本公共服务。这项服务通过预防犯罪、应对紧急情况、保护公共安全和秩序等多方面工作，为经济发展和民众幸福感提升提供了稳定安全的社会环境。公共安全不仅仅关乎每位公民的日常生活，更是社会和谐与持续发展的基础。

政府在公共安全领域承担着不可或缺的角色，通过立法、执法、司法等多种手段来保障公共安全。政府制订相关法律法规，明确安全标准和行为准则，对可能危害社会安全的行为进行规制和处罚。同时，政府建立了包括警察、消防、应急管理等在内的多层次公共安全体系，以应对犯罪、自然灾害、公共卫生事件、交通事故等各种安全挑战。在防止犯罪行为方面，政府通过警察部门的巡逻、侦查、打击犯罪活动，有效预防和减少犯罪事件的发生；通过公共宣传教育，提高民众的法律意识和自我保护能力，形成全社会共同参与的犯罪防控网络；通过对社会治安状况的持续监控和评估，及时调整和优化治安防控策略，确保公共安全服务的有效性。面对自然灾害和公共卫生事件，政府建立了包括气象预警、地震监测、洪水控制等在内的应急管理体系，通过提前预警、紧急疏散、全力救援等措施，最大程度减少灾害给人民生命财产造成的损失。政府还通过制订应急预案、组织应急演练等方式，提高各方应对突发事件的快速反应能力和综合协调能力。交通安全是公共安全的重要组成部分，政府通过制订交通法规、建设交通基础设施、开展交通安全教育等措施，有效预防和减少交通事故的发生。政府还通过交通管理和执法活动，维护道路交通秩序，保障人民群众的出行安全。在环境保护和公共卫生领域，政府通过制订环保法规、监督污染物排放、推广健康生活方式等措施，防治环境污染和疾病传播，保护公民的生态环境和健康安全。特别是在面对公共卫生危机时，政府的快速响应和有效干预对控制疫情、保护公民生命安全至关重要。

（四）交通基础设施服务

交通基础设施的建设和维护是连接城乡、促进区域发展的重要手段，它不仅仅影响着国民的日常出行，更是推动经济发展、促进区域平衡和提高生活质量的重要因素。政府在这一领域的作用体现为规划、投资、建设和维护各类交通设施，包括道路、桥梁、铁路、机场等，确保交通网络的畅通和安全，从而大大提高人员和物资的流动性。

首先，政府在交通基础设施建设中的职责是进行科学规划。在完成职责的过程中，政府需要考虑到国家和地区的经济发展需求、人口分布特征、地理环境条件等多种因素，以确保交通网络的合理布局和高效运作。通过科学规划，政府能够有效地引导社会经济发展的方向、促进区域间的经济交流、缩小发展差距。其次，投资建设也是政府在交通基础设施领域的重要职责。交通项目通常需要巨额的投资，政府通过财政拨款、发行债券等多种方式筹集资金。政府的投资不限于传统的公路、桥梁建设，还包括城市公共交通系统、高速铁路网络、航空运输设施等的建设，这些都是提高国家竞争力、改善民众生活的重要途径。最后，维护交通基础设施和管理交通也是政府不可忽视的职责。良好的维护工作能够保障交通设施的长期稳定运行，减少事故发生，延长设施使用寿命。政府通过定期检查、维修和更新，确保交通基础设施处于良好状态；同时，政府通过交通管理措施，如交通信号控制、限速规定等，保障交通的有序流动，提升出行效率。政府还关注交通基础设施建设对环境的影响。在规划和建设交通基础设施的过程中，采取环保措施，减少对自然环境和生态系统的破坏是现代交通项目必要的一环。通过推广绿色交通理念、建设环保型交通设施，政府能够在促进经济社会发展的同时，保护生态环境，实现可持续发展。

（五）环境保护服务

环境保护作为政府提供的公共服务之一，对于实现可持续发展、保障人民的健康福祉以及维护地球生态平衡具有至关重要的意义。随着工业化、城市化的加速发展，环境问题已成为全球性挑战。环境问题包括空气污染、水污染、土壤污染、生物多样性减少以及气候变化等，这些问题的存在严重威胁到人类的生存和发展。因此，政府在环境保护领域的作用不仅仅是一种责任，更是对未来世代的承诺。

政府通过制订和实施一系列环保法律法规和政策，建立了环境保护的法律框架，确保了环境保护工作的系统性和连续性。这些法律法规和政策明确了环境保护的基本原则、目标、责任以及监督管理机制，为环境保护工作提供了法律依据和执行标准。通过这一系列措施，政府致力减少工业生产和日常生活中产生的污染，保护和恢复自然生态系统，促进经济社会的绿色、低碳发展。在具体实施方面，政府采取了多种手段和措施来保护环境。第一是污染防治，政府通过监督和管理企业排放，推广清洁生产技术，实施大气和水污染防治项目，有效控制了污染物的排放量。第二，政府还重视固体废物的处理和资源回收再利用，通过建立废物分类、回收利用系统减少了废物对环境的污染。第三，政府还积极推进生态保护和修复工程，通过建立自然保护区、实施退耕还林还草等措施，有效保护了生物多样性，恢复了部分受损的自然生态系统。第四，政府通过开展生态环境宣传教育活动，培养公众的环保意识，鼓励和引导公众参与环境保护，营造全社会共同参与环境保护的良好氛围。第五，在应对气候变化方面，政府通过制订并实施《国家适应气候变化战略》，积极参与国际气候变化合作，承诺减少温室气体排放，推动全球气候治理；政府还提倡使用可再生能源，提高能效，促进能源的绿色低碳转型，为应对全球气候变化做出了积极贡献。

三、经济管理和调控

经济管理与调控是政府部门实现国家宏观经济目标的重要手段，包括保证经济稳定增长、控制通货膨胀、降低失业率以及优化经济结构等方面。政府通过财政政策和货币政策等多种经济工具来实现这些目标（图 2-3）。

第二章 公共管理的主体

保证稳定增长　　　　降低失业率

控制通货膨胀　　　　优化经济结构

图 2-3　经济管理和调控

(一) 保证经济稳定增长

经济稳定增长是政府在经济管理和调控中追求的核心目标之一。它不仅关系到国家的长期发展和社会的稳定，还直接影响到每一位公民的生活质量。政府通过实施财政政策和货币政策，以及其他一系列经济政策，努力实现经济的平稳增长，避免经济过热或过冷，确保经济健康发展。

在经济总需求小于总供给的时期，政府通常会采取积极的财政政策，如增加公共支出和减少税收，以刺激经济需求。增加的公共支出可以直接用于投资基础设施建设、教育和卫生保健等领域，这些投资不仅能够短期内提高总需求、促进经济增长，还能够提升国家的长期竞争力。减税措施能够增加企业和个人的可支配收入，鼓励消费和投资，从而刺激经济增长。货币政策对于保证经济稳定增长也发挥着至关重要的作用。通过调节货币供应量和利率，中央银行能够影响经济活动。在经济总需求小于总供给时，中央银行通常会采取宽松的货币政策，如降低利率、增加货币供应量，以降低借贷成本、鼓励企业投资和消费者消费，从而刺激经济增长。相反，在经济总需求大于总供给时，中央银行可能提高利率、减少货币供应量，以避免通货膨胀。政府在追求经济稳定增长的过程中，还需要密切关注国际经济环境的变化，及时调整经济政策，以

·43·

适应全球经济发展的趋势。在全球化的今天，国际贸易和资本流动对国内经济的影响日益增大，政府需要通过参与国际合作和对外开放，吸引外资，拓展出口市场，促进国内经济的稳定增长。政府还需关注经济增长的质量和经济的结构。政府不仅仅要追求国内生产总值的增长速度，更要注重增长的可持续性和包容性。政府通过支持新兴产业的发展、推动产业升级、鼓励科技创新，以及通过教育和培训提升劳动力素质，可以优化经济结构，提高经济增长的质量。

（二）控制通货膨胀

通货膨胀指在纸币流通条件下，因货币供给大于货币实际需求，导致货币贬值，从而引起一般物价水平在一定时期内持续的普遍的上升过程，或者说货币价值在一定时期内持续的普遍的下降过程。[①] 通货膨胀如果不加以控制，就会严重影响经济的稳定发展，侵蚀民众的收入和储蓄，损害消费者、投资者和企业的信心，最终影响国家的经济健康和社会稳定。

政府对通货膨胀的控制主要通过财政政策和货币政策来实现。财政政策的调整主要体现在政府收支管理上。在通货膨胀压力较大时，政府可能会选择增加税收或减少公共支出，通过减少市场上的总需求来抑制物价上涨。增加税收可以直接降低消费者的可支配收入，减少消费需求；减少公共支出则直接降低了政府对商品和服务的需求，从而能够对抗通货膨胀。货币政策在控制通货膨胀的过程中扮演着至关重要的角色。中央银行通过调整利率和货币供应量来影响经济中的总需求和总供给，从而达到控制物价水平的目的。当通货膨胀压力上升时，中央银行会选择提高利率、减少货币供应量，使贷款成本增加，从而抑制企业和消费者的借款和支出，减少市场上的货币流通量，以达到控制通货膨胀的效果。政府在实施控制通货膨胀的政策时，还需考虑到经济增长、就业等多方面因素的平

---

① 史宁安. 经济工作常用知识工作册[M]. 北京：中国时代经济出版社，2012：4.

衡。过于严格的紧缩性货币政策可能会导致经济增长严重放缓、失业率上升,因此政府需要精细调控,以避免对经济增长造成过大的负面影响。政府还需关注长期的结构性通货膨胀因素,如生产成本增加、资源短缺等,并通过提高生产效率、推动技术创新和优化资源配置等措施,从根本上解决通货膨胀问题。

(三)降低失业率

降低失业率需要政府采取综合性策略,通过刺激经济增长、提供职业培训、制订就业政策等措施,为劳动者创造更多就业机会,提高就业质量,促进经济稳定增长和社会全面发展。

刺激经济增长是降低失业率的基础,政府可以通过财政政策和货币政策来激发经济活力、增加公共支出。例如,对基础设施建设、教育和公共卫生项目的投资不仅能够短期内创造大量就业机会,还能够提升国家的长期竞争力。同时,减税措施能够增加企业和家庭的可支配收入,鼓励个人投资和消费,进一步刺激需求,促进经济增长。货币政策方面,政府可以通过降低利率来降低融资成本,激励企业扩大生产和投资,从而增加就业机会。政府通过实施职业培训计划来提升劳动力市场的灵活性和劳动者的就业能力,是减少失业率的另一个有效手段。职业培训计划旨在给求职者和失业者提供他们所需的技能,尤其是针对快速发展的新兴产业和技术领域的技能,确保劳动力市场的需求与供给能够有效匹配。此外,对于那些因技术进步而面临失业威胁的工人,政府应提供再培训和技能升级的机会,帮助他们适应经济结构的变化,重新进入劳动市场。政府还可以通过制订具体的就业政策和措施来促进就业,如实施就业补贴计划,鼓励企业招聘更多员工,尤其是对于一些就业困难群体,给他们提供额外的支持和帮助。

(四)优化经济结构

优化经济结构是政府经济管理和调控的重要方向之一,其核心目的在于适应全球经济环境的变化，提升国家的整体竞争力，并确保经济的长期健康发展。这一过程涉及多方面的努力，包括但不限于支持新兴产业的发展、改造或淘汰落后产业、通过教育和培训提升劳动力的技能，以及通过制订相应的法律法规来鼓励科技创新和企业改革。在全球化和信息化的今天，经济结构的优化不仅是一国内部经济调整的需要，还是应对国际竞争和合作的必要举措。随着科技进步和消费需求变化，一些传统产业开始显露出落后性和不适应性，而新兴产业如信息技术、生物科技、新能源和新材料等因其较高的增长潜力和广阔的发展前景，已成为推动经济增长的新引擎。

第一，政府在优化经济结构过程中的重要任务是识别并支持新兴产业的发展。这包括提供政策引导、财政资助、税收优惠等激励措施，以及打造适宜的市场环境和法规体系，促进这些产业的健康成长。例如，政府可以设立创新基金，支持科技研发和成果转化，促进高科技企业的孵化和成长。第二，政府还需关注传统产业的改造升级，通过技术改造和业务模式创新，提升传统产业的竞争力和生产效率。这不仅有助于保护现有的就业岗位，还能为传统产业开辟新的发展空间。政府可以鼓励企业采用先进的生产技术和管理方法，推动产业向更高的价值链环节移动。第三，教育和培训在经济结构优化中扮演着至关重要的角色。政府应通过改革教育体系，加大对职业教育和继续教育的投入，为劳动市场提供具有必要技能和知识的人才，满足新兴产业和改造后的传统产业的人才需求。此外，提高全民的科学文化素质和创新意识，对于培育创新型经济具有深远的影响。第四，政府还应通过制订和完善相关法律法规来营造有利于创新和企业改革的环境。这包括保护知识产权、简化企业设立和运营的手续、优化税收政策等，为企业创新和发展提供法律保障和政策支持。

四、法律法规的制订与维护

制订和维护法律法规体系是政府部门在公共管理中需承担的重要职

责，它直接关系到社会秩序的维护、公民权利的保护以及经济和社会活动的正常进行。通过法律法规的框架，政府确立了社会行为的基本规范，为社会成员提供了一个可预测的和稳定的环境，促进了社会公正和经济发展。在全球化加速和社会多元化背景下，法律法规的制订与维护面临着新的挑战和要求，政府的角色和职能也随之发生变化。

法律法规的制订是一个涉及广泛社会利益平衡、法律原理和现实情况相结合的复杂过程。这一过程通常需要基于广泛的社会调研、专家咨询和公众参与，以确保法律既符合法理学原则，又能有效解决现实问题。政府制订法律法规的重要任务是识别和明确需要法律调整的社会关系，然后根据公平正义、合法性原则等基本法律原则，设计法律条文和规则，最后经有关部门讨论通过，形成具有普遍约束力的法律文本。法律法规一旦制订完成并正式发布，其有效实施便成为确保法律目标实现的关键。政府部门需要建立健全的法律执行机制，包括执法机关的设置、执法人员的培训、执法活动的监督以及法律援助和救济系统等。有效的法律执行不仅依赖于执法机关的权威和能力，还需要公众的理解、支持和参与。因此，增强公众法律意识、向公众普及法律知识成为政府不可忽视的任务之一。

法律法规的维护涉及法律的适用和解释、法律冲突的调解以及法律的修订和废止等多个方面。随着社会变化和新问题的出现，现有法律可能出现不适应的情况，政府需要根据新的社会需求和发展趋势，定期对法律法规进行审查和评估，及时进行修订或更新，以保持法律体系的先进性和适应性。同时，政府需要通过司法裁判和行政裁决等方式，解决法律适用中出现的具体问题和冲突，确保法律的公正实施。需要注意的是，在维护法律法规体系的过程中，政府的作用绝不止步于法律的制订和执行，还包括对整个社会法律环境的持续改进和优化。这要求政府不仅注重法律本身的完善，还关注法律在实际生活中的应用和效果，以及公民对法律的认知水平和接受度。政府需要不断加强法律普及教育工作，通过多种渠道和方式，如学校教育、公共媒体宣传、社区讲座等，加强法律知识的普及，增强公民的法律意识。这不仅有助于构建法治社会，还能够促使公民主动维护自己的合法权益，从而有助于良好的法治环境的形成。

五、国际关系和合作

政府部门在国际关系和合作中的作用至关重要，不仅代表着国家的利益和立场，还是推动全球治理、解决跨国问题以及促进国际和平与发展的关键力量。在全球化日益加深的今天，国与国之间相互依存的程度不断提高，这使得国际关系和合作变得更复杂也更重要（图 2-4）。

图 2-4 国际关系和合作

（一）参与国际关系的构建

通过参与健康、稳定的国际关系的构建，政府不仅能够保护国家的利益，还能够提升国家的国际地位和影响力，促进经济发展，增进人民福祉，同时为维护世界和平与安全做出贡献。国际关系的构建是一个复杂而细致的过程，它涉及政治、经济、军事、文化等多个层面。在这一过程中，政府部门采取多种策略和手段，以实现更广泛的国际合作、收获更好的外交成果。具体如下。第一，政府通过建立双边和多边的外交关系，加强与其他国家的交流与合作。在双边层面上，政府通过互访、会谈、签订协议等方式，直接与其他国家建立联系，探讨和解决双边关系中的具体问题，同时寻找共同利益，加强合作；在多边层面上，政府参与国际组织和国际会议，与多国共同商讨和解决全球性问题，这不仅有助于提升国家在国际舞台上的声誉和影响力，还能够促进国际合作与共识的形成。第二，经济合作是国际关系构建中的重要一环。政府通过参与多边贸易体系，签订双边或多边贸易协定，促进贸易自由化和经济全球化。这些经济合作不仅能够为本国企业开拓国际市场、吸引外资、促进经济增长，还能够通过经济联系加深与其他国家的关系，推动政治和战略上的合作。第三，在应对全球性挑战方面，政府部门也扮演着至关重要的角色。面对气候变化、跨国犯罪、国际恐怖主义、传染病等全球性问题，单一国家往往难以独立应对，因此需与其他国家密切合作，共享信息，协调政策，采取集体行动，有效应对这些问题，保护全人类的共同家园。第四，政府在构建国际关系的过程中还需秉持和平共处的原则，通过外交手段和平解决国际争端，支持国际法治建设，维护国际公平与正义。通过参与国际和平维护行动、国际发展援助等活动，政府能够为促进世界和平与发展做出积极贡献。

（二）参与国际组织和协议

政府部门参与国际组织和签订国际协议不仅是国家主权的外在表达，还是国家战略利益实现的重要途径。通过这种参与，政府能够在全球治理体系中发挥作用，为本国企业和公民创造有利的国际环境，推动国际规则的形成。

国际组织如联合国、世界贸易组织、世界卫生组织等是处理全球性问题、促进国际合作的重要平台。政府通过这些平台，可以与其他国家交流信息，共享发展经验，参与国际规则的制订过程，从而在国际事务中为本国争取发言权和影响力。此外，积极参与国际组织的活动有助于增进对其他成员国的了解、取得其他成员国的信任，为双边或多边合作奠定基础。签订国际协议是政府塑造国际关系、维护国家利益的重要手段。这些协议涵盖贸易、环境保护、人权、安全等多个领域。所签订的贸易协定可以为本国产品和服务进入国际市场提供便利，促进经济发展；通过环保协议，政府可以与国际社会共同应对气候变化等全球环境问题，保护地球家园；通过参与人权、安全等方面的协议，政府则展示了对国际法治和全球和平进行维护的承诺。这些协议不仅会直接影响国家的经济利益和国际地位，还反映了国家的责任和使命。参与国际组织和协议还有助于政府更有效地应对跨国问题。在全球化的今天，许多挑战如传染病防控、网络安全、国际犯罪等已不再是单一国家可以独立解决的。通过国际合作、共享信息、协调政策，各国可以集合力量，形成合力，共同应对这些挑战。政府的这种参与不仅体现了国家对全球问题的关注和贡献，还保护了国内公民的福祉和安全。参与国际组织和协议还能够促进国际法的发展和完善。随着国际社会对公平正义、可持续发展等观念的共识日益增强，政府在国际组织中的合作和在国际协议中的承诺有助于推动国际法向更加公正、有效的方向发展，从而为解决国际争端提供法律依据和解决机制。

（三）处理跨国问题

在全球化的今天，跨国问题已成为各国共同面对的挑战，其性质和影响跨越国界，涉及环境、健康、安全、经济等多个方面。这些问题的复杂性和广泛性要求各国应合作应对。政府部门在处理这些跨国问题的过程中扮演着至关重要的角色，通过国际合作共享信息、协调政策，共同寻找解决方案。

面对气候变化这一全球性环境问题，各国政府通过参与国际气候谈判，签署如《巴黎协定》等国际环保协议，承诺采取减排温室气体等具体措施减缓气候变化的影响。此外，各国政府通过技术合作和资金支持，帮助发展中国家加强环境保护，提高其应对气候变化的能力，这体现了全球共同应对气候变化的决心和行动。在跨境犯罪问题上，如毒品走私、人口贩卖、网络犯罪等，各国政府通力合作，共享情报信息，协调跨国调查和执法行动，有效打击了跨国犯罪活动。同时，各国政府通过签订国际条约和协议，如《联合国打击跨国有组织犯罪公约》，奠定了国际合作的法律基础，为跨国犯罪的打击提供了法律支持和合作机制。在国际贸易争端方面，各国政府通过参与世界贸易组织等国际组织，利用其争端解决机制，以公正、透明的方式解决国与国之间的贸易争端。这不仅维护了多边贸易体系的稳定，还保护了各国合法的贸易利益。针对传染病防控这一全球性公共卫生问题，各国政府通过与世界卫生组织等国际组织合作，加强疫情监测、信息共享和资源调配。在突发公共卫生事件中，各国政府通过提供医疗物资援助、共享疫情数据、协调疫苗研发和分配等方式，展现了国际社会共同应对挑战的决心和能力。

（四）促进全球和平与发展

政府部门对于促进全球和平与发展的作用不仅是该政府对外政策的重要组成部分，还体现了其在国际社会承担的重要责任。通过和平解决国际争端、参与国际援助和发展计划、支持国际法治和人权事业等活动，政府可以在构建更加和平、公正、繁荣的世界的过程中发挥关键作用。

和平解决国际争端对于维护世界和平有着重要作用。在历史上，许多国际冲突和争端都是通过武力解决的，造成了巨大的人员伤亡和社会经济损失。因此，各国政府在处理国际争端时，应优先考虑通过外交谈判、国际调解和法律途径解决问题。这包括参与联合国等国际组织的和平调解活动、遵守国际法和国际公约、尊重国际法院和国际仲裁机构的裁决。通过这些和平手段，政府不仅能够有效避免冲突升级，还能够为国际社会树立解决争端的典范。参与国际援助和发展计划是促进全球发展的重要途径。面对全球贫困、饥饿、疾病等问题，各国政府应通过向这些问题较为严重的国家提供经济援助、技术支持和人力资源培训等方式，帮助这些国家提高自身发展能力。此外，政府还可以参与或发起国际发展合作项目，如联合国可持续发展目标，通过多边合作机制，共同应对全球性发展挑战，推动全球经济社会的可持续发展。支持国际法治和人权事业是政府促进全球和平与发展不可或缺的一环。各国政府应通过遵守国际法,支持联合国和其他国际组织在维护国际法治、促进人权保护方面的工作,为国际社会创造一个公正、有序的环境。此外,政府还可以通过国际合作加强对全球人权问题的关注和响应,推动全球人权事业的进步。

第三节 社会组织的协同作用

在现代公共管理体系中,社会组织扮演着不可或缺的角色。这些组织以其灵活性、创新能力和接近社区的特性,成为连接政府和公众的重要桥梁。社会组织的协同作用主要体现在以下几个方面。

一、提升公共服务的覆盖率和有效性

社会组织作为公共服务体系的重要组成部分,具有接近基层、灵活多变的特性,在提升公共服务的覆盖率和有效性方面发挥着不可替代的作用。政府部门应当认识到社会组织的价值和潜力,通过政策支持、资金援助、合作项目等方式,推动社会组织的发展和参与,与社会组织共同构建更加全面、有效的公共服务体系。

与政府机构相比,社会组织通常具有更低的运作成本和更高的操作灵活性。这使得它们能够迅速响应社区的变化和需求,及时调整服务内容和方式,确保服务的及时性和有效性。此外,社会组织往往能够发掘和利用社区内的资源,通过动员社区成员的参与,提高服务的效率和质量。在教育领域,社会组织能够为学生提供教育资源和机会,特别是在艺术、体育、科技等特殊领域。通过组织各种课外活动和兴趣小组,社会组织不仅丰富了学生的学习生活,还促进了学生个性的全面发展。对于偏远地区的孩子们,社会组织还能够提供远程教育资源,缩小城乡教育差距。在卫生领域,社会组织在传染病防控、慢性病管理、心理健康支持等方面发挥着重要作用。社会组织能够提供定制化的健康教育和服

务，特别是有助于满足社区特定群体的健康需求，如老年人、残疾人、孕妇等。此外，社会组织还能够在卫生危机中迅速行动，为受影响的群体提供紧急医疗援助和心理支持。在环境保护领域，社会组织能够通过普及环保知识、组织清洁行动、参与自然保护项目等方式，有效地增强公众的环保意识、提高公众的参与度。社会组织还能够针对特定的环境问题，如水污染、空气质量、城市绿化等，提出解决方案和建议，促进政府在环境政策和项目实施方面的改进和创新。

二、促进政策的民主化和透明化

社会组织在促进政策的民主化与透明化方面的作用不容忽视。它们通过参与政策制订、监督政策执行、提升公众参与意识和能力等多种方式，有效地连接了政府与公民，确保了政策过程的开放性、透明性和公正性。这不仅增强了政策的有效性和适应性，还提高了政府的公信力，是构建现代民主政治的重要力量。

社会组织能够将社区中普通民众和特定群体的需求、意见和建议直接带入政策讨论和决策过程中。这种草根层面的参与能够确保政策制订更加贴近实际、反映和满足社会的多元需求。社会组织通过组织论坛、座谈会、公开听证会等形式，搭建政府与公民之间沟通的桥梁，使政策制订过程更加开放和透明。社会组织在政策执行阶段扮演着监督者的角色。通过对政策实施情况的跟踪评估，社会组织能够及时发现政策执行过程中存在的问题和不足，向政府提供反馈，推动政策的完善。此外，社会组织还可以通过媒体和公共平台，公开政策执行情况，提高政府行为的透明度，使公众能够更好地了解政策的影响，从而提高政府的公信力。社会组织通过各种活动和项目，提高公众的政策意识和参与能力。这不仅包括提供政策教育和信息，还包括培训公民参与政策制订和监督过程。这有助于构建一个积极参与、高度民主的公共政策环境，使政策制订更加反映公众意愿，政策执行更加透明公正。

三、促进社会资本的形成

社会资本对于任何社区的健康发展都至关重要，是社区成员之间相互信任、支持的体现。社会组织在这个过程中起到了不可替代的作用。社会组织通过各种活动和项目促进了社区成员之间的交流和合作，加强了社区的内部联系，从而自身解决社区问题的能力得到了提高，积极向上、互助合作的社区文化逐渐形成。

社会资本的形成和发展有助于提高社区的凝聚力，提高成员之间的信任感和成员对社区的信任感，促进信息的流通和资源的共享。这不仅对于提高社区成员的生活质量和幸福感具有重要意义，还能够为社区的可持续发展提供坚实的基础。社会组织具有灵活性和创新性，能够在教育、卫生保健、环境保护等领域发挥重要作用，为政府提供的公共服务提供补充，特别是在那些偏远或边缘化的社区。

社会组织通过组织各种社区活动、志愿服务和公益项目，为社区成员提供了参与社会事务的平台，这些活动不仅有助于解决社区成员的具体需求，还促进了社区成员之间的相互理解和支持，加强了社区内部的联系和信任。此外，这些活动还为社区成员提供了相互学习、共同成长的机会，提升了社区的内聚力和活力，为社区的长期发展奠定了基础。

四、促进公共服务的创新和社会问题解决方案的开发

社会组织作为创新和变革的先驱，在促进公共服务的创新和社会问题解决方案的开发的过程中发挥着关键作用。社会组织通过实践新的服务模式和技术，不仅提升了服务效率和效果，还为公共服务体系的改进提供了新思路。社会组织与政府和其他社会力量合作进行创新实践，有助于推动公共服务体系的整体创新和进步，构建一个更加包容、高效和创新的社会。

社会组织在面对社会服务的提供和解决社会问题时，常常能够突破传统框架，探索和实施新的方案。这些创新的解决方案可能包括采用新

技术来提高服务效率、设计新型服务模式以更好地满足特定群体的需求、开发新的工具和应用以增强公民参与社区事务的意识。例如，在环境保护领域，社会组织可以通过利用移动应用来促进资源回收，或在教育领域通过线上平台提供学习辅导，以弥补偏远地区教育资源的不足。社会组织的创新实践不仅直接惠及社区和服务对象，还为政府和其他机构提供了宝贵的经验。通过与政府部门的合作和分享，社会组织的这些创新方法有可能被引入更广泛的公共服务体系中，促进整体服务水平的提升。社会组织的成功案例可以为政府改进服务提供灵感，特别是在如何有效利用有限资源、如何提高服务的针对性、如何扩大服务的覆盖面等方面。社会组织还通过建立合作网络、分享最佳实践和成功经验，促进了知识的传播和创新思想的交流。这种跨组织、跨领域的合作和学习是推动社会进步和提高公共服务质量的重要动力。

五、强化社会参与和增强公民意识

在当代社会中，社会组织起着至关重要的作用，特别是在强化社会参与和增强公民意识方面。这些组织不仅为个体提供了参与社会事务的平台，还通过其活动，塑造了更加积极、参与度更高的社会环境。社会组织通过各种方式促进了公民的主动参与，这种参与涵盖了从地方社区服务到国家政策讨论的广泛领域。社会参与的增强反过来又加深了公民的社会责任感，使他们更加关注公共事务和民生福祉。

社会组织通过提供志愿服务机会、组织公共讨论和倡导社区活动等方式，大大丰富了公民参与的形式。这些活动不仅有助于解决具体的社会问题，还能促进公民之间的交流和合作，加深公民对社会多样性和复杂性的理解。通过参与这些活动，公民能够直接体验到自己行动的影响力，从而增强对于参与社会事务的信心。社会组织还发挥着教育和引导的作用。通过组织各种教育项目和活动，如社会问题研讨会、公民权利工作坊等，社会组织能够帮助公民了解社会政策、法律法规以及公民权益，增强公民的信息意识，提升公民的批判性思维能力。这种教育不限于传授知识，更重要的是培养公民的责任感和主动参与社会变革的意愿。在促进社会参与的同时，社会组织也通过所组织的活动增强了公民的公民意识。公民意识是指公民对自己身为社会成员的身份和责任的认识，包括对社会公正、民主和可持续发展的追求。社会组织通过倡导平等、公正和透明的社会价值观，激励公民积极参与社会公共生活，不仅为自己争取权利，还为他人和社区的福祉做出贡献。

在强化社会参与和增强公民意识的过程中，社会组织面临着诸多挑战，包括资源限制、政策限制以及公众参与的动力不足等。尽管如此，很多社会组织仍然展现出了巨大的韧性和创新能力，不断探索和尝试新的方法来强化公民参与和增强公民意识。这些努力不仅对公民个体产生了深远影响，还对社会整体的发展和进步做出了重要贡献。

第三章 公共政策的深度剖析

第一节 公共政策的含义、特征与分类

在公共管理领域内，公共政策扮演着至关重要的角色，它不仅是政府回应社会需求与挑战的机制，还是研究者理解政府与社会互动的关键。本节通过细致考察政策的含义、特征、分类，旨在提供一个全面的视角，以帮助研究者理解政策如何形成、执行并对社会产生广泛影响。

一、公共政策的基本含义

公共政策是现代政府管理与社会治理不可或缺的一环，其含义涵盖了政府为解决社会问题、满足公众需求而采取的行动计划和策略。研究者在探讨公共政策的含义时，应从广义与狭义两个维度对公共政策进行理解。广义上的公共政策不仅指政府的行动计划，还包括政府外的政策制订者对于公共问题的回应。狭义上，公共政策专指由政府部门制订和执行的政策，这些政策直接影响国家运作和公民生活的各个方面。

公共政策是政府用来解决其职责范围内出现的各种社会问题的手段或者行动纲领，广泛应用于社会各个领域，如经济政策、社会福利政策、环保政策等。[1] 公共政策的核心在于解决社会问题，这些问题可能是经济、社会、文化或环境等多个领域的。政策制订者制订公共政策旨在实

---

[1] 赵艳霞. 公共管理学 [M]. 哈尔滨：哈尔滨工程大学出版社，2016: 122.

现社会福利的最大化，提高公共服务的效率和质量，确保国家资源的合理分配与利用。因此，公共政策的含义也与其目标的多样性息息相关，从促进经济发展到保障社会公正，从提高教育质量到保护环境资源，公共政策涉及社会生活的方方面面。公共政策的制订是一个复杂的决策过程，这一过程不仅包括问题的识别和议程的设置，还涵盖了政策方案的制订、选择、实施以及之后的评估和调整。在这一过程中，政策制订者会考虑多方面的因素，包括政策目标的确定、利益相关者的影响、资源的可用性、可能的政策工具和实施策略等。公共政策因此也是一种科学与艺术的结合，它要求政策制订者既有深厚的专业知识，又具备良好的判断力和决策能力。

在理解公共政策含义的过程中，研究者还需注意政策环境的变化。随着社会的发展和科技的进步，新的社会问题不断涌现，对于旧问题的解决方案可能不再适用，这要求公共政策能够灵活应对变化，及时调整策略以适应新的挑战。同时，全球化的趋势使得国际因素在公共政策制订中扮演越来越重要的角色，政策制订者需要考虑国际环境对国内政策的影响，以及如何在国际舞台上维护本国的利益。

二、公共政策的特征

认识公共政策的特征是理解公共政策本质和作用的关键。这些特征不仅反映了公共政策如何响应社会需求和问题，还揭示了政策制订和实施过程中的内在逻辑。公共政策的特征具体如下（图 3-1）。

第三章 公共政策的深度剖析

图 3-1 公共政策的特征

(一) 政治性与公共性

公共政策的形成和执行与国家政权紧密结合,体现了国家机构在社会治理中的主导作用。正如恩格斯的观点:"由于国家是从控制阶级对立的需要中产生的,由于它同时又是在这些阶级的冲突中产生的,所以,它照例是最强大的、在经济上占统治地位的阶级的国家,这个阶级借助于国家而在政治上也成为占统治地位的阶级,因而获得了镇压和剥削被压迫阶级的新手段。"[①] 在这一框架下,公共政策成为实现统治阶级政治目标、维护其统治地位的重要工具,应与国家的总体政治方向一致。政府的合法性基础在于公共性,即其政策和行动在一定程度上反映公共利益,以获得社会资源的支持和进行有效的社会管理。这种公共性并不是无根据的,而是应是国家的政治方向、政治目标以及政治利益的体现。从这个角度来看,政策的政治性与公共性是紧密相连的,两者在实际操作中互为支撑,共同推动政策目标的实现。

在我国漫长的发展历程中,政治性与公共性的结合在不同历史时期有着不同的表现形式。例如,社会主义时期,政治性与公共性实现了前所未有的高度融合。政府的基本职责被界定为服务人民,人民对美好生

---

① 中共中央马克思恩格斯列宁斯大林著作编译局. 马克思恩格斯选集: 第四卷 [M]. 北京: 人民出版社, 2012: 188.

活的追求成为政府工作的中心。在这样的背景下，政府不仅是人民利益的代表和维护者，还是推动社会进步和发展的主力军。这种以人民为中心的政府将公共利益放在了政治目标的核心位置，确保了政策的政治性和公共性高效结合，促进了社会主义社会的全面发展。公共政策的政治性体现了政策背后的权力结构和政治意志，而公共性确保政策能够满足社会广泛层面的需求和期望。这两者的结合为政策制订和执行提供了坚实的理论和实践基础，使政府能够在维护社会稳定、促进经济发展和提高人民生活水平等方面发挥关键作用。因此，公共政策既是政治决策的产物，又是服务公众利益的重要手段。

（二）价值性与工具性

公共政策的制订和执行总是在一定价值观念的指导下进行的，公共政策不可能是中立的，它鲜明地体现了自身的利益倾向，各项公共政策都表明了自身的立场和主张，从而具有深刻的价值性。[1] 公共政策的价值性主要体现在其对社会价值观的反映和推进上。每项公共政策的制订和实施无不蕴含着一定的价值取向，这些价值取向往往来源于社会的共识或者是政策制订者的价值判断。这些价值取向可能包括公平、正义、效率、安全等，它们指导着政策的方向和内容，决定了政策应当实现的社会目标。价值性表明公共政策并非中性的工具，而是承载着特定社会价值和目标的实现手段。例如，环保政策反映了对可持续发展和环境保护的重视；教育政策体现了对知识普及和人力资源开发的投资；社会福利政策则展示了对弱势群体的关怀和对社会公平的追求。

公共政策的工具性强调的是政策作为实现特定社会目标的手段的功能。公共政策通过一系列的行动计划、法规制订、资源分配等，实施社会治理。这种工具性使得公共政策成为连接政府目标与实际成果的桥梁，是进行社会管理和服务的有效途径。政策的工具性体现在多个层面，包

---

[1] 丁煌.行政管理学[M].4版.北京：北京首都经济贸易大学出版社，2021：164-165.

括政策的设计、选择、执行和评估。通过精确的目标设定、合理的策略选择、有效的执行机制以及严格的成果评估，公共政策能够有效地解决社会问题、满足公众需求、调整资源分配，从而达成特定的社会目标。

价值性和工具性在公共政策中是相辅相成的。价值性为公共政策提供方向和目标，而工具性提供实现这些目标的手段。政府在制订和执行公共政策的过程中，应考虑如何平衡价值追求与工具选择，确保政策既能反映社会的价值观念，又能有效实现这些价值观念所指向的社会目标。在实践中，这种平衡体现为如何在不同的价值之间做出选择和权衡，以及如何在不同的政策之间选择最适合实现既定目标的工具。例如，在经济发展领域，政策制订者需要在促进经济增长的同时考虑到环境保护的价值，选择既能促进经济发展又能保护环境的政策工具。

（三）目的性与过程性

一个明确的目标和一个有效的过程是促进社会发展的关键。在公共政策的制订和执行的过程中，深入理解和恰当处理目的性与过程性之间的关系对于优化政策效果、推动公众参与、增强公众信任，以及促进社会公正和谐至关重要。在这个意义上，目的性与过程性不仅是分析公共政策的两个重要维度，还是衡量政策成功的两个关键标准。

目的性是指公共政策制订和实施过程中明确的、旨在解决特定社会问题或满足特定公共需求的目标。这些目标可以是具体的，如减少贫困率、提高教育质量、保护环境等；也可以是更抽象的，如提高国家竞争力、促进社会公正和谐。目的性使公共政策不是一系列随意的行为或决策，而是为了实现预定目标而进行的、有意义的社会改变。公共政策的目的性要求政策制订者在政策设计之初就明确目标，这些目标应当基于对社会现状的准确分析和对未来发展趋势的合理预测。目的性还要求这些目标能够被量化或以其他方式评估，以便在政策实施过程中和完成后对其效果进行监测和评价。

过程性关注的是公共政策从制订到实施，乃至评估和调整的整个过程。它强调的是在实现政策目标的过程中应采取的方法和手段,包括政策的制订、决策的过程、实施的策略、参与者的互动、反馈机制等。过程性体现了这样一种理念,即:政策的成功与否不仅取决于最终的结果,还取决于达到这些结果的方式。过程性强调政策制订和实施过程中的开放性、透明性和参与性。这意味着在政策的每个阶段,都应允许并鼓励不同的利益相关者参与进来,包括政府部门、社会组织、专业人士和公众。这种广泛的参与有助于提升政策的合理性、公正性和可接受性,也促进了多元利益的平衡和社会共识的形成。

目的性与过程性在公共政策中并不是孤立存在的,它们之间存在着密切的相互作用。明确的政策目标(目的性)为政策过程的各个环节提供了方向和依据,而有效的政策过程(过程性)是实现这些目标的关键。明确的目标能够指引政策制订和实施的方向,而公开、包容、高效的过程能够确保政策目标有效实现。过程性的良好实践有助于政府在政策实施过程中识别和解决新的问题,调整和优化政策目标和策略,从而更好地应对复杂多变的社会环境。这种灵活性和适应性是公共政策成功的关键要素,它要求政策制订者和实施者不仅有明确的目标,还有开放的态度和创新的精神。

(四)公平性与效率性

公平性强调在政策制订和执行过程中所有人都能得到平等的机会,从而确保政策效果能够均衡地惠及社会的各个阶层。这不仅涉及资源的分配,还包括权利、机会和尊重的公平。在制订公共政策时,政策制订者需要考虑到政策对不同群体的影响,尤其是对社会边缘群体的影响,避免制订出有利于某一特定群体而忽视甚至损害其他群体利益的政策。公平性的追求往往要求政府在制订和执行政策时采取积极的措施,以缩小社会差距,提高社会整体的福祉水平。效率性则关注如何以最小的资源消耗达到最大的政策效果,意为政策制订者在考虑制订某项政策时,不仅评估其潜在的社会效益,还考虑到实施该政策所需的资源和时间成本。对效率性的追求促使政策制订者寻求最佳的资源配置方案，优化政策执行过程，以确保公共资源得到有效利用，最终实现政策目标。

在实际的政策制订和实施过程中，公平性与效率性往往难以同时达到最优。追求高效率可能会在某种程度上牺牲公平性，原因是最有效率的资源分配可能导致资源集中在能够获得最大产出的领域，而忽视了对弱势群体的支持。反之，过分强调公平性可能会导致效率低下，原因是为了确保资源均等分配，可能需要额外的管理和分配成本，从而影响政策的总体效果。在制订和实施公共政策时，政府需要对公平性和效率性之间的关系进行深思熟虑的权衡。这种权衡不是寻找一个固定的平衡点，而是根据具体情况和社会价值取向的变化不断进行调整。一些策略，如逐步实施政策以观察其对不同群体的影响，引入灵活性以适应不同的社会和经济条件，以及通过技术创新来降低实现目标的成本，都可以帮助政府在公平性和效率性之间找到更好的平衡。

（五）强制性与合法性

强制性是指公共政策一旦制订，就对所有目标群体都具有强制执行的特点。这种特性确保了政策能够在社会中得到广泛而有效的实施，是政府通过法律法规等形式，对个人或组织行为进行规范和约束的表现。强制性的实施手段多种多样，包括法律强制、经济激励与惩罚、行政命令等。通过这些手段，政府能够引导、控制社会成员的行为，以实现政策目标。然而，强制性也要求政策制订者在政策设计时充分考虑其合理性和执行的可行性，避免引发社会的抵触和舆论反弹。

合法性则指公共政策的制订和执行过程应基于正当法律程序，得到社会广泛的认可和支持。它是政策强制性得以正当执行的基础，确保政策不仅是政府意志的体现，还是在法律框架内经过合理讨论、审议并最终确定的结果。合法性的确保涉及政策制订的透明性、公众参与度以及政策决策的程序正义。只有当公共政策的制订符合法律规定，且制订过程尊重公众意见和利益时，政策的合法性才能够得到体现，进而提升政策的社会接受度、优化执行效果。

强制性与合法性在公共政策中相辅相成，缺一不可。一方面，合法性是强制性的前提。只有建立在合法基础上的政策，其强制实施才具有正当性，才能确保政策执行不会超越法律赋予的权力范围，避免滥用权力和侵犯公民权利。另一方面，强制性的有效实施又是合法性得以实现的保证。政府在政策合法制订的基础上，通过强制性手段确保政策得以实施，从而实现政策目标，维护社会秩序和公共利益。

三、公共政策的分类

公共政策的分类是理解和研究公共政策领域的一个基本出发点，它有助于研究者把握政策的多样性和复杂性。公共政策可以根据不同的标准和角度被分为多个类型，这些分类方式反映了政策的目标、手段、影响范围等不同维度。以下是公共政策常见的几种分类方式（图3-2）。

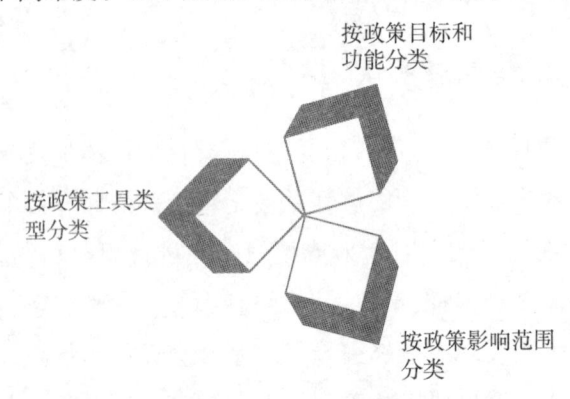

图 3-2 公共政策的分类方式

（一）按政策目标和功能分类

按照政策目标和功能对公共政策进行分类，有助于研究者更清晰地理解政策的目的、作用和影响。这种分类不仅反映了政策制订者如何识别和响应社会需求，还展示了政府如何通过不同类型的政策，努力增进社会的整体福祉、促进社会持续发展。根据目标和功能，公共政策主要分为分配政策、规制政策和再分配政策三种类型，每种类型都有其独特的焦点、应用场景和影响效果。

分配政策关注社会资源的分配，旨在确保社会成员能够按照一定的标准和程序获得特定的公共资源和服务。这类政策通常涉及公共教育、医疗保健、社会保障等领域，目的是提升公民的生活质量、增进社会福祉。分配政策的实施往往需要政府直接投入公共资源，通过建立、运营和维护公共设施和服务来实现政策目标。例如，政府建设学校、医院和公共交通系统，旨在提供均等的教育机会、医疗服务和便捷的出行方式给所有社会成员。规制政策通过制订和实施一系列的规章制度来规范个人、企业和其他社会组织的行为。这类政策的目的是维护市场秩序、保护公众利益、防止环境破坏、确保公共安全等。规制政策的实施手段包括法律、行政命令以及各种规章和指导原则，涵盖了从环境保护、食品药品安全到交通管理和金融监管等众多方面。通过规制政策，政府能够限制或禁止某些可能对社会造成负面影响的行为，同时促进和引导市场和社会行为朝更加积极、健康的方向发展。再分配政策聚焦于通过财政手段和社会保障机制对社会资源进行重新分配的政策。其核心目标是减少社会中的不平等现象，实现社会财富的更公平分配。再分配政策包括税收政策、社会保险、福利援助等，旨在给所有社会成员提供基本的生活保障，如最低生活保障、失业救济和养老保险等。政府通过再分配政策，致力缩小贫富差距，促进社会稳定和谐。

（二）按政策工具类型分类

在公共政策的领域内，按政策工具类型进行分类是对政策手段和机制进行深入理解的重要途径。这种分类基于政府为实现政策目标所采取的不同手段和策略，反映了政策制订和实施过程中的多样性和复杂性。政策工具的选择对于政策的成功实施至关重要，原因是不同的工具在不同情景下可能产生不同的效果。主要的政策工具类型包括法律和法规、经济手段、信息和教育以及直接行动等。

法律和法规是公共政策中最常用的工具之一，即以明确的规则和标准来规范和指导个人、组织和企业的行为。这种类型的政策工具具有强制性，违反法律和法规的行为会受到相应的惩罚。法律和法规可以涵盖广泛的领域，包括但不限于环境保护、公共安全、商业活动、劳动关系以及社会福利等。通过法律和法规，政府能够明确社会行为的界限、维护社会秩序和公共利益。经济手段作为政策工具，是通过经济激励（补贴、税收优惠等）或经济惩罚（税收、罚款等）来影响个人和组织的决策和行为。这类工具的目的是通过市场机制来实现政策目标，使得在经济上遵守政策变得有利可图，违反政策变得代价高昂。例如，政府可能通过提供可再生能源项目的财政补贴来鼓励清洁能源的使用，或者通过征收碳税来减少温室气体排放。信息和教育工具通过增强公众的相关意识、提高公众知识水平来促进政策目标的实现。这包括开展公共宣传活动、推行教育计划等，旨在影响公众的态度和行为、提升公众的参与度、获取公众对政策的支持。例如，政府组织健康知识宣传活动，通过使公众了解健康饮食的重要性来降低肥胖率。直接行动工具指政府直接介入市场或社会活动，以实现特定的政策目标。这包括政府直接提供公共服务（教育、医疗服务等）、基础设施建设（道路、桥梁建设等）或直接参与市场调节（国有企业的运营等）。通过直接行动，政府能够在那些市场机制不能发挥作用或不让市场机制发挥作用的领域内，确保公共服务的可靠供应和基础设施的建设。

（三）按政策影响范围分类

按照政策影响范围对公共政策进行分类为研究者提供了一个理解和分析政策影响层面和广度的重要视角。这种分类方式突出了政策在不同层面上对个人、社区、国家乃至全球的影响，展示了政策制订和执行的多层次性。具体而言，政策按影响范围可以分为国际政策、国家政策和地方政策三大类。

国际政策指的是那些用于应对全球挑战、影响跨越国界的政策。这类政策涉及的领域广泛，包括但不限于气候变化、国际贸易、全球卫生、跨国犯罪等。国际政策通常需要国际组织、多国政府间的合作与协调来实施。例如，2016年正式实施的《巴黎协定》旨在通过全球合作减少温室气体排放，以应对气候变化的挑战。这类政策的制订和执行涉及复杂的国际谈判，要求各国之间达成共识、协同合作，以实现全球性的目标和利益。国家政策是指在一个国家范围内制订和实施的政策，旨在解决国内问题、促进国家发展和增进社会福祉。这类政策直接反映了国家的发展战略、经济计划和社会目标，其影响面向所有国民。国家政策可以覆盖经济、教育、卫生、安全、环境保护等多个领域。例如，经济刺激计划旨在促进国家经济增长，教育改革政策旨在提高国民教育水平。国家政策的制订和实施由国家机构负责，如立法机关、行政机关和司法机关等。地方政策主要是针对特定地区的需求和问题的政策，由地方政府制订和执行。这类政策更贴近民众的日常生活，立足地方特有的环境、经济和社会条件。地方政策的范围可以包括城市规划、地方教育系统、地方交通管理、地方环境保护等多个方面。例如，地方环境保护政策聚焦于解决当地特有的环境问题。地方政策的成功实施依赖地方政府的领导力和管理能力以及地方社区的参与和支持。

第二节 公共政策的制订

政策制订是政策过程的首要阶段，是政策科学的核心主题。[1] 它不仅关乎社会发展方向的选择和公共资源的有效分配，还直接影响到每一个公民的生活质量和福祉。公共政策的制订过程是复杂而多维的，涉及广泛的利益协调、深入的问题分析、科学的决策制订，以及后续的政策评估和调整。因此，掌握其原理和方法，理解其影响因素，对于提升政策制订的质量和效率具有重要意义。

---

[1] 吴立明. 公共政策分析[M]. 厦门：厦门大学出版社，2006: 95.

一、公共政策制订的重要性

公共政策制订的重要性贯穿于整个公共管理领域，它不仅是政府行为的方向指引，还是社会治理的基本手段。通过公共政策的制订与实施，政府能够应对社会变化、解决公共问题、调动社会资源、引导社会行为、实现社会目标、保障国家安全、促进公共福利，以及推动社会进步与发展。因此，政府应深入理解公共政策制订的重要性，这对于提高治理效能、增强政策的适应性和前瞻性具有不可估量的价值。

公共政策制订的重要性首先体现为公共政策能够解决公共问题。在复杂多变的社会环境中，新的挑战和问题不断出现，如经济危机、公共卫生事件、环境污染等，解决这些问题往往超出了个体或私人组织的能力范围，需要政府通过公共政策来应对和解决。政府通过制订政策有效组织资源、采取措施，减轻或消除这些问题对社会和经济的负面影响。公共政策制订的重要性其次体现为其能够调动和整合各类社会资源以应对公共问题。通过有效的政策设计，政府能够激发市场和社会力量的活力，引导私人资本投入公共服务和项目，促进社会资本的形成，优化资源配置。例如，政府通过财政补贴、税收优惠等政策措施，吸引私人企业参与基础设施建设和公共服务提供，从而提高社会资源利用效率，实现公共目标。公共政策的制订对于保障国家安全和公民福利具有至关重要的作用。通过国防政策、公共安全政策、社会保障政策等，政府能够有效应对外部威胁、维护国家安全、保障公民的基本生活需要、改善民生。特别是在社会转型和经济发展的关键时期，通过公共政策的调整和优化，政府可以有效促进社会稳定和和谐。经济政策、教育政策、科技政策等公共政策的制订和实施对促进经济增长、提升国家竞争力、推动科技进步和教育发展等具有重要作用。政策通过引导资金流向、优化产业结构、提升人力资本等方式，促进经济体制的转型升级，激发创新活力，推动社会全面进步。

随着全球化、信息化的发展，社会环境和公众需求发生了深刻变化。

在公共政策制订的过程中,政策制订者应考虑到这些变化,不断调整和优化政策内容,以提高政策的适应性和前瞻性。这要求政策制订者具备高度的敏感性和洞察力,能够预见未来发展趋势,及时做出反应,确保政策措施能够有效应对新的挑战。

二、公共政策制订的特点

公共政策制订的特点体现了政策过程的复杂性和多维性,这些特点对于政策制订者和相关研究者理解公共政策的本质、提升政策制订和执行的有效性具有重要的指导意义。通过认识和把握这些特点,政策制订者可以更好地应对复杂多变的社会环境,制订出更加科学合理、有效可行的公共政策(图3-3)。

图3-3 公共政策制订的特点

(一)多元主体参与

公共政策制订过程的多元主体参与体现了政策制订的民主性和包容性。在这个过程中,不同的社会主体(政府机构、立法机关、非政府组织和个人等)都有机会对政策制订过程提出自己的观点和建议。这种参与不仅丰富了政策讨论的内容,还提高了政策解决方案的创新性和实用性。多元主体参与的实现依赖于开放的政策制订环境和有效的沟通机制。政府需要通过各种渠道,如公开听证会、专家咨询会、在线平台等,收集来自不同社会群体的意见和建议。这种跨界的沟通不仅有助于凝聚社会共识,还有助于政府及时发现和调整政策制订中的偏差,使政策更加符合公众利益。

多元主体参与也使得政策制订的复杂性上升，决策过程可能会因为利益冲突而变得难以推进。因此，如何在保证参与广泛性的同时，有效管理和调和不同利益主体之间的矛盾，是实现有效政策制订的关键。这要求政策制订者不仅具备高度的专业能力，还拥有良好的沟通技巧和强烈的责任感。

多元主体参与还反映了社会治理理念的转变，即从传统的政府主导向多元主体共治转变。这种转变不仅巩固了政策的社会基础，还促进了社会力量的积极参与。在这个过程中，非政府组织和公民个人等可以通过专业知识和网络优势，为政策制订提供支持，提升政策的透明度和公众对政策的信任度。

（二）信息依赖性

公共政策制订过程中的信息依赖性特点强调了有效的政策制订对准确、全面信息的需求。这种对信息的依赖不仅体现在政策制订的初期阶段，如问题识别和政策设计中，还贯穿于政策评估和调整的全过程。信息在公共政策制订中的作用是多方面的，它不仅有助于政策制订者更好地理解和界定待解决的问题，还能够提供解决方案的可能性，评估各种政策选项的潜在影响，以及在政策实施后监测其效果和影响。

在现代社会，随着技术的发展和信息资源的丰富，政策制订者能够通过多种渠道获取信息，包括传统的数据收集方法和新兴的大数据分析技术。然而，信息的广泛性和复杂性也给政策制订者带来了挑战，如何从海量信息中提取相关、准确的数据，并将其应用到政策制订中已成为关键问题之一。需要深入了解的信息包括对社会经济环境的分析、利益相关方的诉求和预期、历史案例的研究等。这些信息有助于政策制订者构建政策问题的全面视图，明确政策制订的目标和方向。例如，在制订环境保护政策时，政策制订者能够了解污染的具体来源、受影响社区的状况、以往处理类似问题的策略及其效果，以及可能的科技解决方案等信息。对信息的科学分析是评估政策选项可行性的基础。通过对不同政策选项可能带来的经济、社会和环境影响的分析，政策制订者能够做出更为合理的选择。这一过程中，数据模型和模拟技术成为重要工具，它们能够帮助政策制订者预测政策实施的各种结果，为决策提供科学依据。信息的有效利用还包括在政策实施和监测阶段的应用。通过建立反馈机制、收集关于政策效果的实时数据，政策制订者可以及时了解政策的执行情况，评估其成效，必要时对政策进行调整和优化。这种基于信息的动态管理方式能够提升政策的适应性和灵活性，使其更能够应对复杂多变的社会环境。

（三）动态适应性

公共政策制订的动态适应性特点是对政策过程灵活性和前瞻性的强调，它体现了政策在实施过程中对环境变化的敏感性和对新挑战的响应能力。这种特点要求政策制订者不仅仅关注政策制订的当下效果，更注重政策未来的可持续性和适应性，以确保政策能够在不断变化的社会环境中保持有效性和相关性。动态适应性特点强调了政策制订不是一次性的活动，而是一个持续的、循环的过程。政策一旦制订并开始实施，就应对其不断地监测、评估和调整。这意味着政策制订者需要建立起一套有效的机制，以监控政策执行的情况、评估政策的成效，从而及时发现问题，并根据社会环境的变化和政策执行的反馈及时做出调整。这种机制能够确保政策保持其时效性和针对性，也能够促进政策的持续优化和完善。

在现代社会，由于科技的进步、经济的发展、社会结构的变化以及国际环境的动态变化，公共问题日益复杂和多变。这就要求政策制订者应具备前瞻性，能够预见未来的变化趋势，并在政策设计阶段就考虑到这些变化，使政策具备一定的弹性和适应范围，以应对未来可能出现的各种情况。同时，政策制订者需要思维灵活，能够在政策实施过程中根据实际情况和政策效果的反馈快速做出响应和调整。动态适应性特点还意味着政策制订者需要持续学习和改进。政策的实施给政策制订者提供了宝贵的学习机会，政策制订者可以通过对政策执行情况的分析，吸取经验、发现不足，并在此基础上对政策进行优化调整。这种持续的学习和改进过程不仅能够提升政策解决问题的能力，还能够提升政策制订者对于复杂公共问题的理解和处理的能力。

（四）系统整合性

公共政策制订的系统整合性特点关注政策决策过程中各个政策元素之间的相互作用和整合，以确保政策体系的协调性和一致性。这一特点反映了在复杂的社会系统中，单一政策的实施往往会对其他政策产生影响，进而影响整个政策体系的效能。因此，政策制订者需要具备宏观的视角，通过综合分析来确保新制订的政策能够与现有的政策体系相协调，能够与其他政策共同促进政府和社会的整体目标实现。系统整合性要求政策制订者不仅考虑单个政策的目标和效果，还评估它如何与其他政策相互作用。例如，在制订环境保护政策时，政策制订者不仅需要考虑环保目标本身，还要评估该政策对经济发展、社会福利、公共健康等其他领域政策的影响。通过这种跨领域的综合考虑，政策制订者可以预防政策之间可能出现的冲突，促进各政策间的相互支持和补充，增强政策体系的整体效果。

在进行系统整合的过程中，政策制订者需要借助跨学科的知识和方法，利用数据分析、模型模拟等工具，预测不同政策选项的综合效应。这种方法不仅有助于识别和评估政策间的潜在冲突和协同效应，还能够为政策制订者提供调整和优化政策的依据，以实现最佳的政策组合和配置。系统整合性还意味着在政策制订过程中政策制订者需要进行广泛的利益相关方沟通和协商。通过与不同领域的专家、行业代表、社会组织以及公众进行交流，政策制订者可以深入了解各方面的需求和预期，及时发现和解决政策整合过程中可能出现的问题，提升政策制订的透明度和公众参与度。系统整合性特点强调政策制订是一个动态的过程，随着外部环境的变化和政策实施效果的反馈，政策制订者需要不断地对政策进行评估和调整。这种动态的调整不仅涉及单个政策的修订，还包括对整个政策体系的重新配置，以保证政策体系能够适应时代发展的需要，有效解决社会问题。

三、公共政策制订的过程

公共政策的制订是解决社会问题、满足公共需求、促进社会公正与发展的关键过程。它可以分为决策诉求的提出、政策方案的制订两部分，政策方案的制订又可以分为方案的设计、方案的抉择、政策的合法化等环节，每一环节都是政策制订不可或缺的组成部分，共同构成了公共政策从产生到实施的完整路径（图3-4）。

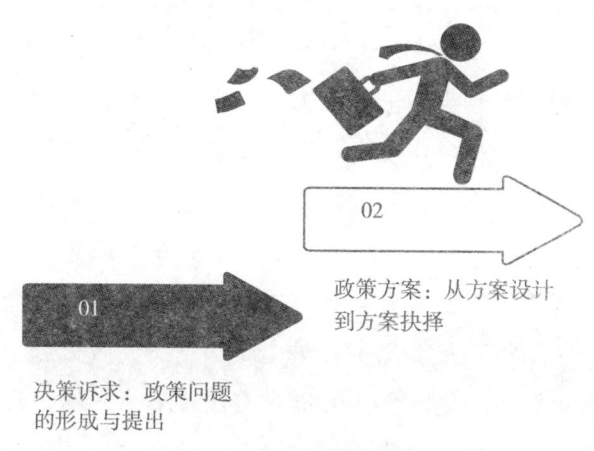

图3-4 公共政策制订的过程

（一）决策诉求：政策问题的形成与提出

公共政策的制订始于决策诉求，即对社会问题的认识和提出。在这一阶段，问题的识别和界定至关重要。社会问题可能源于自然环境变化、社会结构转变、经济活动波动等多种因素，会对公共利益产生影响。问题的浮现通常伴随着受影响群体的利益诉求的提出，他们通过各种渠道向决策者提出问题，期待通过公共政策的手段寻求解决方案。决策诉求的提出涉及广泛的社会参与。不同的利益团体、社会组织、个人及政府机构可能都会参与问题提出的过程。他们通过议会提案、公众咨询、媒体宣传、社会运动等方式，使问题得到社会和政府的关注。这一过程不仅体现了公民参与和社会监督的民主价值，还为后续的政策制订奠定了基础。

（二）政策方案：从方案设计到方案抉择

政策方案制订阶段是公共政策制订过程的核心，涵盖了方案设计、方案抉择和政策合法化等关键环节。具体如下。

第一，方案设计。在方案设计阶段，政策分析师和决策者基于对问题的深入理解，设计出多个可能的解决方案。这一过程要求政策分析师和决策者综合考虑问题的复杂性、社会经济环境、政策实施的可行性等因素，力求方案既创新又实用。方案设计需要政策分析师和决策者不仅具备广泛的知识储备和丰富的想象力，还具备对政策影响的预测和评估能力。第二，方案抉择。在多个备选方案中做出选择是政策制订的关键一步。由于信息的不完全性和预测的不确定性，决策者往往采用主观满意而非客观最优的标准来评价方案。这一过程中，决策者需要权衡不同方案的利弊，考虑方案的实施效果、成本效益以及社会公众对方案的接受度等因素，最终选出最合适的政策方案。第三，政策合法化。政策方案确定后，只有经过一定的程序才能具有法律效力，这一过程称为政策合法化。合法化过程的目的是确保政策方案符合法律法规的要求，得到相应权力机构的批准。在不同国家和地区，政策合法化的具体程序可能不同，通常涉及立法审议、政策公布等环节，以确保政策的正当性和权威性。

第三节 公共政策的执行

公共政策的执行是将政策制订阶段形成的决策转化为具体行动的过

程，它是政策生命周期中至关重要的一环。有效的政策执行不仅能确保政策目标的实现，还能提升政府的公信力和政策的社会影响力。公共政策执行过程涉及多方面的内容，包括执行主体的选择、执行资源的配置、执行过程的管理等。

一、执行主体的选择

为了确保政策的顺利实施，选择合适的执行主体是至关重要的。执行主体通常包括行政机关、司法机关以及被赋予执行权的其他公共权力机关等。不同的政策需要不同的执行主体来执行，这就要求政策制订者在选择政策执行主体时，应综合考虑其专业能力、法定职责和过往的执行经验等多方面因素（图3-5）。

图3-5 执行主体的选择

（一）专业能力

执行主体的专业能力对于政策执行的质量和效率具有决定性影响。专业能力涵盖了广泛的知识和技能，包括对特定领域的深入理解、对相关技术的掌握以及处理特定问题的经验。例如，环保政策的有效执行需要执行主体具备环境科学和生态保护的专业知识，这样才能准确识别环境问题、制订科学合理的解决方案并有效监督实施过程。同样，教育政策的执行要求执行主体熟悉教育理论、心理学以及教育管理等相关知识，以确保政策能够促进教育质量的提升和公平性的实现。专业能力的强弱直接关系到政策执行过程中问题解决的效率和创新解决方案的提出。因此，政策制订者在选择执行主体时，应充分考虑其在相关领域的知识深度，选择具有高度专业能力的执行主体来负责政策的执行，以提高政策成功的可能性。

（二）法定职责

在公共政策执行前，考量执行主体的法定职责和权限范围是基本而关键的步骤。法定职责定义了执行主体可以进行的活动范围，也设定了其责任和限制。这对于提高政策执行的效率、保障执行过程的合法性具有重要意义。执行主体应具备实施特定政策所需的法定授权，这包括但不限于行政权、监管权和强制执行权等。例如，环境保护政策的执行可能需要环保部门的监管权力，教育改革政策可能需要教育部门的行政权力。在选择执行主体时，政策制订者需要仔细评估候选者的法定职责，确保其有足够的权限和责任来负责政策的实施。对执行主体法定职责的考量还涉及对政策执行可能面临的法律风险和道德责任的考量。执行主体在其授权范围内采取的行动更容易获得公众的信任和支持，同时能够在法律框架下更有效地动员资源、解决争议。

（三）过往的执行经验

经验丰富的执行主体能够利用此前在类似情景下积累的知识和技能，有效应对执行过程中可能遇到的问题和挑战。这些经验包括但不限于问题识别、策略制订、资源管理、团队协作以及危机应对等方面。通过评估执行主体的历史记录，政策制订者可以了解其在特定领域或类似政策执行中的表现，包括成功案例和失败教训。这些信息有助于政策制订者预测执行主体在未来政策执行中的表现，为选择最合适的执行主体提供依据。经验丰富的执行主体通常具备更强的适应性和灵活性,能够在政策执行过程中快速识别并调整策略,以适应复杂多变的执行环境。此外,这类执行主体在与其他组织和利益相关方协作方面也更为得心应手,这对于政策执行的成功至关重要。

二、执行资源的配置

执行资源包括财政资金、人力资源、技术支持和物资等,它们是政策实施的基础,直接影响到政策目标的完成度。因此,对执行资源进行合理配置,确保资源的充足性和适配性是实现政策目标的前提条件。

(一)资源配置的重要性

在公共政策的执行过程中,对资源的配置占据了核心的位置,这一过程是否成功直接关系到政策是否能够顺利实施以及其最终效果的好坏。资源配置的重要性体现在多个方面,包括确保政策目标的实现、政策执行效率的提高,以及政府公信力的维护和提升。

资源配置是政策目标实现的基础,无论政策设计得多么出色,如果没有充分的资源支持,政策执行就可能面临挑战,难以达到预期效果。资源在此处不仅指财政资金,还包括人力资源、技术支持、物质资源等。例如,一项政策旨在提升教育质量,但如果没有足够的资金用于教师培训、教材更新和学校基础设施建设,此政策的目标就难以实现。因此,合理配置资源,确保各项必需资源得到充分供应,是实现政策目标的前提条件。资源配置的合理性还直接影响政策执行的效率。资源的高效利用有助于减少浪费,确保每一份资源都投入最需要的地方。在资源有限的情况下,通过科学规划和管理,合理分配资源至关重要。例如,政府在实施基础设施建设项目时,通过合理规划施工顺序和分配资源,可以避免工期延误和成本超支,从而提高项目执行的效率。资源配置还关系到政府公信力的建立和维护。政府在公共政策执行过程中的资源配置决策会直接影响到公众对政府工作的评价。如果资源配置公正、高效,能够有效解决社会问题，政府的公信力和形象就会得到提升；反之，如果资源配置不当，导致政策执行不力或资源浪费，不仅会影响政策目标的实现，还会损害政府的公信力。

（二）资源配置的原则

为了确保政策执行过程中资源配置的有效性，政策制订者和执行者需要遵循以下几个原则。第一，充足性原则。充足性原则强调在政策执行过程中，应确保分配给政策的资源能够满足其实施需求。这意味着在政策规划阶段，政策制订者就需要对所需资源进行准确估计，包括财政资金、人力资源、技术支持和物质资源等。资源的充足性是政策成功的基础，缺乏必要资源会直接导致政策执行的失败或半途而废。因此，政策制订者和执行者需要通过预算审查、资源调查等方式，确保所有必要资源在政策执行前得到充分准备和保障。第二，适配性原则。适配性原则要求政策执行过程中的资源分配应与政策目标和执行需求相匹配。这意味着资源的分配应基于政策的具体内容和要求，以确保资源的使用能够使政策效果最大化。例如，如果政策目标是提高公共卫生服务质量，那么相关的财政资金应优先用于医疗设施的更新、医护人员的培训和公共卫生项目的推广等方面。对政策需求和资源的精确匹配可以提高资源利用的效率，确保政策执行能够达到预期目标。第三，灵活性原则。灵活性原则源于在政策执行过程中可能会出现的各种不确定性，要求资源配置能够根据实际情况的变化及时进行调整。这种灵活性允许政策执行者在面对外部环境变化或执行过程中遇到的意外情况时，能够迅速做出反应，重新分配资源以适应新的需求。为了实现资源配置的灵活性，政策执行者需要建立快速响应机制，同时保持资源池的一定余量，以便在必要时调动。第四，公平性原则。公平性原则要求政策执行者在资源配置过程中考虑到不同群体、地区之间的平衡，避免资源分配的不公平现象。这一原则尤其在涉及多个利益相关方的政策的执行过程中显得尤为重要。公平的资源配置有助于提高政策的社会接受度和有效性，促进社

第三章　公共政策的深度剖析

会的和谐发展。为此，政策执行者需要确保资源分配过程的透明度，通过组织公开讨论、促进利益相关方的参与等方式，确保资源分配的公正性。

（三）资源配置的流程

合理配置执行资源的流程包括资源需求分析、资源获取、资源分配和资源监控四个主要步骤。第一步，资源需求分析。资源需求分析是资源配置流程的起点。在这一阶段，政策制订者和执行者需要深入分析政策实施所需的所有资源，这不仅包括财政资金的规模，还包括人员配置的具体要求、技术支持的类型以及物资供应的数量和质量等方面。通过对政策目标和执行计划的详细审查，确定实施政策所必需的资源类型和数量是确保资源配置合理性的基础。精确的资源需求分析有助于后续资源获取和分配的针对性和有效性，避免资源浪费或短缺。第二步，资源获取。资源需求明确后，接下来是资源的获取。这一阶段需要政策执行者根据前期的需求分析，通过多种途径获取必要的资源。政府财政拨款往往是主要的资金来源，但除此之外，社会捐赠、国际援助以及通过公私合作模式等渠道也是重要的资源获取方式。在选择资源获取策略时，对资源的可持续性和稳定性的考虑至关重要，这不仅关系到政策执行的连续性，还会影响政策效果的持久性。有效的资源获取策略能够保障政策执行所需资源的及时供应，为政策的顺利实施奠定基础。第三步，资源分配。获取资源之后，下一步就是将资源按照前期的规划和需求进行分配。这一阶段的关键在于根据政策执行的具体内容和要求，将不同类型的资源合理分配到政策执行的各个环节和部门。良好的资源分配策略能够确保各执行环节得到必要的支持，提高资源的使用效率，同时避免资源的浪费。在资源分配过程中，考虑资源的适配性和关键环节的资源保障是提高政策执行效果的重要因素。第四步，资源监控。资源分配完成后，建立资源监控机制是确保资源得到高效利用的关键。通过对资源使用情况的实时跟踪和定期评估，政策执行者可以及时发现资源管理和使用中的问题，及时调整资源配置策略，确保资源能够有效支持政策执行。资源监控不仅有助于提高资源利用效率，还能为后续政策的资源配置提供宝贵的经验和数据支持。

三、执行过程的管理

公共政策的执行是一个复杂而动态的过程，要求政策制订者和执行者具有高度的责任感和专业能力。精心的计划和周密的准备与有效的执行机构和宣传动员相结合，再加上严格的试点检验和全面的实施策略，可以大大提高政策执行的成功率，实现政策目标，促进社会公共利益的实现（图 3-6）。

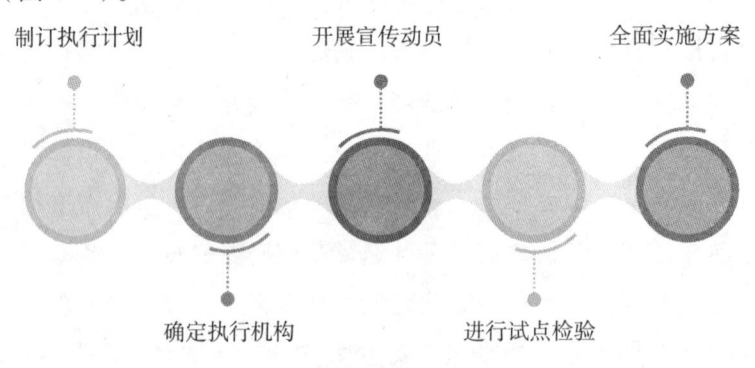

图 3-6 执行过程的管理

（一）制订执行计划

执行计划的制订涉及详细阐述如何将政策意图转化为可操作的行动步骤。这一过程要求政策执行者对政策目标进行精确分析，明确各项行动的预期成效，确保政策实施能够有效解决既定问题。执行计划应详尽地描述实施的时间、具体责任人、所需资源以及评估和反馈机制等。此外，考虑潜在风险及应对策略也是执行计划不可或缺的一部分，这能帮助政策执行者识别可能遇到的挑战并提前准备解决方案。制订执行计划的关键是确保计划的实用性和灵活性。实用性要求计划具备清晰的指导性和可行性，而灵活性保证政策执行者在政策实施过程中能够根据反馈和环境变化做出适时调整。此阶段需政策执行者细致规划各个实施阶段的具体行动,包括但不限于政策宣传、与利益相关者的沟通和合作,以及对政策影响的监测和评估方法。

(二)确定执行机构

确定执行机构是政策执行过程中的关键环节,涉及选择或建立负责将执行计划付诸实践的组织和团队。这个过程不仅需要政策执行者识别具备相应能力和资源的机构,还需要政策执行者明确各执行机构的职责、权限和协作机制。对执行机构的选择对于政策的成功实施至关重要,它们的专业性、效率以及对政策目标的理解程度会直接影响执行计划的实施效果。执行机构通常包括政府部门、公共机构和可能的民间组织。在选择执行机构时,政策执行者要考虑到机构的专业领域、历史业绩、资源配置能力以及在目标群体中的影响力。除了选择合适的执行机构,政策执行者还需建立有效的协调和沟通机制,确保所有参与方在政策执行过程中能够保持高度的一致性。这包括定期的进度报告、问题解决机制以及共享资源和信息的平台。

(三)开展宣传动员

在公共政策的执行过程中,宣传动员起着至关重要的作用,它直接关系到政策能否被目标群体广泛理解、接受,并得到有效执行。宣传动员不仅可以提高政策的可见度和认知度,还可以增强公众对政策目标的理解,激发他们的参与热情,从而为政策的顺利实施营造一个良好的社会环境。

开展宣传动员时,政策执行者应采取多元化的宣传渠道和方法,以覆盖不同的目标群体。例如,可以通过电视、广播、报纸等传统媒体,以及网站、社交媒体平台等新媒体来进行宣传,以确保信息的广泛传播;公共讲座、研讨会和工作坊等活动可以提供更深入地讨论政策和解答公众疑问的机会,提升政策的透明度和公众参与度。此外,根据不同目标群体的特点和需求，设计符合其偏好和习惯的宣传策略是强化宣传效果的关键。

（四）进行试点检验

进行试点检验是政策执行过程中的一个重要步骤，它允许政策制订者和执行者在较小范围内测试政策的可行性和效果，从而在政策全面推广前发现潜在问题并进行必要的调整。试点检验的优势在于能够在帮助政策制订者和执行者实际操作中验证政策方案的有效性，识别与预期不符的结果，并根据试点反馈调整政策设计，以提高政策的整体执行效果。实施试点检验时，政策制订者和执行者应选择具有代表性的区域或群体作为试点对象，确保试点结果具有一定的普遍性和参考价值。在试点过程中，政策制订者和执行者需要对各项指标进行仔细监测和评估，及时收集反馈信息，并对这些信息进行整合分析，用于优化政策方案。此外，试点阶段也是评估政策执行策略、资源配置和执行机构能力的重要时机，可以为政策的全面实施提供实践基础和经验支持。

（五）全面实施方案

全面实施方案是在试点检验基础上，将政策广泛推广至整个目标群体或地区的过程。在这个阶段，政策执行者根据试点阶段收集的数据和反馈，对政策进行最后的调整和完善。方案全面实施的成功不仅依赖于试点阶段的深入分析和理解，还需要有效的资源分配、对计划的精确执行，以及强有力的监督和评估机制。全面实施阶段的挑战在于如何将试点阶段的成功经验扩展到更大的实施范围，同时保持政策的效果和适应性，确保政策在不同的环境和条件下都能实现其目标。

第四节　公共政策的评估与监控

公共政策的评估与监控是政策执行过程中至关重要的环节，它们共同确保政策不仅在纸面上完美，还能在实际操作中有效地解决既定的社会问题。评估与监控为政策构建了持续的反馈循环，通过对政策实施的深度分析，揭示其成果、效率以及任何潜在的改进空间。这一过程不仅能帮助政策制订者和执行者了解政策在实际应用中的表现，还能指引政策的持续优化和调整。

一、公共政策的评估

（一）公共政策评估的含义

公共政策评估的含义在于通过一系列的方法和程序对政策实施的效果进行系统的分析和判断。这一过程关键在于评定政策是否达成了其既定的目标，以及在达成这些目标的过程中涉及的成本与收益，包括政策对社会、经济和环境等方面的广泛影响。公共政策评估的根本目的在于提供反馈，指导政策制订者和执行者对现有政策进行修正或调整，以提高政策效率，确保政策能更好地服务于公众利益。公共政策评估深刻影响着政策的制订和调整。通过评估，政策制订者可以明确政策的优势和劣势，识别政策执行过程中可能遇到的挑战和问题，从而得到调整和优化政策的依据。政策评估涉及多种不同的评估方法，如定量评估和定性评估，它们各自侧重于不同的评估目标和内容。定量评估关注通过数据和统计分析来评价政策的影响，而定性评估侧重于通过观察、访谈等方式深入了解政策的实施过程和影响。

公共政策评估不仅需要评估政策实施后的效果，还需要对政策实施过程本身的评估。这是因为一个政策的最终效果受到多种因素的影响，其中政策的实施策略、过程管理以及资源配置等方面的有效性均会直接影响到政策的成效,所以公共政策评估要求对政策的设计、实施以及最终成果进行全面的审视。公共政策评估的重要性也体现在其对于提高政府透明度和促进公众参与方面的作用。通过公开政策评估的结果,政府可以向公众展示政策实施的成效,增强公众对政策制订和实施过程的信任和理解。同时,政策评估过程中的公众参与能为政策制订者提供宝贵的意见和反馈,有助于政策更加贴近公众需求,提高政策的社会接受度。

(二)公共政策评估的标准和步骤

1.公共政策评估的标准

在进行公共政策评估时,确立准确而公正的评估准则是至关重要的。这些准则的设定直接影响评估的结果,原因是不同的标准可能导致截然不同的结论。公共政策评估过程融合了事实与价值两种判断,这要求评估既基于客观事实又考虑价值取向。

事实准则主要考量政策执行的效率与效果两个方面。一方面,效率关注的是政策实施所产生的成果与所投入成本之间的关系,即追求以最少的成本产出最大的价值,或者用最少的资源实现最优的产出效果,这样的政策被认为是高效的。另一方面,效果评价政策达成既定目标的程度,即政策所取得的成效与其预期目标的符合程度。为了确保政策要解决的问题能够得到有效应对,政策实施的效率与效果应得到充分体现。在实际操作中,如果政策目标被有意缩小,问题解决的范围则可能会受到限制,进而影响政策的效率与效果。因此,事实准则下的指标需要是具体的、明确的且能够量化的,以便准确评估。

价值准则则更多体现在利益分配的公正性上。即使一个政策在效率和效果上表现出色,也不意味着它在利益、成本和资源分配上是公平的。因此,评估一个政策还需从价值的角度出发,考察该政策是否满足了公众的利益,是否遵循了社会公正的原则,以及是否有助于促进社会稳定和团结。这些评价需要基于道德伦理和文化价值观来进行,反映了政策评估中的价值取向。

值得注意的是，事实准则和价值准则在政策评估中并非对立的，而是相辅相成的。缺乏事实基础的价值判断会失去实际意义；同样，如果评估过程仅强调效率和效果，而忽略价值准则，可能会导致社会价值观念的偏离，进而影响政策的实施效率和效果。因此，在公共政策评估中，事实和价值两种准则需要同时被考虑。在特定情况下，评估可能会更加侧重于某一准则，但随着社会的发展和文明的进步，社会公正的核心地位及价值判断的主导作用日益被广泛认可。因此，在重视事实准则的同时，应当确立一定的价值准则作为基本底线，以保证评估的全面性和公正性。

2. 公共政策评估的步骤

公共政策评估是一个系统的过程，旨在通过有序的活动来分析和判断政策的有效性、效率及其社会影响。虽然评估的具体做法因政策的不同类型和目标而异，但它们通常有着共同的结构，包含准备、实施和结束这三个基础阶段，每个阶段都承担着评估过程中的关键任务，共同确保评估活动的科学性和合理性。

准备阶段的首要任务是明确评估的焦点，即确定哪些政策或政策的哪些方面需要被评估。这一步骤是整个评估过程的基石，原因是它为后续的评估活动提供了明确的方向和目标。其次，制订评估计划很关键，其中包括明确评估的主体和对象、设定评估目的、确定评估标准以及选择合适的评估方法。再次，确保评估所需的物质条件和组织安排也是这一阶段的重要组成部分，包括对必要的资金、设备和场所的准备，以及对评估人员的选定和必要的培训。在某些情况下，政策执行者可能还需建立专门的评估机构或团队，以支持评估活动的顺利进行。

进入实施阶段后，主要任务转向收集、处理和分析与政策相关的信息。这一阶段政策执行者可利用访谈、问卷调查等方法来收集数据，旨在全面了解政策的制订、执行过程及其产生的效果和影响。对收集到的信息进行分类、整理和统计之后，评估人员会运用各种技术和方法对提炼出的数据进行深入分析,如通过前后对比、控制实验等方式,得出关于政策性能的科学结论。

在评估的结束阶段,撰写评估报告成为主要的活动,报告不仅要概述评估的过程和方法,还需详细介绍评估的主要发现和建议。通过评估报告,评估结果被公布,并且评估报告能够向政策制订者和利益相关方提供反馈,其中包含了基于评估发现的政策改进建议。除了发布评估报告,结束阶段还应包括对评估活动自身的反思和总结,涉及对评估计划的执行情况、评估团队的工作表现以及评估过程中的具体操作进行评价,旨在让各方从中学习经验,为未来的评估活动提供改进建议。

整个公共政策评估过程是一个有计划、有组织的活动,它要求评估人员不仅具备专业的技能和知识,还对评估对象有深入的了解。通过这一过程,政策执行者和执行者可以有效地判断政策是否达到了既定目标,是否有效解决了目标问题,以及是否在实施过程中产生了预期之外的效果或影响。因此,公共政策评估对于政策制订和执行的优化提供了关键的支持,能够确保政策有效地服务于公众利益。

二、公共政策的监控

公共政策监控是为了保障政策的合法性和政策的有效执行而对政策的制订、执行和评估等活动进行监督和控制的过程。[1] 监控公共政策的过程是确保政策执行符合预定目标并能适时调整以应对新挑战的重要环节。它涉及对政策实施过程中所有活动的持续观察、记录和分析,以评估政策的实际表现是否与期望一致,并确定是否需要采取措施进行优化。公共政策监控的核心在于构建一个透明、高效和反应灵敏的机制,通过这一机制,政策制订者和执行者能够实时获取政策执行的反馈,从而做出必要的调整以优化政策效果。

公共政策监控的有效实施依赖于几个关键要素的综合运用。第一,明确的监控目标。监控活动应该基于明确的目标进行设计和实施,这些

---

[1] 张成福,党秀云. 公共管理学 [M]. 北京:中国人民大学出版社,2001: 118.

第三章 公共政策的深度剖析

目标应当与政策的总体目标保持一致。明确的目标不仅能为监控活动提供方向，还有助于政策制订者和执行者确定监控的重点领域和关键指标。第二，可靠的数据收集和管理系统。有效的政策监控需要建立在准确和具有时效性的数据基础之上。因此，开发和维护一个高效的数据收集、处理和管理系统是至关重要的。这个系统应能够捕捉到与政策执行相关的各种数据，并确保数据的质量和可靠性。第三，适宜的监控指标和工具。选择合适的监控指标和工具对于评估政策执行的效果至关重要。这些指标和工具应能够准确反映政策实施的进展和效果，并能够及时揭示潜在的问题。第四，灵活的反应机制。监控过程中收集到的信息应被用来指导政策的调整和优化。因此，建立一个能够迅速响应监控发现的机制是提高政策适应性和效率的关键。

公共政策监控尽管对于确保政策有效实施至关重要，但在实践中面临着诸多挑战。这些挑战包括但不限于数据收集的难度、监控成本的高昂、监控过程的复杂性以及政策制订者和执行者之间的沟通障碍。为了克服这些挑战，政策制订者和执行者可以采取以下几种策略。第一，加强能力建设。通过接受培训提高监控意识和能力是政策制订者和执行者应对监控挑战的基础。此外，加强技术支持和提高监控工具的使用效率也是提高监控能力的重要途径。第二，优化数据管理系统。发展和维护高效、可靠的数据收集和管理系统是应对数据收集难度的关键。这包括利用现代信息技术，如大数据分析和云计算等，以提高数据处理的效率和准确度。同时，要确保数据的时效性和完整性，政策制订者和执行者可以通过建立数据分享平台和协议，鼓励不同机构和部门之间的数据共享。第三，合理分配资源。面对监控成本的挑战，合理规划和分配资源至关重要。这意味着政策制订者和执行者在预算安排时要充分考虑监控活动的资源需求，同时探索成本效益高的监控方法和工具，以减少不必要的开支。第四，简化监控流程。简化监控流程可以有效降低监控的复杂性。这包括建立明确的监控框架、流程和标准，确保监控活动的规范化和系统化。此外，定期评估和优化监控流程，去除不必要的步骤，也可以提高监控活动的效率。第五,加强沟通与合作。强化政策制订者、执行者和监控人员之间的沟通和合作是克服监控中沟通障碍的有效方式。这包括建立跨部门协作机制、定期举行工作坊和会议,以及使用协作工具和平台来促进信息的交流和共享。

虽然面临诸多挑战,但公共政策监控对于政策的成功实施具有不可替代的长期价值。有效的监控不仅能够确保政策实施符合既定目标,还能够提高政策的适应性和灵活性,使之能够及时应对新出现的挑战。此外,监控活动通过提供透明和可靠的政策执行信息,增强了公众对政策过程的信任和参与度,从而提升了政策的社会接受度和影响力。

第四章 公共部门的财政管理

第一节 公共预算初探

公共预算指由预算职能部门编制的经各级国家权力机关审批的某一年度内政府的收支计划,是对政府在该年度内全部活动的较为全面、准确的安排,具有法律效力。[①] 公共预算在公共管理中扮演着核心角色,它不仅是政府进行经济管理和资源配置的基本工具,还是实现政策目标、提高公共服务效率和提升政府透明度的关键手段。理解公共预算的内涵、特征、原则和功能对于公共管理的学习和实践都具有重要意义。通过高效和负责任的预算管理,政府可以更好地服务公众,实现社会的长期发展目标。

一、公共预算的内涵

公共预算是政府对于特定时期内(通常为一财政年度)预期收入与支出计划的表述,政府旨在通过这种预先的财务规划和控制,实现其政策目标和社会经济责任。作为公共财政管理的核心组成部分,公共预算不仅涉及政府的收入和支出计划,还包括了资源分配、政策制订和经济调控的重要工具。它体现了政府对社会经济资源配置的决策和优先顺序,也是政府责任和透明度的重要体现。

[①] 汪燕,桑志强.公共管理概论与信息服务创新[M].北京:经济日报出版社,2019:77.

公共预算通过明确政府的收入来源和支出去向，为政府提供了一个框架，以便政府对经济活动进行有效的规划、监督和调整。这种规划不仅仅关乎财政的平衡，更关乎社会福利和经济发展的长期目标。公共预算的编制过程体现了政府对公共资源的管理和调配，这个过程中涉及广泛的社会利益和经济活动。通过预算，政府可以确定税收、借款和其他收入的来源，以及教育、卫生、国防和基础设施等领域的支出优先级。这不仅有助于确保财政资源的有效使用，还促进了政府与公民之间的沟通和协商，巩固了政府政策的社会基础和公众支持。公共预算反映了政府的经济政策和社会目标，是政府履行公共职责和实现社会公正的手段。通过预算分配，政府能够对社会最为关键的领域和群体进行投资，如通过教育和医疗投资来提高国民的生活质量，或通过社会保障和就业支持措施来减少贫困和不平等。此外，公共预算也是政府应对经济波动、促进经济增长的工具。在经济衰退时期，政府可以增加公共支出，刺激经济需求；在经济过热时，政府可以通过减少支出或增加税收来抑制经济过热。政府部门应在透明和公开的基础上进行公共预算的编制和执行，确保所有利益相关者（普通公民、企业和社会组织等）都能参与预算的讨论、审议和监督。这种参与和监督不仅提高了预算的效率和效果，还提升了政府的公信力和责任感，加强了民众对政府的信任。

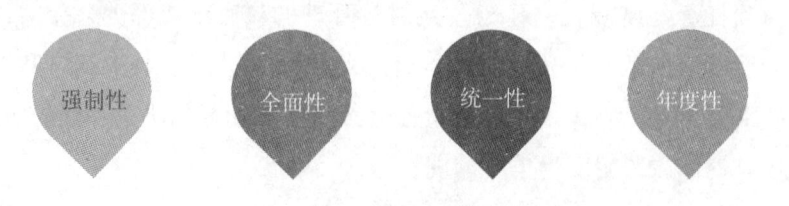

二、公共预算的特征

公共预算的特征主要体现为强制性、全面性、统一性、年度性，理解这些特征对于深入掌握公共预算的本质、提高公共财政管理的效率和透明度以及促进政府和公众之间的良好沟通至关重要（图 4-1）。

图 4-1　公共预算的特征

（一）强制性

公共预算的强制性体现了政府财政活动应依照法律和规章制度来进行的原则。这种强制性不仅确保了预算编制、审批、执行的严肃性和规范性，还为公共财政的合法性和正当性提供了法律保障。在这个框架下，无论是收入还是支出，政府的每一项财政决策和行动都需要预算的授权和依据预算的指导。这种法定的强制性意味着政府不能随意调整或支出未经批准的预算，这对于防止财政滥用、确保公共资源得到合理和有效使用具有至关重要的作用。同时，强制性为公共预算的监督和审计提供了明确的标准。规定的程序和途径能够保障公众和相关机构有效地监督政府的财政行为，确保对公共资金的使用是透明的和负责任的。在实践中，强制性要求政府在编制预算时全面考虑和反映国家的经济政策和发展目标，并且在预算执行过程中严格遵守预算的限制，任何超预算的支出都应经过严格的审批流程。这种强制执行机制不仅增强了政府财政活动的规范性，还提升了财政管理的效率和公信力。

（二）全面性

公共预算的全面性是指它涵盖政府一定时期内的所有预期收入和支出，包括各个部门、各项服务和项目的财务计划。这种全面性保证了公共财政管理的完整性和系统性，有助于实现资源的有效配置和优化利用。全面性的一个重要作用是，它使政府的决策能够全面考虑和反映社会经济活动的各个方面，在预算编制过程中综合考量国家的长期发展需要和当前的经济状况。通过这种全面的审视，政府能够确定各项政策的优先级，合理安排公共资源，确保在教育、卫生、基础设施建设等关键领域的投入，从而促进社会公平和经济发展。

公共预算的全面性也意味着对政府财政活动的全面监督和评估。通过覆盖所有预期收入和支出，公共预算为政府提供了一种有效的管理和控制工具，使其能够在执行过程中及时调整和优化财政政策，确保公共资金的使用达到预期的效果。

(三) 统一性

公共预算的统一性是指尽管它由各个政府部门和项目的财务计划组成，整体上仍然作为一个单一的、统一的财政管理框架来执行。这种统一性是公共财政管理效率和效果的关键，原因是它确保了在政府内部不同部门和项目之间资源分配的协调一致性。通过实施统一的预算管理，政府能够确保所有的财政活动都符合总体的经济政策和社会发展目标。统一性强调了预算过程中的整体考量和协调，确保了各个部门和项目在资源分配上的公平性和合理性，避免了资源浪费和优先级冲突。此外，统一性还有助于政府提高对公共财政的控制力，通过集中审议和管理，政府能够更有效地监督和调整财政支出，确保公共资金的使用更加透明和负责。

在实际操作中，统一性要求政府在预算编制、审批、执行及监督等各个阶段都采取一致的政策和程序。这不仅涉及财政收入和支出的管理，还包括债务管理、资金分配和财政责任的分担。通过统一的预算框架，政府可以更有效地评估和应对宏观经济变化，确保在面对经济挑战和机遇时，能够采取协调一致的行动。

(四) 年度性

公共预算的年度性是指预算的编制和执行都是基于财政年度来进行的，这反映了政府财政活动的周期性和规律性。年度性不仅有助于政府进行短期的财政规划和管理，还为长期的经济政策提供了调整和适应的基础。通过每年编制和实施预算，政府能够根据经济环境和社会需要的变化，适时调整其收入和支出计划。这种灵活性对于应对经济波动、促进经济增长和实现社会目标至关重要。年度性预算还为政府提供了一个周期性的评估和反思机会，通过审查上一财年的预算执行情况和成果，政府可以识别财政管理中的问题和挑战，及时调整策略和优化资源分配。年度性也方便了公众对政府财政活动的监督和参与。通过每年公布的预算报告，公众可以了解政府的财政状况、支出计划和政策优先级，因此预算报告提升了政府的透明度，保障了公众的知情权。

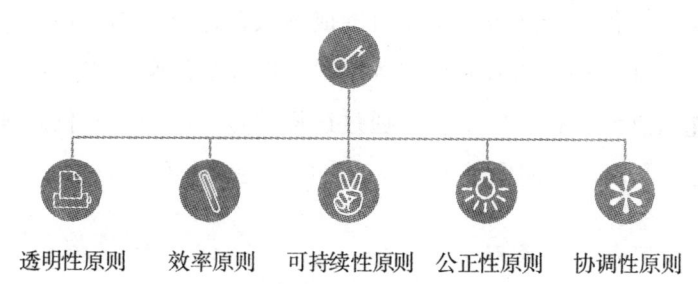

三、公共预算的基本原则

公共预算的基本原则是确保财政活动的透明性、效率、可持续性、公正性、协调性的基础规则。这些原则指导着预算的编制、执行和监督过程，旨在提升公共资源管理的质量和公众对政府财政活动的信任（图4-2）。

图 4-2 公共预算的基本原则

（一）透明性原则

透明性原则意为政府的预算编制、审批、执行以及后续的财政报告和审计结果都对公众开放，以确保政府活动的透明度和公开性。透明性的实现使得公民、媒体和其他利益相关者能够访问、监督和评价政府的财政决策和行为，从而促进了公众对政府工作的理解和信任。透明性原则的实施需要政府建立和维护开放的信息发布平台，定期和主动地发布预算草案、执行报告、财政状况以及政策变更等相关信息。此外，政府还应鼓励公众参与预算讨论和审议过程，如通过公开听证会和在线咨询，收集公众意见和建议，这样做不仅提升了政府决策的透明度，还提高了公共政策的质量、提升了公众对政策的接受度。

（二）效率原则

效率原则强调政府在使用有限的公共资源时应考虑到成本效益，确保以最合理的成本达成最优的公共服务效果。在预算编制过程中，这意味着政府需要通过细致分析和评估，将资金优先分配给那些能够带来最大社会和经济效益的项目和领域。效率原则鼓励政府采用创新的管理方法和技术，优化服务交付方式，减少不必要的开支，从而提升公共服务的效率和质量。实现高效率的预算管理，政府需要建立一套科学的评价体系，定期对各项公共服务和项目的成本效益进行评估。这包括但不限于采用性能基准和指标来衡量服务成果，以及运用财政审计和评价机制来监测和改进预算执行的效率。通过这样的做法，政府不仅能确保公共资金的有效利用，还能促进公共服务质量的持续提升。

（三）可持续性原则

在公共财政管理中，可持续性原则着眼于确保政府的财政政策和预算决策能够长期支持经济稳定和发展，不给未来留下过重的财政负担。此原则意为政府在编制预算时，考虑到财政活动对经济、社会福祉、环境的长期影响，从而确保政策的连续性和预算的稳健性。

可持续性原则强调政府通过其预算和财政政策促进经济的稳定增长。这意味着即使是在短期内采取的财政刺激措施或紧缩政策，政府也需要评估其对长期经济稳定性的影响。债务管理是可持续性原则的一个重要方面，政府需确保债务水平可控，不会危及未来经济的稳定性和增长潜力。可持续性原则还包括对社会福祉的考量，确保政府预算支持长期的社会发展目标，如教育、公共卫生和社会保障系统的持续改进。通过在这些领域进行持续投资，政府能够为所有公民创造公平的机会，提升整体社会福祉，同时为经济提供稳健的社会基础。随着全球对气候变化和环境保护的关注度日益提升，可持续性原则也越来越多地被解读为环境维度的可持续。这意味着政府进行预算编制和政策决策时需要考虑其对环境的长期影响，支持绿色经济和可持续发展目标。

第四章 公共部门的财政管理

(四) 公正性原则

公正性原则要求公共预算和财政政策公平分配资源,确保各个社会群体尤其是边缘化和弱势群体的需求得到满足。这一原则体现了政府对社会公正和平等的承诺,是构建包容性社会和促进社会凝聚力的基石。

公正性原则在税收政策制订中尤为重要,要求税收体系能够公平地分配税负,避免给低收入群体造成负担。通过实施累进税制和提供针对弱势群体的税收减免,政府能够确保税收体系的公正性,同时筹集必要的公共资金。在公共支出方面,公正性原则强调政府预算在教育、医疗卫生、社会保障等领域的分配应当考虑到社会各群体的特定需求,确保资源分配能够有效地缩小社会不平等,提升所有群体的生活质量。公正性原则还涉及公共服务访问的平等性。政府应确保其提供的服务,如教育、医疗和社会保障,面向所有公民均可访问,无论其经济状况、地理位置或社会背景如何。这要求政府在制订预算和规划服务时,考虑到不同群体的具体需求和可能面临的障碍,采取相应措施保证服务的普遍覆盖和公平性。

(五) 协调性原则

协调性原则强调在预算编制和执行过程中,政府各部门之间以及中央与地方政府之间需要保持政策和财政行动的协调一致性。这一原则是实现政策目标、优化资源分配和提高公共服务效率的关键。

协调性原则要求各政府部门在制订和实施预算时,其政策目标和财政安排应与政府的总体目标和战略保持一致。这避免了政策目标之间的冲突和资源分配的重复,能够确保政府以一种统一和高效的方式实现其宏观经济和社会发展目标。通过在政府内部各级之间进行有效的协调和沟通,协调性原则促进了公共资源的优化配置。这包括确保财政资源在不同部门和地区之间的合理分配,以及在必要时调整和重新分配资源,以应对突发事件和优先级变化,从而使资源利用效率和公共服务的效果最大化。协调性原则还体现在中央政府与地方政府之间的关系上,强调支持地方自治和赋予地方政府一定的财政自主权。这样做可以提高政策的灵活性和适应性,原因是地方政府通常更了解本地区的具体需求和条件。通过建立有效的协调机制,中央政府可以确保地方政策的实施符合国家的总体目标和标准,促进全国范围内公共服务的均衡发展。

四、公共预算的功能

公共预算是政府财政管理的核心,其功能不仅涉及政府内部对资源的分配和使用,还关系到政府与公众的关系,以及政府在经济和社会中的角色。公共预算的主要功能主要包括完善资源配置、优化经济调控、合理分配收入和促进社会发展等(图4-3)。

01	02	03	04
完善资源配置	优化经济调控	合理分配收入	促进社会发展

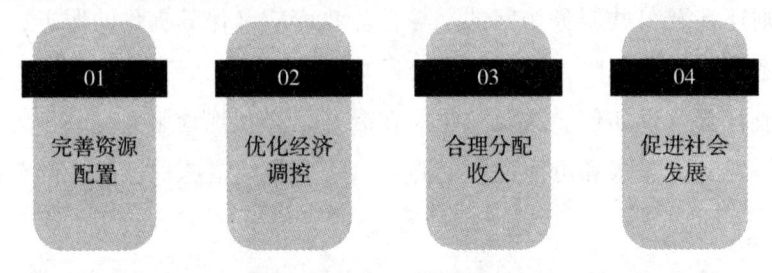

图 4-3 公共预算的功能

(一)完善资源配置

资源配置是公共预算的基石,政府通过这一过程,将有限的财政资源分配给社会各个部门和项目,以满足国家和社会的需求。这一功能不仅仅关乎资金的分配,更涉及政府如何通过预算来体现其政策优先级、影响国家发展的方向,以及提升公共服务的效率和效果。

政府通过预算编制过程,明确表示哪些领域或项目优先级更高,这通常基于国家的长远发展规划和当前社会经济状况的需要。例如,国家可能决定增加对教育和医疗的支出,以提高其人力资本的质量和国民的健康水平,这反过来又能促进经济的增长和社会的稳定。通过对教育、医疗、基础设施等关键领域的投资,政府能够提高这些服务的质量和可获取性，满足公民的基本需求和权利。资源的有效配置不仅能够提升服务的直接受益者的生活质量，还有助于建立一个更加健康、教育水平更高的劳动力市场，这对于国家的长期发展至关重要。资源配置通过决定投资方向和强度，支持国家的长期发展目标。通过资金的合理配置，政府预算可以支持创新和科研活动、鼓励文化和艺术发展，以及支持环境保护和可持续发展项目，这些都是推动国家向前发展的关键要素。

（二）优化经济调控

公共预算在经济调控中扮演着核心角色，通过调整政府支出和收入的结构和水平，影响总需求，实现宏观经济的稳定和增长。

在经济衰退或增长缓慢的时期，政府可以通过增加公共支出或减税等措施来刺激经济增长。增加公共支出，尤其是增加在基础设施和公共服务上的支出，可以直接扩大总需求，同时提高民众的就业率和收入水平。减税能够增加企业和家庭的可支配收入，鼓励投资和消费，进一步刺激经济活动。在经济过热或通货膨胀压力增大的情况下，政府可能通过减少公共支出或增加税收来抑制总需求，从而控制通货膨胀。通过精确的财政政策调整，政府能够平衡经济活动，避免负面影响。通过公共预算的有效管理和调整，政府能够在一定程度上减少失业率和平衡国际支付差额。在面对高失业率的挑战时，政府可以通过增加对公共工程和服务部门的投资来创造就业机会，尤其是那些能够快速吸纳劳动力的项目，如基础设施建设和社会服务项目。这些措施不仅能够在短期内提供就业，还能长期促进经济增长和增进社会福祉。政府预算在平衡国际支付差额方面也发挥着作用。通过调整税收和支出，政府能够影响国内经济活动，进而影响进出口平衡和跨国资本流动。例如，政府可以通过加大对外贸易部门的支持，促进出口增长；或者通过限制公共支出来降低国内需求，减少进口，从而帮助平衡支付差额。

(三) 合理分配收入

公共预算通过税收政策和公共支出在社会中重新分配收入，这是实现社会经济公正的重要手段。税收系统，特别是累进税制，能够确保高收入者贡献更多比例的税收，而这些税收又通过公共支出重新分配给社会，支持教育、卫生、社会保障等公共服务，这对低收入家庭尤其重要。政府的财政政策可以减少社会不平等、增进社会福利。例如，对贫困家庭的直接转移支付不仅能满足他们的基本生活需求，还能提升他们的消费能力，从而促进经济增长。通过为弱势群体提供更好的教育和医疗服务，政府能够加强人力资源开发，促进社会经济的长期发展。

(四) 促进社会发展

政府通过预算将资源投入教育、公共卫生、文化、环境保护、社会保障等领域，提升公民的生活质量，为社会经济的可持续发展奠定基础。

在教育方面，公共预算的投入为提高国民教育水平提供了保障，培养了人才，推动了科技创新和社会进步。投资公共卫生系统，尤其在预防疾病和提供基本医疗服务方面的支出不仅提高了公民的健康水平，还降低了因疾病导致的贫困风险。公共预算对文化和环境保护的投资反映了政府对提高公民生活质量和保护自然资源的承诺。文化项目的支持体现了对文化多样性和文化遗产的保护，而环境保护项目在抵御气候变化、保护生物多样性等方面起到了关键作用。公共预算还能直接解决社会问题，如通过扶贫项目、住房补贴和失业救济等措施，政府能够为处于社会边缘的群体提供支持，改善他们的生活条件，促进社会的稳定与和谐。

第二节 公共收入与支出管理

公共收入与支出管理是公共部门财政管理的重要组成部分，其效果关系到政府能否有效地收集和使用资源以满足社会需求和实现政策目标。这一节主要围绕如何管理政府的收入来源（包括税收、非税收入、借贷与外部资助等）和如何合理规划和执行政府支出（包括预算编制、支出优先级设定、绩效评估、财政透明度和公众参与等关键要素）进行讨论。

一、公共收入管理

公共收入是政府运行和提供公共服务的经济基础。有效的公共收入管理应确保收入来源的多样化、稳定性和可持续性，同时需确保税收系统的公平性和效率（图4-4）。

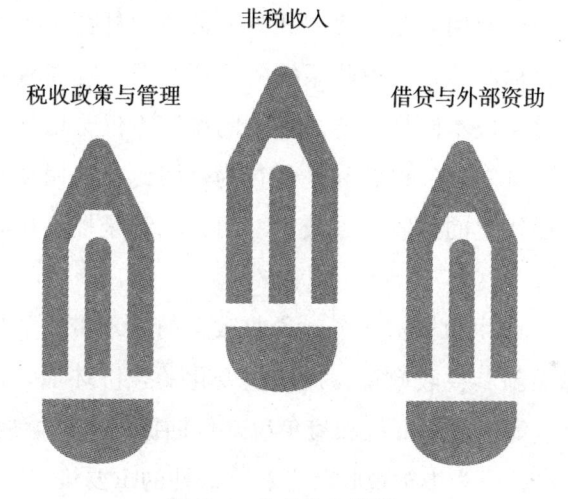

图4-4 公共收入管理

（一）税收政策与管理

税收政策与管理在公共财政管理体系中扮演着中心角色，它直接关系到政府如何筹集必要的资金来履行其职责并实现其目标。一个有效的税收系统不仅需要保证有足够的收入来支持政府运作，还应当能够促进经济增长、鼓励公平分配和保持社会稳定。

设计合理的税收政策是一门艺术与科学的结合。政策制订者应在多个目标间寻找平衡，包括但不限于提高税收效率、确保税负公平、简化税收系统,以及最小化税收对经济活动的负面影响。这需要政策制订者深入分析和理解税收政策对个人、企业和整个经济体的直接和间接影响。税收效率是税收政策设计的一个重要考量。有效的税收系统应当能以最低的成本筹集最多的收入,同时避免对经济决策的扭曲。为了达到这一目标,政策制订者经常采用宽基准和低税率的原则,以减少税收对生产、投资和消费决策的影响,从而促进经济增长和发展。税收公平性也是税收政策的核心原则之一。这不仅意味着税收负担应该公平地分配在不同收入群体之间,还强调纵向公平(不同收入水平的纳税人之间的公平)和横向公平(处于相同经济状况的纳税人之间的公平)。累进税制是实现税收公平性的一种常用方法,要求高收入群体为社会贡献更多,以支持公共服务和社会福利项目。税收系统的简便性对于提高税收的社会接受度和降低税收遵从成本同样重要。复杂的税制不仅会增加纳税人和税务机关的负担,还可能导致误解和逃税行为。因此,采用宽基准和低税率的原则、采用现代化的税收征管技术、简化税制是提高税收效率和公平性的关键措施。

为了应对全球化和技术变革对税收政策与管理带来的挑战,政府需要不断调整和更新其税收政策,以适应变化的经济环境。跨国公司和数字经济的兴起对如何公平征税和避免税基侵蚀提出了新挑战。国际合作,如避免双重征税已成为维护税收公平和有效性的重要策略。

(二)非税收入

非税收入作为公共财政管理中的一个重要组成部分,为政府提供了除税收之外的重要收入来源。这些收入来自多种渠道,包括国有企业利润、行政收费、罚款以及资源销售等,它们奠定了政府收入的多元化结构,有助于政府在不同经济周期中保持财政的稳定性和灵活性。

在管理非税收入时,政府面临着确保收费公平、避免对民众和经济活动产生不利影响的双重挑战。首先,来自国有企业的利润作为一种重要的非税收入来源,需要政府在保证企业经营自主权的同时,确保企业

第四章　公共部门的财政管理

利润合理回归公共财政，以供公共支出使用。这要求国有企业不仅追求经济效益，还承担一定的社会责任，其盈利模式和经营策略应与公共利益保持一致。其次，行政收费和罚款作为非税收入的另外两个重要来源，对其的管理需要在合法性、合理性和透明性之间找到平衡。行政收费通常与政府提供的特定服务直接相关，因此其收费标准需要反映服务成本，避免过高收费给民众造成负担。同时，政府在设定罚款时，应以法律和规章为依据，确保罚款的设定和征收过程公正合理。罚款旨在维护法律秩序和社会公正，而非增加政府收入的手段。最后，资源销售包括自然资源的开发利用和国有资产的出售等，为政府提供了一次性或持续的收入来源。在管理这部分收入时，政府需要考虑到资源的可持续性和长期价值，确保资源利用的决策符合国家和社会的长期发展利益。这不仅涉及对环境保护和生态平衡的考虑，还包括对国有资产管理的透明度和公正性要求。

（三）借贷与外部资助

政府管理借贷与外部资助时，确保这些资金用途的高效性和投资回报率至关重要。在考虑到债务的可持续性的同时，政府应精心规划，确保每一笔借入或接受的资金都能投入能够促进社会和经济发展的领域。这种策略性的资金管理不仅关乎财政健康，还会直接影响到国家的长期发展前景。

政府借贷和接受资助通常是为了填补预算缺口，也可能是为了资助特定的发展项目，如基础设施建设、教育和卫生服务等领域的改进。一方面为了确保借入的资金能够带来预期的社会和经济效益，政府需要进行全面的项目评估，识别那些具有高投资回报率的项目，并优先为这些项目分配资金。这要求政府不仅有清晰的发展规划，还有能力准确评估项目的潜在收益和风险。制订清晰的偿债计划是管理借贷和外部资助的另一个关键方面。政府需要确保其借贷活动不会损害财政的可持续性，这意味着政府应根据财政收入的预期增长和经济发展情况，安排合理的偿债时间表和方式。这包括对债务的本金和利息进行适时偿还,避免过度依赖再融资来减轻债务压力,以及确保未来的财政收入能够支持债务的服务。为了有效管理债务,政府还需考虑到债务结构的多样化,以分散借贷来源的风险,包括选择不同的借贷渠道和利率结构,以及适时利用国际金融市场的资金。通过多元化借贷结构,政府能够更好地应对利率变动和外部冲击,降低融资成本和风险。

借贷与外部资助为政府提供了实现其发展目标的重要手段,但这也要求政府具备高度的责任感和前瞻性,以确保这些资金的使用能够最大化地促进公共利益,同时维护财政的长期稳定和可持续性。通过精心规划和管理,政府能够确保借贷和资助成为推动社会经济发展的有力工具,而不是未来财政压力的来源。

二、公共支出管理

公共支出管理关乎政府如何有效、高效和公正地分配及使用其财政资源以满足公共服务的需求、实现社会经济目标、促进社会公平。有效的公共支出管理不仅要求政府对资金的分配和使用进行精确规划,还要求政府确保每一笔支出都能带来最大的社会和经济效益,同时保持财政的可持续性。公共支出管理的关键要素包括以下方面(图4-5)。

- 预算编制
- 支出优先级设定
- 绩效评估
- 财政透明度和公众参与

图4-5 公共支出管理

第四章 公共部门的财政管理

（一）预算编制

在公共部门财政管理中，预算编制是一个核心过程，它涉及如何规划和分配政府的财政资源以满足公共服务的需求并实现政策目标。这一过程的成功直接关系到政府能否有效实现其政策愿景，促进经济增长和提升社会福利。预算编制开始于政府对政策目标、优先领域和当前经济状况的全面评估。这个阶段，政府部门需要确定哪些领域最为关键，需要优先考虑资金投入。通常，教育、卫生、基础设施和社会保障等领域被视为投资的重点，原因是这些领域的投资不仅能够直接改善民生，还能促进经济的长期增长和社会的整体稳定。预算编制过程中，政府需要综合考虑多方面因素，包括经济增长预测、税收收入预期，以及其他潜在的收入来源。在资源有限的背景下，如何在各个需求之间进行权衡，实现资源的最优配置，是预算编制过程中政府需面对的一项重大挑战。这不仅要求政府对不同领域的需求有深入的了解，还需要政府对各项政策的经济和社会效益进行准确的评估。在确定了支出的优先级之后，政府需要制订详细的预算计划，包括具体的支出项目、预算金额以及预期的成果。这些计划需经过严格的审查和批准过程，以确保预算的合理性和可行性。同时，政府需要考虑到预算的灵活性，以便能够应对经济和社会环境的变化。

预算编制不仅是一个财政规划的过程，还是一个政策制订的过程。通过预算编制，政府能够将其政策目标转化为具体的财政安排和行动计划。因此，预算编制过程中的决策需要基于广泛的数据和分析，确保每一项支出都能够为实现政府的长期目标做出贡献。为了提高预算编制的透明度和公众对政府的信任度，政府还需要确保预算编制过程的开放性和参与性。通过公开讨论和咨询，政府可以听取公众、专家和利益相关方的意见，使预算更加反映社会的需求和期望。公开的预算信息也有助于增强政府的责任感，鼓励公众监督政府的财政活动。

（二）支出优先级设定

设定支出优先级要求政府在有限的财政资源下做出明智的选择，确保资金能够用于当下最需要和最能促进经济增长与社会发展的领域。这一过程不仅仅关乎资金的分配，更涉及政府如何通过有效的资源配置来实现其政策目标、提高公共服务质量、增进社会福祉。设定支出优先级的核心在于识别并评估各个支出项目对实现政府政策目标的贡献度，包括其对经济增长、社会发展、公共利益的影响。这要求政府不仅有对当前经济和社会状况的深刻理解，还对未来发展趋势有前瞻性的洞察力。

政府在设定支出优先级时，需要综合考虑各项支出的紧迫性和重要性，同时权衡长期效益和短期需求。对于那些能够创造显著社会效益和经济回报的项目，如基础设施建设、教育和卫生投资，应予以优先考虑，原因是这些投资不仅能够立即改善公民的生活质量，还能够为国家的长期发展奠定坚实的基础。此外，投资于这些领域还能够带来乘数效应，如通过提高人力资本质量和促进科技创新来推动经济增长。在资源有限的现实条件下，政府应在各个领域和项目之间做出选择，这不可避免地会涉及对不同群体利益的平衡。因此，设定支出优先级的过程也需要高度的透明度和公众参与。通过与公众沟通和征求公众意见，政府能够更好地了解公众的需求和期望，增强决策的民主性和公正性。

（三）绩效评估

绩效评估关乎如何确保每一分公共资金都能发挥出最大的效益，支持政府实现其政策目标并提升公共服务的质量。这一过程涉及对公共项目和政府支出计划的全面监测、评价和反馈，目的是确保资金的使用不但有效率，而且有效果，即能够达到预定的政策目标和公共利益。绩效评估的核心在于通过科学、系统的方法来衡量政府支出项目的执行情况和成效，包括但不限于项目是否按时按预算完成、实现的成效是否符合预期，以及是否产生了预期之外的正面或负面影响。这一过程要求政府设定明确、可衡量的目标和指标，以便对项目的绩效进行客观评价。

在进行绩效评估的过程中，政府需要收集和分析相关数据，这可能包括财务数据、项目进度报告、受益人反馈、第三方评价报告等。通过这些数据，政府能够了解项目实施的实际情况、识别存在的问题和挑战、评估项目对社会经济的影响。绩效评估的结果对于未来的预算编制和支出决策具有重要意义。它能够为政府提供宝贵的经验和教训，有助于政府优化资源配置、改进项目设计和实施方式，从而提高政府支出的效率和效果。此外，绩效评估的结果也为政府提供了向公众展示其工作成果和财政责任的机会。为了提高绩效评估的有效性，政府还需要确保评估过程的透明性和公正性。这意味着评估过程应该公开进行，评估标准、方法和结果应该向公众通报，以提升公众对政府工作的信任和满意度。同时，政府应鼓励公众、专家和利益相关方参与绩效评估过程，提供反馈和建议，从而进一步提升公共项目和政府支出的质量和透明度。

（四）财政透明度和公众参与

在公共支出管理中，财政透明度和公众参与是确保财政活动有效性和公正性的关键因素。这不仅有助于提升政府工作的透明度，还能增强公众对政府财政决策的信任、促进公共资源的合理使用、提高政府责任感和效率。通过公开预算信息、执行情况和绩效评估结果，政府可以向公民展示其如何筹集和使用资金，以及这些资金如何帮助政府实现政策目标和改善公共服务。

财政透明度要求政府在预算编制、执行和评估的各个环节都保持开放和透明。这意味着政府需要定期发布关于其财政状况、预算计划、资金分配和使用情况的详细信息，以及对政府财政决策影响的分析报告。这些信息应通过易于公众了解的方式公开，如政府网站、公开会议和媒体发布，确保所有利益相关方和公众都能够轻松获取这些信息。公众参与是财政透明度的延伸，它鼓励公民在政府的预算和支出决策过程中发表意见和提供反馈。这可以通过公开听证会、社区会议、在线论坛和调查问卷等多种形式实现。公众参与使政府能够更好地了解公众的需求和期望，公众能提供有关公共支出优先级和资源分配的宝贵意见。此外，公众参与还有助于政府识别和解决支出计划中可能存在的问题，提高政策和项目的社会接受度。提升财政透明度和促进公众参与对于使公众增强对政府的信任至关重要。当公众能够清晰地看到政府如何使用公共资源，并有机会参与决策过程时，他们更有可能支持政府的政策和项目。这也为公众提供了监督政府活动、防止政府滥用公共资源和腐败的手段。

第三节 公共预算与政府决算

在公共管理领域，公共预算与政府决算的环节是确保财政资源合理分配和有效使用的关键，它不仅关乎政府如何分配和使用公共资源，还涉及政府财政行为的透明度和政府的责任。

一、预算执行监控与控制

预算执行监控是确保政府财政资源按照预定目标和计划使用的关键机制。这一过程强调了对公共支出的持续跟踪和评估，目的是及时识别并纠正偏离预算计划的行为，提高政府财政活动的效率和透明性。有效的监控不仅依赖于强有力的内部控制系统，还需要外部监督机制的参与，如独立审计机构和公众的监督。在预算执行监控过程中，需要多种策略和工具。首先，政府部门应建立起一套全面的预算编制和执行框架，明确每项预算支出的目标、金额及其预期成果。这一框架应包括详细的财政规则和程序，确保所有支出都能得到恰当的授权和验证。其次，实时的财政信息系统对于监控预算执行至关重要，它可以提供即时的数据分析和报告，帮助决策者和管理者及时调整政策或采取纠正措施。除了内部监控，外部监督也是预算执行监控不可或缺的一部分。这包括立法机构对预算执行的审查、独立审计机构对公共账目的审计，以及通过媒体和公众参与机制，确保较高的透明度和广泛的公众监督。这样的外部监督有助于增强政府的财政责任感和提升政府行为的透明度，促进公共资源的有效和公正使用。

预算执行控制关注的是如何确保政府支出不超过预算授权的限额，以及如何保证财政资源被用于最优的用途。在这一过程中，政府需要建立一套有效的财政管理机制，包括预算授权、资金拨付、支出监控和财政纪律等方面。预算控制的关键在于确保预算目标与政府财政行为之间的一致性。这需要政府在预算编制阶段就确立清晰、量化的目标，同时，这些目标应与政府的长期发展规划和策略紧密相连。在预算执行过程中，定期的财务报告和审计检查是必不可少的，它们可以帮助政府识别可能的超支行为和资金使用的效率问题。

二、政府决算的功能

政府决算作为公共财政管理中的一个核心环节，其功能主要体现在以下几个方面（图4-6）。

图4-6 政府决算的功能

（一）透明度和公众信任

政府决算的发布不仅仅是一种向公众展示财政状况的行为，更是一种建立政府信誉和公众信任的策略。透明度的核心在于使政府的决策过程、财政状况和政策执行的结果对公众开放，使之可见、可监督、可问责。当政府的财政管理表现出高度的透明度时，公众就可以基于详细的财政信息发表意见、提出建议或进行批评，从而参与了政府决策。这种参与不仅能提升公众对政府政策的接受度，还能促进政府决策的民主化和合理化。此外，透明度还有助于防止腐败和滥用职权，原因是当政府财政活动在公众监督之下时，不当行为的风险将大大增加。

（二）财政责任和纪律

决算报告不仅仅是对政府财政行为的一种总结，更是一种向公众展现政府自我约束能力的方式。通过决算，政府向公众展示了其如何在财政管理中遵循既定规则、法律和标准，以及如何在遇到偏差时及时采取措施进行纠正。这种展示不仅提高了政府的透明度，还向公众证明了政府在管理公共资金时的负责任态度。决算中的偏差分析和后续的纠正措施反映了政府对于提高财政管理效率、防止浪费和滥用公共资源的承诺。决算还为政府提供了一种机会，即通过公开的自我反思和评价，政府不仅可以识别和解决存在的问题，还可以在此过程中发现改进的机会，从而不断优化财政管理实践、增强财政政策的有效性、提高公共服务的质量。通过这种方式，决算报告成为政府持续提高公共管理水平的重要工具。

（三）政策评估和调整

决算报告能够对过去一年的财政活动进行深入分析，从而提供了一种手段，使政府能够基于实际数据评估政策成效。这种基于事实的评估对于确保政策制订和资源分配与国家和社会的实际需求相匹配至关重要。如果某一政策或项目的支出超过了预算而效果不佳，决算报告就会揭示这一点，促使政府重新考虑其优先级或执行方式。相反，如果某些领域的投资带来了显著的社会或经济回报，这就会鼓励政府在未来的预算中提高对这些领域的支持力度。因此，决算报告成为政府反思和调整其财政策略，以更好地实现长期发展目标的重要工具。

第四章　公共部门的财政管理

（四）强化内部管理和优化资源分配

决算是一种强有力的管理工具，能够揭示政府部门和机构在预算执行、资金管理和项目实施方面的表现。通过决算报告，政府可以识别出那些在资源使用方面表现出色的部门，以及那些可能需要改进管理实践或加强财政纪律建设的领域。这种内部评估机制能够促进财政效率的提高，通过确保每一笔公共资金都能产生最大的社会和经济效益，来优化资源的整体分配。此外，决算报告中的数据和分析还为政府提供了制订未来预算和调整现有预算分配的依据，使政府能够根据社会的变化需求和优先事项进行灵活调整。

三、预算与决算差异的分析

分析预算与决算之间的差异是一项复杂的任务，它要求对预算执行过程中的每一个环节进行仔细审查和评估。这一过程不仅仅涉及数字的比对，更重要的是理解这些数字背后的政策决策、管理实践以及外部环境变化。

（一）预算执行效率的评估

预算与决算差异分析的首要目标是评估政府预算执行的效率。对比预算计划与实际支出和收入的差异可以揭示财政管理中的效率问题。例如，某个部门或项目的实际支出远低于预算，这可能表明资金分配存在不足或项目实施效率低下；反之，实际支出显著超出预算可能指示编制预算时过于乐观或在执行过程中控制不严。通过系统地分析这些差异，政府可以识别出导致效率低下的根本原因，并采取相应措施优化预算编制和执行流程，提升财政管理的整体效率。

（二）财政政策的校准与优化

预算与决算之间的差异分析为财政政策提供了校准的机会。差异数据为政府提供了反馈，能够帮助决策者理解哪些政策措施达到了预期效果,哪些未能达到目标。这种分析不限于财政数额的对比,更深入地考察了政策执行背后的因素,如税收政策的有效性、公共支出的社会回报等。基于这些信息,政府可以调整和优化财政政策,确保未来策略的制订更加符合实际情况,同时提高政府对经济和社会目标的支持能力。

(三)提升公共财政的透明度公众对其的信任度

通过公开和详细的预算与决算差异分析,政府能够显著提升其财政透明度,提升公众对政府财政管理的信任度。透明度不仅仅体现在公开财政数据上,更体现在政府能解释差异产生的原因及其对公共财政健康的影响。此外,这一过程还促进了公众对公共财政信任度的提升,原因是政府需对预算差异负责,并向公众说明将采取哪些措施来解决存在的问题。这种做法不仅有助于提升政府形象,还鼓励了公众参与和监督政府的财政活动,从而能够共同促进公共资源的有效和公正使用。

第五章 公共部门的绩效管理

第一节 公共部门绩效管理的含义、特点与功能

在公共部门,绩效管理不仅仅是一种管理工具或方法,更是一种文化和思维方式,旨在持续提升公共服务的质量和效率。绩效管理不应简单地被认为仅仅是一个测量和评估的过程,而应该是管理者和员工之间创造相互理解的途径。[①] 随着公众对政府服务要求的提高以及资源的有限性越来越突出,公共部门绩效管理成为确保政府机构在提供服务过程中实现高效率、高质量和高透明度的关键机制。

一、公共部门绩效管理的含义

公共部门绩效管理是以提高公共部门组织绩效和个人绩效目标,通过绩效评价和绩效追踪来激励组织中的个人发挥创造性、提高服务质量的管理过程。[②] 公共部门绩效管理的含义可从以下三个主要维度进行理解。

第一,绩效管理被视为公共管理人员的核心职责之一。这意味着,在公共部门中,无论是对组织还是个体而言,实施绩效管理是基于对公众的责任。这种责任包括确保资源的有效利用,以及评估并提高公民对

[①] 汪燕,桑志强. 公共管理概论与信息服务创新[M]. 北京:经济日报出版社,2019:105.
[②] 付维宁. 绩效管理[M]. 北京:中国发展出版社,2012:340.

公共服务的满意度。公共部门的成功与否在很大程度上取决于其能否在满足公众需求和期望方面展示出高效率和有效性。绩效管理不仅仅是一种工具或程序，它更是一种策略，用以确保公共部门在提供服务时能够获得社会的广泛支持。在传统的公共管理实践中，管理者通常被定义为对公共事务执行管理和监督的角色，其对于提升个人和组织绩效的重要性则往往被忽视。因此，将绩效管理纳入公共部门管理者的职责范围内体现了对公共管理职能的现代化解读。第二，公共部门绩效管理强调产出的高效率。公共部门的主要产出是向公众提供服务，而这些服务的效率往往难以用传统的成本效益分析来评估，这导致了对公共部门效率评价的困难。绩效管理作为一种注重结果的管理方式，通过整合个人与组织绩效，促进了公共组织达到高效率和高激励的状态。实施绩效管理，通过全面的监控、控制和管理过程，公共部门能够实现个人和组织绩效的持续改进，从而提高公共服务的整体效率。第三，公共部门绩效管理还特别强调服务质量的提升。尽管公共部门借鉴了企业组织绩效管理的许多做法，但其目标不仅是效率的提高，还包括服务质量的优化。绩效管理的起源与市场经济竞争环境的变化有关，它强调降低成本和提高产出效率，这与公共部门的目标不谋而合。尽管公共部门面临的市场竞争压力不如私营部门，但随着公共服务的扩展和资源的日益紧张，提高服务质量和产出水平已成为迫在眉睫的任务。绩效管理的顾客需求导向理念为公共部门提供了服务改革和优化的机遇，通过关注和满足公众需求，公共部门能够更有效地实现其服务目标。

二、公共部门绩效管理的特点

公共部门绩效管理体现了在公共服务领域内对成果、效率和效果的系统评价和监督，它与私营部门的绩效管理在多个方面有着根本的差异。公共部门绩效管理的特点主要体现在以下几个方面（图5-1）。

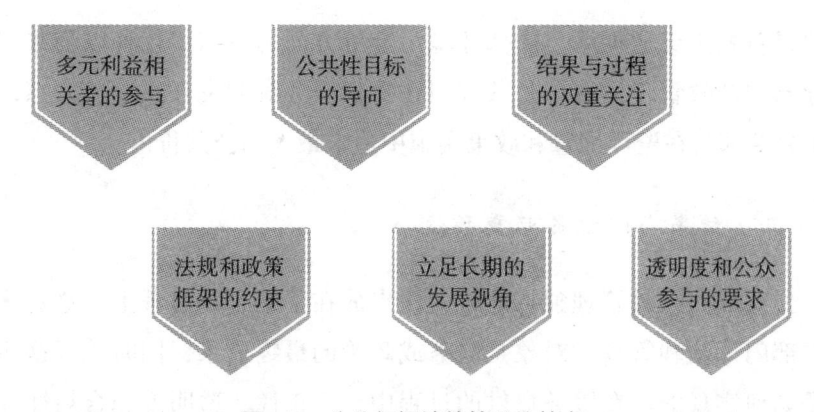

```
[多元利益相关    [公共性目标    [结果与过程
 者的参与]       的导向]       的双重关注]

[法规和政策      [立足长期的    [透明度和公众
 框架的约束]     发展视角]      参与的要求]
```

图 5-1　公共部门绩效管理的特点

（一）多元利益相关者的参与

公共部门绩效管理涉及广泛的利益相关者群体，这些群体包括但不限于公众、政府机构、非政府组织、私营部门合作伙伴及公职人员等。这种多样性带来了丰富的视角和需求，为公共服务的提供和政策的制订增加了复杂性。公共部门的任务是在这些多样化的利益中寻求平衡，确保各方的需求和期望得到适当考虑和满足。利益相关者参与的实质在于促进沟通渠道开放和透明，使得政策制订和服务提供过程更加民主、更加包容。通过咨询、合作和反馈机制的建立，公共部门能够获得关键的信息和观点，这不仅有助于提升服务质量，还能增强政策的有效性、提升公众的满意度。例如，预算编制过程中的公众咨询和参与可以确保资源分配更加公平，更能反映社会的真实需求。

（二）公共性目标的导向

公共部门绩效管理深受其公共性目标的导向影响。与私营部门的利润最大化不同，公共部门追求的是社会公平、环境可持续、公共安全与健康等更为广泛的社会目标。要实现这些目标，往往需要超越简单的财务指标，采用更为复杂的评价体系来衡量服务的社会影响。例如，在评估一个公共交通项目时，公共部门除了考虑其运营成本和乘客量，还评估项目对减少交通拥堵、降低环境污染等方面的贡献。这种以公共利益为导向的绩效管理体现了公共部门在提供服务时的责任感和使命感，强调了公共部门在资源配置和政策实施中追求最大的公共价值。

（三）结果与过程的双重关注

公共部门绩效管理独特地将关注点放在了结果和过程上。这意味着公共部门评估和管理的对象是服务或政策的最终成果，同时关心这些成果是如何实现的。在服务提供的过程中，公正性、透明度和合规性等因素同样重要，这些因素会直接影响公众对公共服务的信任和满意度。例如，在执行一个公共教育项目时，公共部门除了关注教育质量的提升和学生成绩的改进（结果），还确保教育资源的公平分配和项目执行的透明度（过程）。这种对结果和过程双重关注的特点要求公共部门在实施绩效管理时，不仅设立明确的成果指标，还建立健全的过程监控和评价机制，确保公共服务的整体质量和公众满意度的提升。

（四）法规和政策框架的约束

公共部门的运作和绩效管理受到法律法规和政策框架的约束。这些规定不仅确定了公共部门的职责范围和操作方式，还对资源分配原则和服务标准设定了明确的指导原则。这种法规和政策框架为公共部门的绩效管理提供了必要的基础和边界，确保了服务提供的一致性、可靠性和合法性。例如，环境保护法规要求公共部门在执行任何项目时应考虑其对环境的影响，并采取相应的保护措施。这种约束性框架虽然保障了公共服务的质量和可持续性，但也限定了公共部门在追求绩效提升时的操作空间。因此，公共部门在绩效管理中既要遵循法规和政策的要求，又要在此基础上寻找提升服务效率和效果的创新方法。

由于法规和政策框架的存在，公共部门在制订和实施绩效管理方案时，应具备高度的专业知识水平和敏感性，以确保所有活动都在规定的范围内进行。同时，这意味着公共部门的绩效管理需具备一定的灵活性，

第五章 公共部门的绩效管理

能够适应法律法规和政策的变化。

（五）立足长期的发展视角

公共部门绩效管理的一个显著特征是其对长期发展目标的强调，这不仅体现在追求持久的社会福祉上，还体现在对未来挑战的预见和准备上。不同于私营部门可能更加注重短期利润和即时回报，公共部门的绩效管理着眼于长期的社会效益和公共价值的实现。这种视角要求公共部门在制订和执行政策时，应考虑其对未来几代人福祉的影响，以及这些政策是否能够促进可持续发展。长期发展视角具体体现为公共部门在规划和实施各类公共项目时，评估其对环境的长期影响、对经济发展的持久驱动力以及对社会结构的长远影响。例如，城市规划中的绿地保护、教育投资的规划以及公共卫生系统的建设都需要公共部门从长期的角度出发，确保短期行动与长期目标的一致性。因此，公共部门绩效管理系统需要设立既包括即时指标，又包括长期指标的绩效评价体系，以全面反映政策和服务的长期效益。

（六）透明度和公众参与的要求

透明度和公众参与是公共部门绩效管理不可或缺的要素，这两者共同促进了政府的问责制和公众信任的建立。公共部门的透明度不仅要求绩效的结果公开，还要求绩效管理的过程、采用的评估标准以及最终的决策理由对公众开放。因为公共部门确保了这些信息的透明，所以公众能够更好地理解公共部门的工作，评价其绩效，并提出建设性的反馈。

公众参与绩效管理的过程可以从政策制订的初期开始，涵盖政策执行和评估的全过程。这种参与不仅为公共部门提供了反映民意的渠道，还提升了政策的社会接受度和有效性。公众参与可以通过多种方式实现，如公开听证会、在线调查、公众咨询会等。这些活动不仅能够收集公众对于特定政策或服务的意见，还能增进公众对公共部门工作的理解和支持。透明度和公众参与还能够促进创新和持续改进。公开的信息和数据

· 115 ·

可以为研究人员、非政府组织和私营部门提供资源,促使他们参与公共服务的改进和创新。公众的反馈和建议也是公共部门优化政策、提高服务质量的重要依据。

三、公共部门绩效管理的功能

公共部门绩效管理在确保公共机构高效、有效运作中发挥着至关重要的作用,通过其综合功能,不仅优化了资源分配,还提升了服务质量和对公众需求的响应能力。以下三个核心功能体现了公共部门绩效管理的重要性和多维度影响(图5-2)。

图5-2 公共部门绩效管理的功能

(一)促进目标设定与战略规划

公共部门绩效管理对于促进明确且可衡量的目标设定和深思熟虑的战略规划有着重要作用。在公共管理领域,明确的目标不仅是衡量绩效的基础,还是指导日常操作和资源分配的关键。通过设定具体、有挑战性且可实现的目标,公共部门能够明确优先级,确保各级行动和资源配置与长期愿景和即时需求相一致。这些目标基于对广泛利益相关者需求的理解和预期的社会影响,确保了公共部门活动的方向与公众利益保持一致。通过绩效管理,公共部门可以将这些目标细化为可操作的计划,实现从高层战略到日常操作的无缝对接。

（二）提供决策支持与资源优化

公共部门绩效管理的另一项关键功能是为管理层提供基于数据的决策支持，进而实现资源的优化配置。通过收集、分析绩效数据，公共部门能够识别哪些项目或服务达到了预期的效果，哪些则需要改进。这种分析不仅关注财务表现，还关注服务质量、顾客满意度等非财务指标，为决策者提供了全面的视角。此外，绩效管理通过揭示不同活动的成本效益比，帮助公共部门在有限的资源下做出合理的分配决策，优先考虑那些能够带来最大公共利益的项目。这不仅提升了资源使用的效率，还确保了公共服务能够更好地满足社会需求。

（三）增强公众信任与问责

绩效管理通过提升操作的透明度，巩固了公共部门的问责制，是提升公众信任的重要途径。公开公共部门的绩效信息，包括服务质量、资源使用和项目进展等可以让公众更好地理解公共机构的工作，并据此评价其效率和效果。这种透明度不仅有助于构建公众与公共部门之间的信任，还为公众提供了监督公共机构、参与公共事务的机会。当公众能够直接看到自己的税金如何被利用，以及这些资源如何转化为实实在在的服务和福利时，公共部门的合法性和公众的满意度会得到显著提升。

四、公共部门绩效管理的意义

在现代公共管理领域，绩效管理是提升公共部门效率和效果的关键工具，特别是在资源日益紧张和公众对高质量服务的需求不断增长的背景下。公共部门绩效管理涉及使用各种指标来衡量公共机构的效率和运行效果。公共部门绩效管理的意义主要体现在以下几个方面（图 5-3）。

| 为公共管理新模式提供了支撑 | 有利于公共部门形成竞争机制 | 为公共行政提供了一种管理工具 |

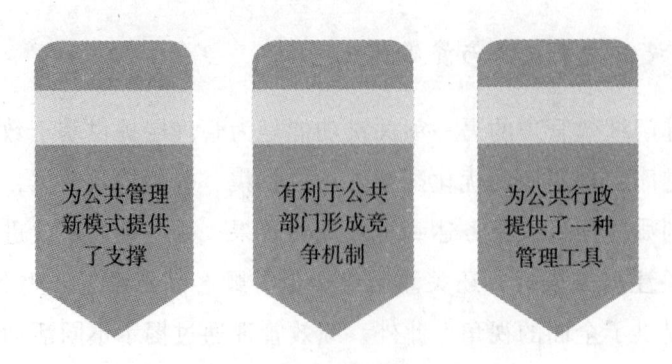

图 5-3 公共部门绩效管理的意义

（一）为公共管理新模式提供了支撑

绩效管理在公共管理领域的应用，特别是在支撑新模式的公共管理实践方面的应用展现了其独特的价值。在当代社会，随着信息技术的飞速发展和公民意识的提升，公共管理面临着前所未有的挑战。这些挑战要求公共部门不仅提高透明度和效率，还更加关注结果和公众参与。在这样的背景下，绩效管理成为连接传统公共管理与现代公众需求之间的桥梁。

绩效管理通过明确目标、设定可量化的绩效指标、收集和分析数据，以及根据结果进行调整，为公共管理提供了一套完整的反馈机制。这套机制使公共部门能够更加灵活地应对环境变化，及时调整政策和服务，以满足公众的期望和需求。通过绩效管理，公共部门能够明确哪些服务和政策是有效的，哪些领域需要改进，从而实现资源的最优配置和服务的最大优化。在新模式的公共管理中，绩效管理还强调了价值创造，即不仅仅关注服务的提供和政策的实施，更关注公共价值的创造。这种价值不仅体现在服务的质量和效率上，还体现在促进社会公平、提升公众满意度和参与度上。绩效管理为公共部门提供了评估和实现这些价值目标的方法论基础。通过绩效管理，公共管理新模式能够确保政府活动的方向与公众利益高度一致，提升政府行为的目标性和战略性。同时，它为公共部门内外部的持续改进和创新提供了动力和依据，确保公共管理不断适应时代发展的需求，有效地服务公民和社会。

（二）有利于公共部门形成竞争机制

在公共部门内部，绩效管理通过设定明确且量化的目标，为不同部门或团队之间建立了一种基于绩效结果的竞争环境。这种基于结果的比较鼓励各部门或团队之间相互学习、分享成功经验，从而激励所有成员努力提升工作效率和服务质量。

在公共部门与外部机构的协作中，绩效管理同样发挥着推动竞争的作用。通过对公共服务项目的绩效评估，政府可以有效地比较不同供应商或非政府组织提供服务的成本效益，从而选择最能满足服务标准和预期结果的合作伙伴。这种基于绩效的选择机制不仅能够保证公共资源的有效利用，还能促进市场的健康竞争，推动服务提供者不断优化和创新其服务模式和管理方法。绩效管理还为公共部门提供了一个反馈和改进的平台，通过定期的绩效评估，各个部门能够清晰地看到自己在整个公共管理体系中的位置和表现。这种透明度不仅促进了各部门之间的相互竞争，还促进了公共部门内部的自我完善和持续发展。通过这种方式，绩效管理促进了公共部门向更加高效、创新的方向发展。绩效管理通过建立明确的评估标准和反馈机制，为公共部门的持续改进提供了动力。这种竞争和自我超越的文化最终会使得公共服务质量整体提升，更好地满足公众的需求和期望。因此，绩效管理不仅仅作为一种管理工具存在，更通过促进竞争机制的形成，成为推动公共部门创新和提升公共服务效率的关键因素。

（三）为公共行政提供了一种管理工具

绩效管理为公共行政提供的管理工具是实现高效、透明和以结果为导向的公共服务的关键。它通过一系列科学的方法和技术，使公共管理者能够明确组织的目标、衡量服务或政策的绩效、分析结果和反馈信息，从而在决策过程中做出更加合理和有效的选择。这种基于数据和事实的管理方式不仅提升了公共部门的工作效率，还提升了公众对政府行为的信任和满意度。

绩效管理作为一种管理工具，它的应用范围广泛，涵盖了公共政策的制订、执行、评估及调整等多个阶段。在政策制订阶段，绩效管理通过提供先前政策或项目实施的绩效数据，帮助政策制订者识别问题、分析需求，并基于此制订更加科学合理的政策目标。在政策执行阶段，通过持续的绩效监测和评估，管理者可以实时了解政策执行的进展情况，及时发现问题并进行调整，确保政策目标的实现。绩效管理还通过提供一个系统的评估框架，帮助公共管理者在政策执行后对其成效进行全面的评价。这种评价不仅包括政策实施的直接结果，还涉及政策对社会、经济等方面的长远影响。通过这种综合评估，公共部门可以深入理解政策的实际效果，从而得到有关未来的政策制订和调整的有价值的参考。绩效管理还强调了结果的反馈和公开。通过将绩效评估结果公开，政府部门不仅可以提升工作的透明度，还可以鼓励公众参与公共管理，建立一种政府与公众之间的互动和沟通机制。这种机制有助于提升公共服务的质量和公众对政府的满意度，也促进了政府的问责制和公众信任的建立。

第二节　公共部门绩效计划制订与实施

在公共部门中，绩效计划制订与实施是确保服务有效性和提高管理效率的关键步骤。它们不仅为公共部门提供了达成其战略目标的蓝图，还涉及一套全面的执行和监控机制，以确保这些目标得到实现。通过精心设计的绩效计划，公共部门可以明确其服务和政策的具体目标，并通过实施过程中的持续监控和管理，适时调整策略以应对挑战，最终达到预期的成果。这一过程不仅能够增强公共部门的责任感，还能够提升公众对公共服务的满意度和信任。

第五章 公共部门的绩效管理

一、公共部门绩效计划制订的重点

确保公共部门绩效计划制订与实施的有效性的关键在于设定明确的战略目标、将战略目标具体化并分配任务以及强化绩效计划的沟通和参与机制,具体如下(图5-4)。

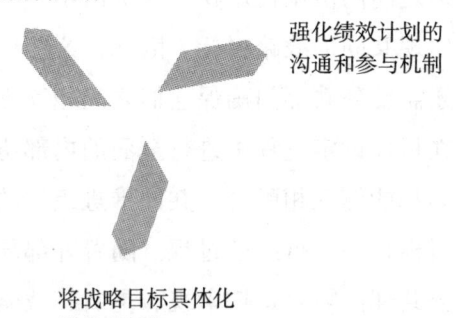

图 5-4 公共部门绩效计划制订的重点

(一)设定明确的战略目标

战略目标的明确性的高低直接影响到公共部门能否有效响应公众需求、提高服务质量和实现政策目的。这些目标为公共部门的各项决策和行动提供了方向,确保了组织资源的合理分配和使用,也为绩效的测量和评价提供了标准。

公共部门要设定明确的战略目标,首先就需要对自身的使命和愿景进行深入分析,使目标不仅反映组织的根本职责,还能够指向公共价值的提升。这一过程中,公共部门应考虑到社会的现状和预期变化,确保战略目标能够适应不断变化的外部环境,同时响应公众对高质量公共服务的期待。其次,在设定战略目标时,公共部门需要对广泛的利益相关者进行咨询,包括政策制订者、服务提供者和服务受益人,以确保目标的全面性和相关性。通过这种具有广泛参与性的目标设定过程,公共部门不仅能够提升目标的社会接受度,还能提升自身对公众需求的敏感性和响应性。再次，明确的战略目标应当具备可衡量性，这意味着每个目标都应当能够被分解为具体的、可量化的绩效指标。这些指标为后续的绩效评估提供了具体的衡量标准，使公共部门能够客观地评价自己在实现这些战略目标方面的进展。此外，明确的绩效指标还有助于公共部门识别成效不佳的领域，从而及时调整策略和行动计划。设定战略目标时，还需考虑目标之间的协调性。在公共部门中，不同的部门之间往往需要协同工作以实现共同的战略目标。因此，这些目标不仅要具有明确性和可衡量性，还需要公共部门确保它们之间相互支持、不产生冲突。这要求公共部门在目标设定过程中进行全面的内部协调和沟通，确保所有部门的行动计划都能够互相配合，共同推进组织的整体战略。最后，设定明确的战略目标是一个持续的过程。随着外部环境的变化和组织内部能力的发展，公共部门需要定期审视和更新其战略目标，确保它们仍然反映当前的挑战和机遇。这种动态的目标设定过程要求公共部门具备高度的灵活性和适应性，能够及时调整自己的战略方向，以应对不断变化的公共管理环境。

（二）将战略目标具体化并分配任务

将战略目标具体化并分配责任对于任何公共部门而言都是至关重要的过程，这一步是否成功直接关系到该部门能否有效实施其策略，并最终实现既定的目标。在这一过程中，公共部门的管理者需要将高层次的战略目标转化为明确、可执行的行动步骤，同时确保每个相关个体和团队都明白自己的角色和责任。这不仅有助于保证整个组织的行动一致性，还能提高执行过程的透明度和可追踪性。战略目标的具体化要求管理者深入理解组织的愿景与使命，从而确保转化后的具体目标和任务能够真实反映并支持这一愿景与使命。例如，一个公共部门的战略目标是提高公共服务的可达性和质量，那么具体化的目标可能包括缩短提供服务的时间、提升公职人员服务能力、扩大服务覆盖范围等。

在将战略目标分解为具体任务的过程中，公平和透明的沟通机制尤为重要。这意味着，所有参与决策的个体都应该有机会提出自己的观点和建议，特别是那些直接负责执行任务的一线公职人员，原因是他们对实际操作的可行性和效率有着直接的理解。此外，管理者应确保每个人都对自己的任务、期望成果以及如何评估绩效有清晰的认识，这对于促进责任感和提高执行效率至关重要。责任的分配不仅涉及"谁负责什么"，还包括完成任务所需的资源和权限的分配。这要求管理者不仅对个人的能力和经验有深刻的理解，还对任务的性质和需求有准确的评估。资源的合理配置是确保任务顺利完成的关键。在整个过程中，持续的监控和评估机制是不可或缺的。这不仅包括对任务执行进度的定期检查，还包括对执行过程中可能出现的问题和挑战的实时响应。能够迅速识别并解决问题是确保战略目标具体化和责任分配成功的关键。

（三）强化绩效计划的沟通和参与机制

强化绩效计划的沟通与参与机制意味着公共部门要确保所有利益相关者，无论是内部公职人员还是外部公众，都能够在绩效计划的制订、实施以及评估阶段有机会参与和提供反馈，这对于提高绩效计划的有效性和接受度至关重要。这种参与和沟通不仅能够促进信息的开放共享，还能增强公职人员的责任感和归属感，同时提升公众对公共部门工作的信任和支持。

在实践中，构建有效的沟通与参与机制需要公共部门采取一系列有针对性的措施。第一，公共部门需要建立一个全面的沟通策略，这个策略应当包括定期的信息发布、反馈收集以及利益相关者咨询等多个方面。通过定期发布绩效计划的进展报告和评估结果，公共部门可以保证所有利益相关者都能够及时了解到最新的信息，并根据这些信息做出响应。第二，利用现代技术手段可以大大提升沟通的效率、扩大参与的范围。公共部门可以通过建立在线平台、社交媒体账号等方式，为公职人员和公众提供一个方便快捷的沟通渠道。这些平台不仅可以用来发布信息，还可以作为收集反馈和建议的工具，进一步提升公众参与度。第三，公共部门还应当定期举办面对面的会议和研讨会，邀请不同的利益相关者参与绩效计划的讨论。这种直接的交流方式有利于公共部门深入理解利益相关者的需求和期望，也能够促进不同利益相关者之间的相互理解和合作。第四，在加强沟通与参与的过程中，公共部门还需要特别注意到不同群体的特定需求和沟通偏好。例如，对于一些不常使用数字技术的群体，传统的沟通方式如公共会议、电话沟通或纸质邮件可能更为有效。因此，公共部门在设计沟通策略时，应考虑到多样化的沟通渠道，以确保能够覆盖所有目标群体，从而真正实现包容性的参与。第五，确保沟通过程的透明度和公正性也至关重要。公共部门应当明确告知所有参与者他们的意见如何被收集和使用，以及这些意见将如何影响绩效计划的制订和执行。通过这种方式，公共部门可以增强利益相关者对公共部门工作的信任，提升他们参与绩效计划的积极性。

二、公共部门绩效计划实施与过程管理

在公共部门中，绩效计划实施及过程管理扮演着桥梁的角色，它连接了绩效规划与绩效评估，确保了绩效管理的连贯性和一致性。这一过程中的主要挑战是如何将优秀的绩效计划转化为实际的成果，同时对实现过程进行有效的监督与管理。由于仅仅依赖年终的绩效评估往往无法充分激发组织和个人的潜力，也无法及时纠正偏离目标的行为，所以公共部门在追求目标实现的过程中应重视绩效计划实施与过程管理。绩效计划实施与过程管理涵盖的关键内容包括持续进行绩效沟通、持续收集与分析绩效信息。这两者共同构成了实现绩效目标、提升组织效能的基础。

（一）持续进行绩效沟通

绩效沟通不仅是公共部门管理层与公职人员之间相互了解进展、识别绩效障碍并获取成功所需信息的过程，它还是一个保证绩效计划灵活性、及时调整的重要机制。通过持续的绩效沟通，无论是管理层还是基

层公职人员，都能获得关于改善工作表现的实时信息，并对出现的新情况做出响应。这种动态的沟通方式确保了绩效计划的适时更新，使组织能够灵活应对变化。

绩效沟通多采用正式与非正式两种形式相结合的方式进行。正式沟通可能包括书面报告、定期的一对一面谈、小组会议或团队讨论等，这些方式能够确保沟通的正式性和系统性。而非正式沟通更侧重于日常工作中的即兴交流，如工作间隙的闲聊、共餐时的讨论或其他社交活动中的对话，这些非正式的交流方式能够增进彼此的了解和信任，促进信息的自然流动。

（二）持续收集与分析绩效信息

绩效信息的收集与分析是绩效管理循环中不可或缺的一部分，它为绩效评估和改进、与公职人员的交流提供了坚实的事实基础。绩效信息的全面收集确保了公共部门能够全面了解公职人员的工作状态、进展障碍以及表现评价。没有足够的信息支持，公共部门管理层就无法准确评价公职人员的表现，也无法为公职人员提供有效的反馈和指导。

绩效信息的收集是一个全面而持续的过程，它不仅发生在绩效评估阶段，还贯穿于整个绩效管理周期。这一过程包括收集目标达成情况、对公职人员表现的赞扬或批评、工作绩效的证据、帮助识别问题的数据以及其他有助于改进的信息。有效的信息收集可以来源于组织内的各方，包括公职人员自评、同事评价、上级监督和下级反馈等多个维度。通过对绩效信息的持续收集与分析，公共部门能够为绩效评估提供准确的数据支持，为绩效改进提供实时的反馈，同时为公职人员之间以及公职人员与管理层之间的沟通提供有力的依据。此外，这一过程还为其他人力资源决策提供了事实基础，如培训需求分析、职业发展规划以及激励措施的设计等。在绩效考核中出现法律争议时，系统收集的绩效信息也能为组织的决策提供法律辩护的支持。绩效信息的收集过程应该注重多样性和全面性，确保信息的来源广泛且具有代表性。这不仅包括定期的绩效评估数据，还应涵盖日常工作中的观察、反馈以及公职人员自我报告的信息。同时，公共部门应采用多种手段和工具来收集绩效信息，如问卷调查、访谈、工作日志、客户反馈以及项目报告等，以确保信息的准确性和客观性。为了使绩效信息的收集与分析更加有效，公共部门需要建立一套系统的方法来指导这一过程。这包括明确哪些信息需要被收集、谁负责收集、如何收集以及收集频率等。此外，公共部门还需要确保信息收集的过程符合法律法规和伦理标准，尤其是在处理个人敏感信息时。绩效信息收集完成后，接下来的步骤就是对这些信息进行分析和解读。这需要公共部门拥有足够的分析能力，以识别绩效趋势、挑战和机会。分析结果应该能够为绩效改进提供明确的指导，指出哪些方面表现良好、哪些方面需要改进以及可能的改进措施。通过收集和分析得到的绩效信息应该被有效地利用。这意味着，这些信息需要被及时地反馈给相关的公职人员和管理层，以便他们根据反馈调整自己的行为和工作策略。同时，这些信息应该会被用于制订下一周期的绩效计划，确保绩效管理循环的连续性和有效性。

通过持续的绩效沟通和系统的绩效信息收集与分析，公共部门能够建立一个动态的、互动的绩效管理体系。这不仅有助于提升组织的绩效和效率，还能提升公职人员的参与感和满意度，进而提升公共服务的质量和公众的满意度。

第三节 公共部门绩效考核

在公共部门的管理框架中，绩效考核是一个核心环节，它不仅影响着组织的效率和效果，还直接关联到公众对政府部门信任度的形成。通过科学合理的绩效考核体系，公共部门可以确保其服务的质量和响应性，同时为公职人员提供成长和发展的机会。

一、公共部门绩效考核的目的

绩效考核在公共部门中的应用是一项复杂而细致的任务，它不仅关系到机构的运作效率，还深刻影响着公众对政府工作的看法和公职人员的职业生涯。深入探讨绩效考核的目的可以揭示其在现代公共管理中的核心作用（图5-5）。

目的一
提高透明度和公众信任

目的二
促进资源的有效利用

目的三
激励和发展公职人员

图 5-5　公共部门绩效考核的目的

（一）提升透明度和公众信任

在公共管理领域，透明度和公众信任是互相促进的两个要素。绩效考核制度的建立和执行是提升这两个方面的重要手段。透明度关乎政府活动的开放性，包括决策过程、财政管理，以及服务交付的效率和效果。当政府部门通过绩效考核向公众展示其活动的透明度时，公众能够更好地理解政府的运作机制和政策决策的背景。透明度的提升进一步促进了公众信任的建立。公众信任的形成基于对政府行为的理解和认可，特别是在政府利用税收、提供公共服务等方面。通过定期发布绩效报告和评估结果，公众可以看到政府部门是否达到了既定的服务标准和目标，从而评价政府工作的有效性和透明度。例如，如果一个公共卫生项目的绩效考核结果显示服务覆盖率和患者满意度都有显著提升，这会直接反映政府在提高公共卫生服务方面的努力和成效，进而提升公众对政府工作的信任。

(二)促进资源的有效利用

公共资源的有效利用是衡量政府工作成效的关键指标之一。绩效考核通过识别服务交付中的效率低下区域，帮助政府机构优化资源配置，确保公共资金和资源被用于最需要的服务和项目上。在这个过程中，绩效考核的数据和分析为政府决策提供了科学依据，使资源分配更加突出目标导向、效果更加明显。

有效利用资源不仅关乎财政资金的分配，还涉及人力资源的管理和优化。通过绩效考核，政府部门可以识别哪些团队或个人在执行任务时展现出高效率和高效果，从而为其他部门提供可借鉴的实践经验。此外，绩效考核还能揭示培训和发展需求，使政府能够有针对性地提供职业发展机会，进一步提升公共服务的整体质量和效率。

(三)激励和发展公职人员

绩效考核在激励和发展公职人员方面扮演着至关重要的角色。它不仅仅提供了评价公职人员工作表现的机制，更重要的是，它为公职人员的职业发展和能力提升提供了方向和动力。通过绩效考核，公职人员可以清楚地了解到自己的工作表现，包括优点和需要改进的地方。绩效考核促进了基于成绩的认可和奖励，为表现出色的公职人员提供了升职和加薪的机会，从而激励所有公职人员努力提高自己的工作表现。同时，绩效考核的反馈机制为公职人员指明了发展方向，能帮助他们识别个人和职业发展中的潜在机会。这种成长和发展的机会是提升公职人员满意度和工作投入度的关键，有助于营造一个积极、高效的工作环境。

二、公共部门绩效考核的原则

绩效考核作为公共部门管理的重要组成部分，承担着提升部门透明度和公职人员参与度、推动部门持续改进等多重功能。公共部门绩效考核需要遵循以下原则（图 5-6）。

第五章　公共部门的绩效管理

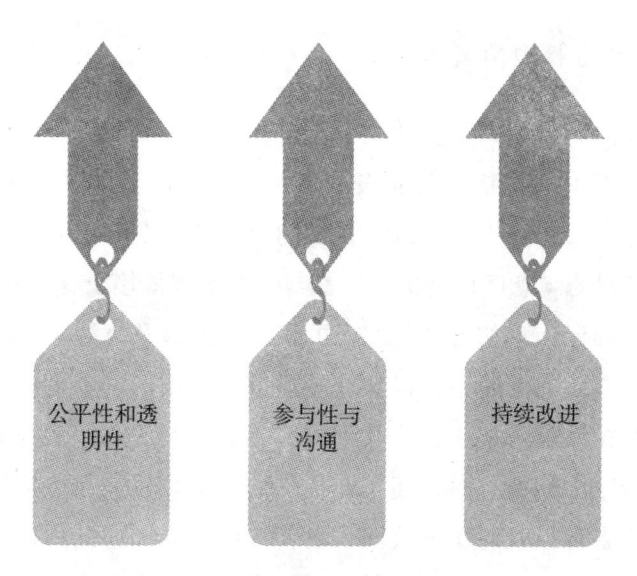

图 5-6　公共部门绩效考核的原则

（一）公平性与透明性

公平性与透明性是绩效考核系统的基石，它们不仅关乎绩效考核的合理性和公正性，还直接影响着公职人员对公共部门的信任。公平性能够确保所有公职人员在考核过程中都受到平等对待，无论是考核的标准、过程还是结果，都应该基于客观、量化的指标，避免任何形式的偏见和不公正。为了实现公平性，公共部门需要建立一套全面的、明确的考核标准，确保这些标准对所有公职人员都是公开和透明的。此外，考核过程中的决策和评估应当记录并存档，以便于在必要时进行复查和验证。透明性要求绩效考核的每一步都对公职人员开放，包括考核的标准、过程、结果以及基于考核结果所做的任何决策。这种开放性不仅有助于公职人员理解自己的表现如何被评价，还有助于公职人员了解如何改进工作表现。更重要的是，透明性有助于提升公共部门内部的信任度、减少误解和沟通障碍、提升公职人员对于公共部门决策的接受度。

（二）参与性与沟通

参与性强调公职人员在绩效考核过程中应该扮演积极角色，而不是被动接受结果。这包括让公职人员参与目标设定、自评、反馈过程中。通过这种方式，公职人员可以对自己的目标和预期有更清晰的认识，他们对考核过程的满意度也会提升。参与性的实现依赖于有效的沟通机制，公共部门应确保信息的流动是双向的，并且能够及时解决公职人员的疑问和担忧。有效的沟通不仅仅具有传递信息的作用，更是建立理解和共识的过程。在绩效考核中，公共部门应当鼓励开放、诚实沟通，无论是在设定目标、中期检查时，还是在最终的评价阶段。通过持续沟通，公共部门管理者可以及时了解公职人员任务的进展和遇到的挑战，公职人员也能获得必要的支持和指导，从而形成一个具有支持性和协作性的工作环境。

（三）持续改进

持续改进是绩效考核的终极目标，它要求公共部门不满足于现状，而是不断寻求改进和创新的方法来提升服务质量和工作效率。持续改进的实现依赖于对绩效数据的持续分析和评估，以及基于这些数据制订的行动计划。这意味着公共部门需要建立一种机制，能够定期收集、分析绩效数据，并将这些信息转化为改进措施。通过定期的绩效回顾会议，公共部门管理者可以识别公职人员工作中的优点和缺点，从而制订具体的改进计划。这种计划不仅应该关注短期目标的实现，还应该着眼于长期的发展和完善。持续改进也要求管理者鼓励和培养公职人员的创新精神。这意味着为公职人员提供足够的空间和资源来让其探索新的工作方法、技术或流程，即使这些探索可能并不总能立即带来成果。通过对创新和尝试给予认可和支持，公共部门管理者可以激发公职人员的积极性和创造力，进而推动服务和效率的持续提升。持续改进还涉及对绩效考核体系本身的定期审视和调整。随着公共部门面临的挑战和目标的变化，原有的考核标准和流程可能不再适用。因此，公共部门应定期评估绩效考核体系的有效性，根据新的需求和目标对其进行调整。这不仅包括更新考核标准和指标，还包括引入新的技术和方法来提高考核的精确度和效率。

三、公共部门绩效考核指标体系

在公共部门中，绩效考核是评估和提高机构效率、服务质量和资源利用效果的关键工具。精心设计的绩效指标能够确保评估过程既全面又具体（图5-7）。

业绩指标　　效率指标　　效能指标　　成本指标

图5-7　公共部门绩效考核指标体系

（一）业绩指标

第一，公共服务的量和质。公共部门提供的服务，无论是基础设施建设还是法律法规的实施，都需要在数量上满足社会需求，同时在质量上追求卓越，确保服务高效。为此，公共部门需要定量地衡量服务的覆盖范围、接受者的满意度以及服务提供的效率。第二，公共管理目标的完成度。这一指标评估公共部门在达成关键管理目标方面的表现，如经济增长的持续性、物价的稳定性、就业的充分性、财政平衡及资源配置的合理性等，是衡量其业绩的重要指标。第三，政策制订与执行的有效性。公共政策的制订与实施需要科学、有效地进行，相关指标包括税收结构、社会保险缴费比例及其在国内生产总值中的占比等，通过这些指标，公共部门可以评估政策的制订和执行效果。第四，公共管理效益。这一指标综合评价公共部门在财政收支、人才吸引、投资促进等方面的表现，如税收与国内生产总值的比重、政府支出的增长速度等，反映其综合管理效益。第五，公民满意度。这一指标衡量公民对公共服务和管理的满意度，包括对行政过程的公平性、公正性的认可度，以及对公共部门服务态度和办事效率的满意程度。

（二）效率指标

在公共部门，效率指标是衡量成果与所投入资源之间关系的关键因素，它们揭示了公共部门在提供服务和实施政策时的经济性和成本效益。这类指标不仅评估了公共服务的量和质，还考量了达成这些成果所需的人力、物力、财力和时间。对效率的持续追求旨在确保公共部门能够以最少的资源投入，实现最大的服务输出和社会效益，具体如下。第一，公共服务与产品的单位成本。单位成本是评价公共部门效率的一个核心指标，即提供一定量的公共服务或产品所需的平均成本。这一指标有助于公共部门识别成本过高的领域，从而寻找减少不必要支出、优化资源配置的途径。通过比较不同时间点或不同部门间相同服务的单位成本，公共部门可以评估自身在资源利用效率上的表现，进而采取措施提升经济性。第二，公共服务与产品的数量。公共服务与产品的数量是衡量公共部门产出规模的直接指标，反映了公共部门在特定时期内提供的服务总量。这一指标与单位成本指标相结合，可以全面评价公共部门的工作效率和成果。例如，服务数量增加的同时单位成本降低了，表明公共部门在提高产出效率方面取得了进步。第三，公共政策实施的财政支出。这一指标衡量公共政策实施所涉及的财政支出，能够直观反映公共部门在实施特定政策时的资源分配和财政负担。这包括政策规划、执行和监督等各个阶段的总体支出。通过分析这一指标，公共部门可以评估政策实施的经济性，即如何用最少的财政资源达到预定的政策目标。

（三）效能指标

效能指标着眼于公共部门活动改变目标群体状态或行为的程度。这些指标关注福利状况的变化、顾客满意度、政策目标的达成程度等，从而衡量服务或政策的实际影响和价值。公共部门的效能指标可以从以下两个方面进行考核。一方面,行为的合理化水平。包括公共决策的科学性、民主监督的有效性、行政过程的廉洁性、政策执行的效率等,这些反映公共管理活动的规范性和效果。另一方面,政府机关效能。涉及制度建设的完善度、法治的实施情况、政务公开的程度、办事效率和公共服务质量等,综合反映政府机关的工作效能。

(四)成本指标

成本指标关注政府运作和职能履行过程中的财政支出情况,包括人力资源、物资利用以及财政资源的分配。这些指标评估了政府为实现目标而投入的各项资源的经济性和效率,具体包括以下内容。第一,人力、物力与财力的使用。通过分析公共部门职员的人数、固定资产的总额、资源控制的程度以及支出结构等因素,政府可以评估自身如何利用其人力、物力和财力资源。这些指标能够揭示资源分配是否合理、是否存在浪费现象,以及如何优化资源使用以提高公共服务的效率和效果。第二,公共支出分析。包括政府的内外债务比率、预算盈余或赤字情况以及政府对科教文卫等方面的专项投资等,这些指标能够展示政府财政健康状况和资金分配的优先方向。例如,政府在教育、医疗和社会保障等公共服务领域的投资不仅反映了政策取向,还是评估政府在提升民生福祉、促进社会公平方面的能力的重要指标。

通过这一系列的绩效考核指标,政府能够全面而具体地评估和监控自身业绩、效率、效能和成本。这不仅有助于政府内部管理决策,提高公共服务的质量和效率,还能增强公众对政府工作的信任和满意度,同时能够激励政府不断追求更高标准的服务和管理效果。

第四节　公共部门绩效反馈与持续优化

公共部门绩效反馈与持续优化是一个不断循环的过程，旨在通过定期的绩效评估和反馈，识别改进机会，实施有效的改进措施，并监测这些措施的效果，以提升公共服务的质量和效率。这一过程强调在绩效管理中引入系统性的思考和持续性的改进方法，确保公共部门能够适应不断变化的环境和公众需求。

一、公共部门绩效反馈的重要性

绩效反馈不仅有助于提高公职人员的工作表现和动力，还是推动公共部门改进和发展的关键驱动力。在公共部门中，绩效反馈的重要性体现在多个方面，包括提升透明度、促进公职人员发展、提升服务质量和效率以及增强公众信任（图5-8）。

图 5-8　公共部门绩效反馈的重要性

（一）提升透明度

透明度不仅是建立和维护公众信任的基石，还是促进有效监督和问责的关键。公共部门通过实施绩效反馈机制，定期公布评估结果，让公众能够明确了解到公共机构的工作表现、政策执行的成效以及公共资源的分配和使用情况。这种做法提升了政府工作的透明度，使公众能够基于具体的数据和信息评价公共服务的质量和效率，从而促进了公众与政府之间的有效沟通。

透明的绩效反馈体系有助于揭示公共部门的运作流程,为公众理解政府决策提供窗口。公众能够通过这些信息了解政府如何响应社会需求,如何分配资源以应对各种公共挑战。此外,透明度还能够激励政府持续优化和改进服务,因为知道自己的工作会被公开评估和监督,所以政府会更加注重效率和成果。

(二) 促进公职人员发展

绩效反馈为公职人员提供了一个机会,使他们能够在一个支持性的环境中识别自己的强项和需要改进的领域。绩效反馈不仅来源于直接上级的正式评价,还包括同事之间的相互评价和服务对象的反馈,能够为公职人员提供一个全面的视角来审视自己的工作表现。这种多维度的反馈能够帮助公职人员更好地认识到自己的工作影响,从而激励他们提升自我,追求更高的工作标准和效率。

有效的绩效反馈机制不仅关注当前的工作表现,还涉及公职人员的长期发展规划,包括提供培训、指导和职业发展的机会。这种长期的视角鼓励公职人员将个人职业目标与组织的目标相结合,促使他们不断学习和成长。公职人员发展的促进作用不仅提高了公职人员的满意度和留存率,还为公共部门培养了一支更加专业和高效的工作团队,从而直接影响到公共服务的质量和效率。

(三) 提升服务质量和效率

在公共部门中,提升服务的质量和效率是一个持续的挑战。绩效反馈在此过程中发挥着核心作用,它通过系统地收集和分析服务提供过程中的数据,帮助管理者和决策者识别服务提供中的短板和不足。这种基于数据的分析方法为制订改进措施提供了科学依据,使得公共部门能够有针对性地调整和优化其服务流程。通过绩效反馈,公共部门能够了解到哪些服务最受公众欢迎、哪些服务存在问题,从而可以优先分配资源,以改进那些更需要改进的服务领域。此外，绩效反馈还能够揭示服务创新的机会，鼓励公共部门不断寻找新的服务提供方法和技术，以提高服务质量和效率。这种持续的改进和创新过程不仅提升了服务的质量和效率，还提升了公共部门适应社会变化和满足公众需求的能力。

（四）增强公众信任

绩效反馈机制通过透明地展示公共部门的工作成果和改进努力，有助于构建和增强公众信任。当公众看到公共部门不仅在持续评估自己的服务质量，还根据反馈采取具体行动进行改进时，他们对公共服务的满意度和信任感会显著提高。公众通过满意度调查、公众咨询会等方式参与绩效反馈过程，可以进一步增强对政府决策过程的参与感和归属感。这种参与不仅会使公众感到自己的声音被听到和重视，还能够提高政策和服务设计的质量，原因是它们是基于公众的实际需求和反馈来调整的。透明的反馈机制和公众参与还有助于减少误解和冲突，原因是公众可以直接看到公共部门的努力和成就，理解决策背后的逻辑和挑战。

二、持续优化的框架

持续优化的框架在公共部门绩效管理中是至关重要的，它为公共部门提供了一个明确的路线图，指导公共部门系统地提升服务质量、效率及满足公众需求。这个框架通常涉及几个核心组成部分，包括目标设定、绩效测量、分析与评估、改进实施和结果监控。

（一）目标设定

通过明确的目标设定，公共部门能够确定其长期愿景和短期目标，从而指导组织行为和资源分配。在公共部门中，目标不仅需要反映公共部门的使命和愿景，还应当与公众需求和政策优先事项紧密相关。这要求公共部门在目标设定过程中，积极地吸纳和反映利益相关者的意见和需求，包括公众、公职人员和其他政府部门。这种包容性的目标设定过

第五章 公共部门的绩效管理

程有助于公共部门确保所设定的目标不仅具有挑战性，能激励部门和个人追求卓越，还能够获得广泛的支持和认同。

（二）绩效测量

在公共部门中，绩效测量不仅关注服务提供的结果，如服务质量和用户满意度，还包括过程指标，如效率和透明度。选择合适的绩效指标是绩效测量过程中的重要任务，这些指标需要能够全面而准确地反映部门的绩效，包括其强项和需要改进的领域。绩效指标的选择应基于目标设定阶段确定的目标，确保每个指标都与至少一个部门目标直接相关。此外，绩效测量还应该考虑数据的可获得性和测量的成本效益比，确保绩效评价系统既实用又可持续。为了获得全面的绩效视图，公共部门通常需要采用多种数据收集方法，包括定量调查、财务报告、项目审计和用户满意度调查等。

（三）分析与评估

分析与评估的核心在于利用已收集的绩效数据深入理解公共部门在提供服务、执行政策和管理项目方面的表现。通过细致分析，公共部门能够识别出绩效的差距、出现差距的原因及潜在的改进机会，这能够为公共部门制订有效的策略和措施奠定基础。

要进行绩效的分析与评估，公共部门首先需要对收集的数据进行整理和分析，揭示其中的趋势和模式。这个过程不仅能够帮助公共部门识别绩效的优点和不足，还能够使其发现潜在的需要改进的领域。分析过程中公共部门可能会发现，某些服务或政策的执行效果未达到预期目标，或者在特定领域中存在着明显的服务差距。通过系统地评估这些信息，公共部门能够确定在哪些方面需要采取改进措施，以及如何优化现有的工作流程和资源配置。其次，分析与评估不仅是关于数据的处理和解读，它还涉及对结果的深入理解和对策略的适时调整。这要求公共部门具有灵活性和适应性，能够基于评估结果调整其战略方向和工作重点。最后，对绩效的分析与评估还应该鼓励跨部门的沟通和协作，确保公共部门能够全面考虑改进措施并有效实施。

（四）改进实施

改进实施要求公共部门将分析与评估阶段识别出的问题转化为实际行动，通过具体的改进措施来提升服务效率和质量。这一过程中，明确的规划、有效的沟通以及灵活的执行策略是确保成功的关键要素。第一，明确具体的改进措施。这意味着公共部门需要详细描述将要采取的行动，包括改进措施旨在解决的具体问题、预期达到的目标以及实施的具体步骤。每项改进措施都应当有明确的时间表，标明每个阶段的开始和结束时间，以及预期的里程碑。第二，确定负责实施改进计划的人员。这包括指定项目负责人和参与实施的团队成员。每个成员的角色和责任应当定义清晰，从而确保每个人都明白自己的任务和期望的成果。有效的团队协作和沟通机制是成功实施改进计划的关键，它能够确保信息的流通、促进问题的及时解决、维持团队成员的参与度和动力。第三，改进计划的灵活性。在实施过程中，公共部门可能会遇到预期之外的挑战或发现新的信息，这要求公共部门能够灵活调整其改进策略。定期的进度评估和反馈收集机制能够帮助机构及时了解实施情况，评估改进措施的有效性，并根据需要进行调整。这种适应性不仅有助于公共部门应对实施过程中的不确定性，还能够确保改进措施始终保持其相关性和有效性。

（五）结果监控

结果监控是公共部门绩效持续优化框架的终结阶段，它确保了改进措施不但被实施，而且其效果被有效跟踪和评估。这个过程的主要目的是通过对关键绩效指标的持续测量，来评估改进活动是否达到了既定的目标，从而为未来的决策提供数据支持。

在结果监控阶段，重新测量关键绩效指标是核心活动。通过将改进措施实施后的绩效数据与改进前的数据进行比较，公共部门能够直观地看到其服务或政策改进的具体成效。这种对比分析不仅可以揭示改进措施的有效性,还能够帮助公共部门识别绩效提升的具体领域,以及仍需进一步努力的方面。结果监控过程中公共部门还需警觉于新出现的问题或挑战。在实施改进措施的过程中,可能会出现一些预期之外的效果或新问题,这些都需要公共部门及时识别和解决。持续的监控和反馈机制能够确保这些问题不会被忽视,而是被纳入未来的优化计划中。结果监控不仅是对已实施改进措施成效的回顾,还是一个前瞻性的过程。通过定期评估绩效数据,公共部门可以持续地识别改进的机会,从而形成一个闭环的优化循环。这种基于数据和反馈的循环确保了公共服务能够不断适应变化的环境和公众需求,持续提升其效率和质量。

三、促进持续优化的具体策略

促进公共部门绩效的持续优化要求采取一系列具体策略,这些策略旨在通过有效的绩效管理和反馈机制,不断提升公共部门的服务质量和效率并满足公众需求。以下是几个关键策略,它们可以帮助公共部门实现绩效持续优化的目标。

(一)建立跨部门的协作机制

在面对复杂的社会问题和日益增长的公共服务需求时,单一部门往往难以独立应对。跨部门协作通过整合不同领域的专业知识、资源和能力,为解决这些复杂问题提供了更为全面和高效的途径。这种协作机制的实施首先需要公共部门管理者的积极推动和支持。管理者需要明确协作的价值和目标,并通过制订相应的政策和程序来促进部门间的沟通与合作。例如,管理者可以通过建立跨部门协作平台或工作小组,定期组织跨部门会议,以及共享数据和信息系统,来促进不同部门之间的交流和协作。为了实现有效的跨部门协作,各公共部门还应克服部门间的界限和障碍。这可能涉及调整组织结构、改进流程、优化部门文化,以打造鼓励开放和共享的工作环境。其次,明确每个部门在协作项目中的角色和责任，以及确保透明的沟通和公平的资源分配，也是成功实施跨部门协作的关键因素。最后，通过共同的目标和共享的成果来激励跨部门协作也十分重要。这可以通过设立共同的绩效目标、共享成果和认可贡献来实现。例如，管理者可以为成功的跨部门项目和团队设立奖励机制，以表彰那些在推动跨部门合作中做出显著贡献的个人和团队。这不仅有助于提升公职人员的积极性和参与度，还能够促进一种以协作和共享为核心价值观的组织文化的形式。

（二）提升公职人员能力和参与度

公共部门可以通过多种方式提升公职人员的能力和参与度。一方面，公职人员的能力对于促进公共部门绩效的持续优化至关重要。为公职人员提供培训和职业发展机会可以有效提升他们的技能水平和知识水平，从而提高整个公共部门的服务效率和质量，如公共部门可以定期举办专业培训课程和工作坊，使公职人员能够学习新的技能和知识，以适应不断变化的工作需求和提高工作效率；让公职人员参与改进过程可以增强他们的参与感和责任感，进而激发他们的积极性和创造力；营造一个支持性的学习环境，鼓励公职人员探索新的解决方案和创新方法对于促进公共服务的改进和创新同样至关重要。

提升公职人员参与度是提升公共部门服务质量的另一个关键方面。公共部门可以通过设立反馈机制，鼓励公职人员提出改进建议、参与决策过程，让公职人员在改进公共服务的过程中发挥更大的作用。这不仅能够提升公职人员的满意度和工作投入感，还能够促进更有效和更创新的服务方案的产生。认识和奖励公职人员的贡献对于维持高水平的公职人员参与有着重要作用。公共部门可以通过设立奖励制度、提供晋升机会等方式，来激励公职人员积极参与，从而进一步提升服务的效率和质量。

（三）采用技术创新

随着技术的快速发展，新的工具和方法为提升公共服务的效率和质量提供了强大支持。大数据分析、人工智能以及数字化服务平台等技术的应用使得公共部门能够更有效地处理和分析大量数据，从而获得更好的服务效果。

利用大数据分析，公共部门可以识别服务使用模式和趋势，预测公共需求的变化，从而做出更加有根据的政策决策。例如，通过分析社会服务使用的数据，公共部门可以优化资源分配，确保资源被有效用于需求更迫切的领域。人工智能技术，如自然语言处理和机器学习的应用可以提高公共部门响应公众咨询的速度和质量。人工智能技术还可以用于自动化处理大量的日常任务，从而释放人力资源，让公职人员能够专注于更需要创造性思维的工作。数字化服务平台使得公共服务更加便捷、高效。公共部门可以通过建立在线服务平台，使民众能够随时随地访问服务和信息，提升服务的可及性和便利性。

（四）培养持续改进的文化

培养持续改进的文化鼓励所有成员不断寻求提升服务质量和工作效率的新方法，让创新思维和持续学习成为日常工作的一部分。在这样的环境下，每个人都被看作改进过程中的关键参与者，他们的贡献和创新不仅被认可，还被鼓励。要实现这一目标，公共部门就需要确保创新和改进被整合到组织的核心价值观念中，并通过各种机制来支持这一文化的发展。这包括为公职人员提供必要的资源和培训，以帮助他们掌握在改进工作中可能需要的新技能和知识；通过打造一个正面反馈的环境，鼓励公职人员分享自己的见解和创意，无论这些想法最终是否被采纳，公共部门都应给予肯定和鼓励。公共部门还应通过设置明确的改进目标，跟踪进展并为公职人员庆祝所达成的成就，从而激发公职人员持续改进的动力。这样做不仅能够提升公职人员的参与感和责任感，还能构建一个积极主动、不断追求卓越的工作氛围。

第六章 公共部门的人力资源管理

第一节 公共部门人力资源管理的内涵、特点及重要性

公共部门的高效运营对于满足公众需求、提供优质服务以及推动社会进步具有至关重要的作用。在这一大背景下，人力资源管理作为优化组织结构、提升服务效率和质量的关键环节，显得尤为重要。

一、公共部门人力资源管理的内涵

公共部门人力资源管理是指公共部门中的各类组织依据相应目标，对所属人力资源展开的战略规划、招聘录用、任用调配、职业发展，开发培训、绩效评估薪酬管理及权利保障等一系列事务的管理活动和过程。[1] 公共部门人力资源管理包括一系列战略和实践，旨在有效地管理和发展各公共部门的公职人员。这种管理不仅关注招聘、培训、评价和激励公职人员，还涵盖维持和提升组织性能的策略，以确保公职人员能够满足公共服务的要求和期望。

在公共部门中，人力资源管理的核心在于理解和应对与公共服务特性相关的独特挑战。这些挑战包括但不限于政策和法规的变化、公共预算的限制、公众对于服务质量的高标准期待。对于管理者而言，有效应

---

[1] 谭融. 公共部门人力资源管理[M]. 3版. 天津：天津大学出版社，2017：10.

对这些挑战意味着应采用创新的人力资源管理策略，以提升机构的服务效率和质量。第一，公共部门人力资源管理的一个重要部分是对公职人员进行适当的选拔和培训，确保他们具备提供高质量公共服务所需的技能和知识。这不仅包括基本的职业技能培训，还包括对政策、法律和伦理标准的深入理解。通过这种方式，公共部门能够培养出既有技术能力又有道德责任感的公职人员队伍。第二，除了公职人员的个人发展，公共部门人力资源管理还涉及构建一个具有支持性和包容性的工作环境。这意味着创造一种既促进个人成长又支持团队合作的文化。在这样的环境中，公职人员能够分享知识、技能和最佳实践，从而优化整个组织的效率和效果。第三，公共部门人力资源管理还关注绩效管理。这不仅涉及评估公职人员的工作表现，还包括向公职人员提供定期反馈和认可其优秀表现。这种方式可以激励公职人员不断改进和提高，同时确保机构能够实现其目标和使命。第四，公共部门人力资源管理的成功还依赖于透明和公正的公职人员关系管理。这包括确保所有的人力资源政策和程序都公开透明，以及公平对待所有公职人员。通过这种方式，公共部门可以建立和维护公职人员对公共部门的信任，同时提高公职人员的工作满意度和对公共部门的忠诚度。第五，公共部门人力资源管理也需要适应不断变化的外部环境。这意味着公共部门应持续评估和更新人力资源管理策略，以应对新的挑战和机会。这可能包括适应技术进步、政策变化、公众所期望的变化。

二、公共部门人力资源管理的特点

公共部门人力资源管理作为整个社会人力资源管理体系的一个组成部分，既有与其他子系统共通的特征，又具备其独有的属性。这些特点不但标志着公共部门人力资源管理的个性化，而且对于深入研究和探索公共部门人力资源管理的相关议题具有重要的理论和实践意义（图6-1）。

第六章 公共部门的人力资源管理

图 6-1 公共部门人力资源管理的特点

（一）主体的权威性

公共部门人力资源管理的主体是政府，这一点区别于企业或第三部门的人力资源管理。政府机构是国家权力机关的执行机关，这赋予了公共部门人力资源管理显著的权威性。这种权威性体现在多个方面：首先，政府人力资源管理的决策和行为具有法律效力，能够直接影响到公职人员的职业生涯和福利待遇；其次，政府在招聘、选拔、培训、评价和晋升等人力资源管理活动中，都应严格遵守国家法律法规，确保公正性和透明性；最后，政府人力资源管理的决策和行为对公共服务质量和效率有着直接影响，政府部门的人力资源管理策略和效果与公共服务的质量和公民的满意度息息相关。

（二）目的的公益性

不同于企业追求利润最大化的目标，公共部门人力资源管理的根本目的在于通过提升人力资源管理的质量，实现公共利益或社会福利的最大化。公共部门人力资源是一种公共资源，其管理和运用应遵循公共利益至上的原则。这一目的的公益性体现在多个方面：首先，公共部门人力资源管理旨在优化公共服务的提供，确保所有公民都能公平、高效地享受到公共服务；其次，公共部门通过合理规划和管理人力资源，促进社会就业和稳定，提高公民的生活质量；最后，公共部门人力资源管理还致力建设高效、透明和责任明确的政府，提升公民对政府的信任和满意度。通过这些方式，公共部门人力资源管理不仅促进了公共服务的改进和社会福利的提升，还体现了对公民利益的高度负责和尊重。

（三）体系的复杂性

公共部门尤其是政府部门具有纵横交错、层级相互制约的组织结构体系。这一体系的建立基于完整统一的原则，要求在目标、事权和功能配置上具有一致性。这种组织结构的特殊性赋予了公共部门人力资源管理复杂性。公共部门人力资源管理需要在确保组织结构合理性和功能有效性的同时，处理好不同层级、不同部门间的协调和合作问题。公共部门人力资源管理还面临着如何在有限的资源条件下，满足广泛和多样化的公共服务需求，以及如何适应政策变动和社会需求变化的挑战。这要求公共部门人力资源管理不仅具备高度的灵活性和适应性，还在策略制订和执行过程中展现出创新性和前瞻性。同时，公共部门人力资源管理还需要在促进公职人员个人职业发展与满足公共部门整体目标之间找到平衡点，构建一个既高效又具有人文关怀的工作环境。

三、公共部门人力资源管理的重要性

公共部门人力资源管理不仅是实现公共政策和服务目标的关键机制，还在政治、社会及经济层面上发挥着至关重要的作用。其重要性主要体现在以下几个方面（图6-2）。

图6-2 公共部门人力资源管理的重要性

（一）政治管理的基础要素

公共部门人力资源管理是国家政治管理体系的基础部分，关乎国家治理的有效性与效率，具有重要意义。公职人员，特别是那些行使公共权力和负责社会管理职能的公职人员构成了国家政治机构的骨架。对这些公职人员的选拔、培养、管理和监督直接影响到国家权力机构的运作和公共政策的实施。因此，通过完善公务员制度，确保公职人员依法行政、廉洁从政，已成为各国政府提升政治管理水平、维护社会稳定的关键路径。

（二）提升公共服务质量的关键

公共部门人力资源的素质和积极性直接决定了公共服务的质量和效率。作为提供公共物品和服务的主体，公职人员的专业能力和服务态度影响着公共资源的分配效率和公共服务的满意度。现代人力资源管理理论强调，组织的成功依赖于对员工内在需求的满足和个人利益与组织目标的有效整合。这一理念同样适用于公共部门，要求公共部门管理者突破传统的行政命令式管理，采用现代人力资源管理的策略，如员工培训、职业发展规划等，以提高公职人员的工作积极性和服务质量。公职人员只有感到被重视和得到满足时，才能全身心地投入公共服务中，从而为社会提供更优质的公共物品和服务。

（三）经济发展的决定性因素

公共部门的人力资源管理是决定公共部门生产力的关键性因素。[1]与物质资源相比，人力资源拥有独特的主观能动性，是社会经济活动的中心。特别是在信息技术日益发达的今天，人力资源的知识、技能和创新能力已成为推动经济发展和社会进步的关键力量。在公共部门，人力

---

[1] 陈天祥. 公共部门人力资源管理及案例教程：修订版[M]. 2版. 北京：中国人民大学出版社，2011：11.

资源管理的质量直接关系到公共部门的生产力水平和公共服务的效率。公共部门拥有比私营部门更为优越的物质条件，但如果不能有效激发公职人员的主观能动性，提升其职业技能和工作热情，再优越的物质条件也难以发挥应有的作用。因此，公共部门人力资源管理的核心在于充分调动公职人员的积极性、创造性和主动性，通过持续的职业培训、激励机制和职业发展规划，提升公职人员的专业能力和服务水平。

在信息时代背景下，知识和技术的重要性日益凸显，公共部门亟须通过有效的人力资源管理，培养和吸引具有较高知识水平和技术水平的人才，以适应快速变化的社会需求和技术进步。构建学习型组织，促进知识共享和创新已成为提高公共部门生产力的重要途径。公共部门人力资源管理还需解决官僚主义和低效率问题，公共部门应通过改革和创新管理模式，打破固有的行政等级制度和僵化的管理流程，推行更加灵活、开放的管理方式。这不仅有利于提升公共部门的工作效率和服务质量，还有助于提高公职人员的满意度和忠诚度，从而营造一个积极向上、充满活力的工作环境。

（四）社会稳定与和谐的保障

公共部门人力资源管理在维护社会稳定和促进社会和谐方面发挥着不可替代的作用。通过公正、透明和专业的人力资源管理，公共部门不仅能够提供高效优质的公共服务，满足公众的基本需求和期待，还能够作为政府和公众之间沟通的桥梁，增进公众对政府工作的理解和支持。公共部门人力资源管理的公平性和正义性直接影响到公众对政府的信任度和满意度。通过确保公职人员的选拔、晋升和奖惩等关键环节的公正性，公共部门可以有效避免权力滥用和腐败现象，增强政府的责任感，从而赢得民众的信任和支持。此外，公共部门能够通过提供包容性强、面向全体公民的服务，缩小社会差距，促进社会公平和正义，为社会稳定和和谐发展提供坚实的基础。

第二节 公共部门人力资源管理的目标

公共部门人力资源管理的目标不仅在于为组织发展提供合适的人才，还在于留住优秀公职人员，为公职人员的全面发展创造一个良好的工作、生活环境，激发公职人员的工作热情，从而提升公共部门的绩效水平。[①] 公共部门人力资源管理的目标主要包括以下几个方面（图 6-3）。

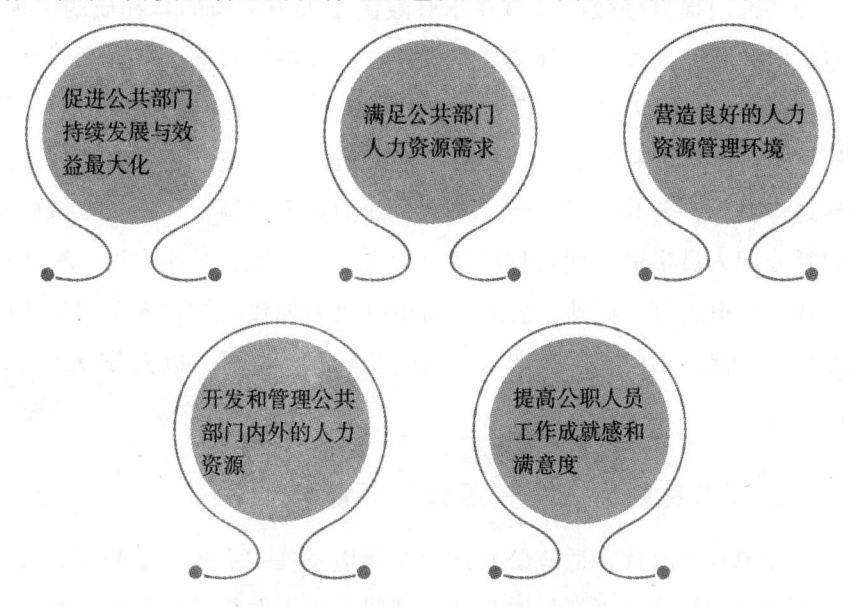

- 促进公共部门持续发展与效益最大化
- 满足公共部门人力资源需求
- 营造良好的人力资源管理环境
- 开发和管理公共部门内外的人力资源
- 提高公职人员工作成就感和满意度

图 6-3 公共部门人力资源管理的目标

一、促进公共部门持续发展与效益最大化

促进公共部门的持续发展与效益最大化是人力资源管理的重要目标。这意味着公共部门通过有效的人力资源管理策略，如精确的人力资源规划、目标导向的培训与发展、绩效管理体系的建立和完善，提高公共部

---

① 蔡文著. 公共部门人力资源管理 [M]. 上海：复旦大学出版社，2017: 7.

门的工作能力和行政效率。这些措施旨在通过提升公职人员的个人绩效，推动公共部门整体绩效的提升，最终达成公共部门的战略目标。公共部门应当通过实施创新的人力资源管理实践，如发展领导力、建立有效的沟通机制、采用先进的信息技术，改进工作流程和提升服务质量。此外，公共部门还需确保其人力资源管理实践能够适应不断变化的外部环境，包括政策、法律和技术的变革，以保持公共部门的竞争力和适应力。

二、满足公共部门人力资源需求

公共部门提升绩效的关键在于有效满足人力资源的量和质的需求。这包括对公共部门人力资源的合理规划，通过招聘和选拔流程吸引合适的人才，实施公职人员保留策略以防止人才流失，提高公职人员的工作积极性，通过培训和发展计划提升公职人员的专业技能和综合素质。为实现这一目标，公共部门需建立一个全面的人力资源管理框架，该框架应包括公职人员生命周期管理的各个阶段，如入职、职业发展、绩效评估、晋升和退出等。此外，公共部门还应致力创建一个包容和多元化的工作环境，促进不同背景公职人员的融合和相互尊重，以充分发挥人力资源的潜能。

三、营造良好的人力资源管理环境

在知识经济时代，适应公共部门及环境发展的需求，不断提高公职人员的知识、技能和创新能力是公共部门人力资源管理的重要任务。公共部门应通过教育和培训提升公职人员的职业技能，同时营造一个积极的、支持性的工作环境，以促进公职人员的全面发展和自我价值的实现。公共部门还需通过实施有效的健康与安全政策、建立公平的工作评价体系、提供适当的职业健康支持服务，保障公职人员的身心健康和职业福祉。通过这些措施，公共部门不仅能够保障公职人员的基本权益，还能够激发公职人员的创造潜力和提高其对工作的满意度，从而他们能够为公共部门带来更高的效率和更好的服务成果。

四、开发和管理公共部门内外的人力资源

在全球化和技术革新的背景下,公共部门的人力资源管理不仅限于内部公职人员的管理,也扩展到了对外部人才资源的吸引和利用。这意味着公共部门需要通过建立开放、包容的招聘策略和提供具有吸引力的职业发展机会,吸引外部人才加入。同时,公共部门应致力建立与其他部门的合作关系,通过人才共享、知识交流等方式,充分利用外部人力资源,提升自身的创新能力和服务水平。为了最大限度地开发和管理人力资源,公共部门需要不断地评估和更新其人力资源管理策略和程序,确保这些策略和程序能够反映最新的人力资源管理最佳实践,并适应不断变化的环境和需求。此外,公共部门还需采用先进的人力资源信息系统,以提高人力资源管理的效率和效果。

五、提高公职人员工作成就感和满意度

随着"以人为本"理念的普及和公职人员期望的提高,公共部门的人力资源管理越来越注重满足公职人员的利益需求和提升公职人员的工作成就感与满意度。这包括提供有竞争力的薪酬福利、灵活的工作安排、充足的职业发展机会、积极向上的工作文化。通过这些措施,公共部门不仅能够吸引和保留人才,还能够提高公职人员的工作积极性和忠诚度,从而提升整体绩效和服务质量。公共部门还应通过建立有效的沟通渠道和反馈机制,确保公职人员的声音被听到并得到响应。这不仅有助于公共部门及时发现和解决问题,还能够增强公职人员的归属感和参与感,促进公职人员和公共部门之间的信任和合作。

第三节 公共部门人力资源管理的内容

公共部门人力资源管理的核心工作是围绕提升公共部门人力资源综

合素质、实现公共部门发展目标开展的一系列管理过程和环节。[①] 公共部门人力资源管理的内容覆盖了公共部门的人力资源规划、招聘与选拔、培训与发展、绩效评估、公职人员关系管理、离职管理等多个方面。这些内容构成了公共部门人力资源管理的核心，旨在通过有效管理和优化公共部门人员的配置，提升公共服务的质量和效率。

一、人力资源规划

公共部门的人力资源规划是指根据公共部门的发展战略规划，评估公共部门的人力资源现状及发展趋势，收集和分析人力资源供给和需求方面的信息和资料，利用科学的方法预测人力资源供给和需求的发展趋势，制订与人力资源招聘、调配、培训及发展计划等相关的必要的政策和措施，以使人力资源的供求得到平衡，保证公共部门目标的顺利实现。[②] 人力资源规划在公共部门中扮演着至关重要的角色，其重要性源自公共部门特有的服务导向、责任感以及对社会福祉的直接影响。公共部门的人力资源规划涵盖了对未来人力需求的预测、分析及策略制订，以确保机构在面对政府政策变化、社会需求波动、技术进步以及预算限制时，仍能保持较高的服务水平。

公共部门人力资源规划的核心在于预测和满足未来的人力需求，这不仅包括人员的数量，还涉及人员的质量和结构。这一过程要求公共部门管理者对社会经济发展趋势、人口结构变化、科技创新以及政策导向有深刻的理解和敏锐的洞察力。例如，随着社会老龄化趋势的加剧，公共卫生和社会保障部门可能需要更多的专业人才来应对增加的服务需求；而科技的快速发展要求公共部门不断更新其公职人员的技能，以适应新的工作模式和服务方式。在实施人力资源规划时，公共部门需要通过精确的数据分析和科学的方法来预测未来的人力资源需求。这包括对现有公职人员的技能、年龄结构、退休趋势进行分析，以及对外部劳动市场

---

① 杨艳东. 公共部门人力资源管理 [M]. 开封：河南大学出版社，2013：20.
② 杨艳东. 公共部门人力资源管理 [M]. 开封：河南大学出版社，2013：20.

的供需状况进行评估。此外,公共部门还需要考虑到政府预算对人力资源配置的影响,以及如何在预算约束下最大化人力资源的效用。

二、招聘与选拔

公共部门的招聘和选拔过程是一项复杂且具有挑战性的任务,它要求公共部门不仅遵循法律法规和公正原则,还致力实现多样性和包容性目标。通过优化招聘和选拔流程,公共部门能够吸引并保留具有高度专业能力的人才,从而提升公共服务的质量和效率,更好地满足社会的需求和期待。

公共部门的招聘和选拔过程通常涉及广泛而深入的活动,包括职位分析与发布、申请收集与筛选、面试与评估、背景调查与最终录用等步骤。

(一)职位分析与发布

招聘过程的第一步是进行职位分析,明确职位的职责、要求、技能和资格。这一步是整个招聘过程的基础,能够确保招聘信息准确反映职位实际需求。随后,公共部门需要制订招聘计划,包括确定招聘渠道、发布职位广告等。职位发布需要公开透明,通过多种渠道进行,以吸引来自不同背景的申请人,提高招聘的多样性和包容性。

(二)申请收集与筛选

收到申请后,公共部门需要对申请材料进行初步筛选,以确定哪些申请人符合职位要求。这一过程需要客观公正、基于职位分析确定的资格标准进行。申请人的教育背景、工作经验、专业技能等都是筛选的重要依据。为确保过程的公平性,一些公共部门会采用匿名申请或去标识化的申请材料进行评审。

（三）面试与评估

符合条件的申请人将被邀请参加面试，面试是评估申请人是否适合职位的重要环节。公共部门的面试通常包括结构化面试、行为面试和情景面试等多种形式。面试过程中，评委会基于事先设定的评分标准对申请人进行评分，以确保评估的一致性和客观性。此外，某些职位可能还需要申请人完成相关的技能测试或工作样本评估。

（四）背景调查与最终录用

面试后，公共部门会对候选人进行背景调查，包括工作经历、教育背景、犯罪记录等。背景调查是确保候选人符合公共部门职业道德和安全要求的重要步骤。在背景调查无异议的情况下，最优秀的候选人将得到职位。

公共部门需要确保整个招聘和选拔过程所有步骤和决策的透明性，让所有参与者，包括申请人、面试官和管理层都清楚招聘标准、过程和结果。此外，公共部门还应建立反馈机制，向未被录用的申请人提供反馈，帮助他们理解决策背后的原因，从而提升整个招聘过程的公平性和透明度。公共部门的招聘和选拔不仅仅是填补职位空缺的过程，更是构建一个高效、专业和多元化工作团队的机会。为了实现这一目标，公共部门在招聘和选拔过程中采取多元化策略尤为重要。这意味着在招聘时公共部门需要探索新的招聘平台和社交媒体，以触及更广泛的潜在申请人群体。同时，公共部门需要在招聘信息和材料中明确表示对多样性的重视和承诺，从而吸引来自不同背景、具有多元视角的人才。

三、培训与发展

公共部门的培训与发展构成了其人力资源管理战略的核心，关乎公共部门能否适应不断变化的政策环境、技术革新以及公众需求的增长。在这一背景下，公共部门培训与发展的实施不仅仅是提升公职人员技能

第六章 公共部门的人力资源管理

和知识的手段，更是推进公共服务创新、提高政府效能和响应社会变化的能力的重要途径。公职人员的培训与发展涉及从基础职能培训到高级领导力提升等多个层面。这一过程中，公共部门应确保其培训项目覆盖所有公职人员，从前线服务人员到中高层管理者，无一例外。通过这些系统的培训和发展计划，公共部门能够确保公职人员在职业生涯的各个阶段都能获得所需的支持和资源，以发挥其最大潜能。

首先，培训与发展的目标是提升公职人员对公共服务核心价值和使命的认同感，确保每位公职人员都能理解自己的工作如何与公共利益相联系。这种认识是激发公职人员工作热情的基础，也是构建积极工作文化的关键。其次，在技能和知识的提升方面，公共部门的培训内容需要紧跟时代发展的步伐。随着数字化转型的加速，数据分析、网络安全、电子政务等成为公共服务领域的重要技能。公共部门需要通过组织定期的培训和学习，帮助公职人员掌握这些新兴技能，以应对日益复杂的工作要求。最后，公共部门的培训与发展还需要关注公职人员软技能的提升，包括沟通能力、团队协作、解决问题的能力等。这些技能对于提高公共服务的质量、加强部门内部的合作以及部门与公众的有效互动至关重要。

实施培训与发展计划时，公共部门面临的一个挑战是如何在有限的预算下最大化培训的效果。这要求公共部门采用更加高效和创新的培训方法，如利用在线学习平台、虚拟现实技术和模拟情景等，以提高培训的可及性和互动性。同时，通过与学术机构和私营部门的合作，公共部门可以获取更多资源和专业知识，丰富其培训内容。评估培训与发展计划的效果也是确保其成功的关键。公共部门需要建立一套全面的评估体系，通过定期的反馈和绩效评估来监测培训项目的成效，识别改进的空间。这不仅有助于公共部门调整和优化培训计划，还能加深公职人员对培训价值的认识，提高他们参与培训的积极性。

四、绩效评估

绩效评估是一个系统性的过程，旨在评价公职人员的工作表现、识别其工作成就和不足、提供改进的反馈，公共部门据此做出人力资源决策，如晋升、奖励或者培训需求。这个过程对于提升公共服务的质量和效率、确保公共资源的有效利用以及促进公职人员个人职业发展具有重大意义。与私营部门相比，公共部门的目标更加多元和复杂，既包括提供高质量的服务，又包括实现公平、透明和责任。公共部门的工作往往涉及广泛的社会利益和价值判断，这使得绩效的衡量变得更为复杂。因此，公共部门进行绩效评估需要综合考虑各种因素，采用多种方法和工具，以确保评估的全面性和准确性。

绩效评估过程通常包括设定明确和可衡量的绩效目标、进行定期的绩效评价、提供及时和具体的反馈以及根据绩效结果做出人力资源决策。公共部门在设定绩效目标时，需要与公职人员充分沟通，确保目标的可达性和相关性；绩效评价可以采用自评、同事评价、上级评价等多种方式，以获取多角度的反馈；公共部门应当及时提供绩效反馈，绩效反馈应具体而有建设性，能帮助公职人员了解自己的表现并制订改进计划；待绩效结果出来后，公共部门需要根据绩效结果做出人力资源决策，发挥绩效评估的作用。

公共部门绩效评估的一个关键特点是其公共性和透明性。绩效评估的标准、过程和结果需要公开透明，以确保公平性和公正性，增强公众对公共部门的信任。同时，绩效评估需要反映公共部门特有的价值观念和服务宗旨，如服务导向、公平性和社会责任感。为了提高绩效评估的有效性，公共部门还需要不断地审视和优化评估体系。这包括定期检视和更新绩效评价的标准和工具，确保它们能够准确反映工作实际和组织目标的变化。

绩效评估不仅是一个评价和反馈的过程，还是一个激励和发展的过程。通过有效的绩效评估，公共部门不仅能够提升公职人员的工作表现和组织的服务质量,还能够识别公职人员的培训需求和职业发展机会,促进公职人员的个人成长。因此,公共部门需要将绩效评估视为人力资源管理的核心组成部分,不断探索和创新,以应对不断变化的公共服务需求和社会挑战。

五、公职人员关系管理

在公共部门,公职人员关系管理是一个复杂的过程,它要求公共部门不仅在处理日常的人际交往和冲突时展现出高度的敏感性和专业性,还在制度和文化层面构建一个支持性的环境。公共部门的特性使得其公职人员关系管理不仅要注重内部的和谐与协作,还需面对外部公众的期待和监督,这增加了管理的复杂度。公共部门的公职人员关系管理涵盖了广泛的活动,如处理劳动争议和公职人员投诉、创建积极的工作环境等。

(一)如何处理劳动争议和公职人员投诉

公共部门作为政府机构,其决策和行为受到广泛的社会关注。因此,公共部门需要建立公正、透明的机制来处理公职人员的投诉和争议,确保公职人员的合法权益得到保护。这不仅有助于减少劳动争议的发生,还能够提升公职人员的信任感和归属感。提升公职人员工作满意度是公职人员关系管理的另一个关键点。公共部门工作的特殊性往往要求公职人员具备高度的职业道德和责任感。因此,公共部门需要通过各种方式,如提供职业发展机会、建立公平的评价体系、提供竞争力的薪酬福利等,来激励公职人员,提高他们的工作满意度和忠诚度。

(二)创建积极的工作环境

创建积极的工作环境包括构建开放的沟通氛围、鼓励团队合作、培养包容多元的文化等。在积极的工作环境中,公职人员能够感受到自己是被尊重的和有价值的,这将直接影响到他们对工作的热情和投入程度,进而影响公共服务的质量和效率。公职人员关系管理能否成功在很大程度上取决于高层领导的态度和行为。领导层需要通过身体力行来树立正面的榜样,展现开放、诚信和公正的领导风格,为整个部门营造一种正面、健康的工作文化。同时,领导层需要致力建立和完善公职人员关系管理的制度和流程,确保公共部门在处理公职人员关系时能够做到既符合法律法规,又能体现公共部门的价值观和责任。

六、离职管理

离职管理涉及公职人员职业生涯的最后阶段。有效的离职管理不仅能够帮助公共部门保持正面的形象,还能帮助公共部门从离职公职人员身上学到东西,以改善人力资源管理实践和提高组织效率。在公共部门,离职管理的重要性尤为突出,原因是这些部门往往承担着为公众提供关键服务的责任,公职人员的流动可能会直接影响服务的连续性和质量。离职管理过程通常包括离职面谈、离职手续处理以及知识和信息的传递等关键步骤。每一步都需要以高度的专业性和敏感性来执行,以确保离职过程既顺利又尊重每一位公职人员。

(一)离职面谈

离职面谈是离职管理过程中的一个重要环节,它为离职公职人员和管理者提供了一个沟通的机会。在这一过程中,管理者可以了解公职人员离职的原因,包括工作满意度、职业发展机会、工作环境或其他个人原因。这些信息对于公共部门理解公职人员离职的动因至关重要,有助于公共部门发现潜在的问题,制订相应的改进措施。

(二)离职手续处理

离职手续的处理涉及一系列行政程序,包括但不限于清算离职公职人员的薪资福利、回收工作相关的物资和设备、处理保密协议等。公共部门在处理这些手续时,需要确保所有程序都符合法律法规和内部政策,同时以尊重和效率为原则,避免给离职公职人员带来不必要的困扰。

(三）知识和信息的传递

为了确保组织的连续性和服务的稳定性，公共部门需要对离职公职人员的知识和信息进行有效传递。这可能包括工作手册的更新、项目文件的交接、客户或利益相关者信息的更新等。此外，对于拥有关键知识或技能的离职公职人员，公共部门可能需要安排专门的交接过程，包括工作培训和指导，以确保这些知识和技能能够有效地传承给接任者。

公共部门的离职管理还需要关注于离职后的关系维护。尊重和积极的离职体验不仅能够帮助维护公共部门的良好声誉，还能促进公共部门与前公职人员之间的长期合作和交流。

第四节 公共部门人力资源管理的改革

公共部门人力资源管理的改革是响应社会变革、技术进步和公众期望日益增长的必然结果。这些改革旨在提高公共部门的效率、透明度和责任感，同时吸引和保留有才能的人员，建立更为灵活和响应及时的人力资源管理系统。公共部门人力资源管理的改革是一个持续的过程，需要公共部门根据社会变化、技术进步和公众需求的发展不断进行调整和优化。通过这些改革，公共部门能够更好地应对未来的挑战，为公众提供更高质量的服务，同时为公职人员提供更有吸引力和支持性的工作环境。

一、现代化的招聘和选拔方法

随着社会的发展和技术的进步，公共部门面临的压力日益增长，需要吸引和保留具有高技能和创新能力的人才，以提高服务效率和质量。传统的招聘和选拔方法正逐步被更为现代化、科学化和多元化的方法所取代。现代化的招聘和选拔方法有助于确保公共部门从广泛的人才池中识别出最合适的候选人。这些方法不仅能提高招聘过程的效率和有效性，还能确保选拔过程的公平性和透明性，从而增强公众对公共部门的信任和满意度。主要的现代化招聘和选拔方法包括以下方面（图6-4）。

```
社交媒体和在线平台的利用

科学评估工具的采用

结构化面试的实施

强化多样性和包容性

建立人才储备
```

图6-4　现代化的招聘和选拔方法

（一）社交媒体和在线招聘平台的利用

在数字时代，社交媒体和在线招聘平台已成为公共部门招聘工作中不可或缺的一部分。这些工具不仅扩大了招聘广告的覆盖范围，还提高了招聘过程的效率和效果。公共部门通过在社交媒体和在线招聘平台上发布职位信息，能够迅速接触到大量的潜在候选人，包括那些可能并未主动寻求工作机会但对于特定职位感兴趣的被动候选人。利用这些平台，公共部门不仅可以发布职位空缺信息，还可以通过分享机构的新闻、成就和文化活动等内容，塑造机构形象。这种方式不仅有助于吸引那些与机构价值观相契合的人才，还能增强公众对公共部门工作的理解和认同。借助大数据和分析工具，公共部门还可以更精准地定位目标候选人群，分析求职者的行为和偏好，从而优化招聘策略，提高招聘的针对性和成功率。例如，通过分析求职者在社交平台上的互动和反应，公共部门可以调整招聘信息的表达方式和传播渠道，以更好地吸引目标人才。

（二）科学评估工具的采用

为了确保选拔过程的客观性和准确性，公共部门采用了一系列科学的评估工具。能力测试、心理测试和情景模拟等方法能够全面评价候选人的专业知识、技能和适应性，帮助公共部门从众多应聘者中精准地识别出最合适的人选。这些科学的评估工具能够提供标准化和量化的评估结果，减少人为主观判断的干扰，提高选拔过程的公正性和透明性。例如，能力测试可以评估候选人的逻辑思维、分析能力和问题解决能力；心理测试则可以帮助公共部门了解候选人的性格特质、团队合作倾向和领导潜力；情景模拟则通过模拟真实工作场景，评估候选人在特定情景下的反应和处理问题的能力。

通过综合运用这些科学的评估工具，公共部门能够更准确地预测候选人的工作表现，确保选拔出的人才能够满足职位需求，符合公共服务的目标和价值观念。这不仅有助于提升公共部门的工作效率和服务质量，还能提高公职人员的工作满意度和留存率，为公共部门的长期发展打下坚实的人才基础。

（三）结构化面试的实施

结构化面试是现代招聘过程中的一个重要创新，它通过使用预设的问题和统一的评分标准来评估所有候选人。这种方法最大的优势在于它能够大幅度减少面试者的主观判断的干扰，确保每位候选人都能在公平和一致的条件下接受评价。在公共部门的应用中，结构化面试不仅提升了选拔过程的公正性和透明度，还增强了招聘结果的可预测性和有效性。要实施结构化面试，公共部门首先需要对职位进行详细分析，明确职位所需的技能、知识和能力等标准。其次，基于这些标准，公共部门中的招聘团队制订一系列相关的面试问题和评分指标，确保这些问题能够全面覆盖职位要求的各个方面。最后，为了确保评分的一致性，招聘团队还需要接受专门的培训，学习如何客观地评价候选人的回答。

（四）强化多样性和包容性

随着社会的发展趋向多元化，公共部门越来越认识到招聘和选拔过程中多样性和包容性的重要性。一个具有多元背景的公职人员队伍不仅能够促进创新和创造性解决问题，还能更好地服务社会的各个群体。因此，公共部门在招聘过程中采取了一系列措施，以确保所有群体的候选人都能获得平等的机会。这些措施包括在职位广告中明确表示鼓励多元背景候选人申请、使用无偏见的语言和图片等。此外，公共部门还通过建立多样性和包容性的培训项目，提高招聘团队对于无意识偏见的认识和处理能力，确保招聘过程的公平性。

（五）建立人才储备

面对不断变化的人力资源需求，公共部门通过建立人才储备的策略，为未来的职位空缺做好准备。这一策略不仅包括外部招聘，还涵盖了对内部公职人员的培养和晋升计划。通过对潜在人才的持续发展和维护，公共部门能够确保在需要时有合适的人选来填补关键职位。要建立人才储备，公共部门首先需要对未来的人力资源需求进行准确预测和规划，确定关键职位和这类职位所需的技能。基于这些信息，公共部门可以设计有针对性的培养计划，包括专业技能培训、领导力发展项目以及职业规划指导等。其次，公共部门还可以通过内部晋升机会和横向发展机会，激励内部公职人员积极参与人才储备计划，同时通过外部招聘来吸引外部人才加入人才库。这种双管齐下的策略不仅提高了公共部门对关键职位人才的覆盖率，还提升了人才库的多样性和灵活性。最后，建立人才储备还涉及对潜在候选人进行持续沟通和关系维护。公共部门通过定期更新和积极交流，保持与人才储备中成员的联系，确保他们对公共部门的文化、价值观和发展方向有深入了解。这种持续的互动不仅有助于提高人才储备成员对公共部门的忠诚度和归属感，还能确保他们对未来可能的职位空缺保持高度的兴趣、时刻做好准备。

二、引入绩效管理体系

引入绩效管理体系标志着管理模式向更加科学化、系统化的方向发展。绩效管理体系不仅涉及公职人员的绩效评估，还包括目标设定、绩效反馈、能力提升及激励机制等一系列环节，其目的在于提高公共部门的工作效率和服务质量，确保政府目标的有效实现。

（一）绩效管理体系的核心要素

绩效管理体系建立在明确的目标设定基础之上，这些目标既包括组织层面的战略目标，又包括个人层面的工作目标。公共部门应在此基础上，制订与之相符的评估标准和绩效指标，确保每一位公职人员的工作目标都与组织的总体目标保持一致，从而实现个人价值与组织目标的双重优化。绩效评价机制是绩效管理体系的另一重要组成部分。它通过定期的绩效评价，对公职人员的工作表现进行量化分析，提供正向或负向的反馈，以促进公职人员能力的提升和绩效的改进。此外，绩效评价结果还应作为公职人员培训、晋升以及激励等人力资源管理决策的依据。

（二）引入绩效管理体系的意义

绩效管理体系的引入有助于公共部门建立起一套科学、公正的评价体系，通过量化的数据支持，提高评价的客观性和准确性。这不仅可以激励公职人员提升个人绩效，还能促进公共部门整体的效率和效能提升。绩效管理体系还能促进公共部门的战略规划与执行。通过将组织的战略目标细化为个人的工作目标，公共部门确保每位公职人员的工作都能贡献于组织的长远发展。同时，定期的绩效评估和反馈可以帮助公共部门及时发现问题和调整方向，保证战略执行的有效性。

（三）绩效管理体系的实施策略

公共部门实施绩效管理体系首先要确保目标的明确性和可量化性，

每个公职人员的工作目标都应具体、清晰，并与组织的总体目标相匹配。其次，公共部门需要建立一个全面、公正的绩效评价体系，包括自评、上级评价、同事评价等多种评价方式，确保评价结果的全面性和公正性。再次，在绩效反馈环节，公共部门应注重反馈的及时性和建设性。及时反馈不仅可以让公职人员了解自己的工作表现和存在的问题，还能为公共部门提供改进的方向和方法，激发公职人员的内在动力，促进其主动改进工作表现。最后，绩效管理体系还需与激励机制相结合。将绩效评价结果与薪酬、晋升等激励措施挂钩，能够实现对高绩效公职人员的奖励和对低绩效公职人员的激励，进一步提升公共部门的整体绩效。

三、公职人员培训与发展计划

公职人员培训与发展计划不仅直接关系到公职人员技能和知识的提升，还在激发公职人员潜能、增进组织效能以及推动公共服务创新方面发挥着不可或缺的作用。在现代化的公共部门管理体系中，公职人员培训与发展计划不再被视为一项例行公事，而是成为一种持续的、战略性的投资，目的是构建一个学习型组织，其中每位成员都能不断进步，从而促进整个组织的进步和发展。公共部门在设计和实施公职人员培训与发展计划时，需考虑多种因素，如培训内容的相关性、培训方法的创新性以及培训成效的可持续性等。这些计划应当以提高公职人员的工作绩效和职业满意度为核心，同时需关注对公职人员的创新思维和解决问题的能力的培养，以适应不断变化的公共管理环境。

在培训内容上，公共部门应根据组织的战略目标和公职人员的个人发展需要来定制培训计划。这包括但不限于公共政策、管理技巧、法律法规、信息技术、客户服务等方面的知识和技能。特别是在信息技术迅速发展的今天，提升公职人员的数字技能变得尤为重要，这不仅能提高工作效率，还是推进公共部门数字化转型的关键。培训方法方面，公共部门需要探索更多元化、互动性强的培训方式，如在线学习、模拟演练、工作坊、小组讨论等，这些方法能够提高培训的参与度和实效性。同时，鼓励自我驱动学习的文化也很重要，公职人员应被鼓励通过阅读最新的行业资讯、参加专业研讨会或进行跨部门交流等方式，不断扩展自己的知识面和技能。评估培训效果也是公职人员培训与发展计划中不可忽视的一环。通过设立具体的、可衡量的培训目标，并利用考核、反馈等手段来评价培训成果，公共部门可以及时调整培训策略和内容，确保培训投资的高效回报。有效的培训评估不仅可以帮助公职人员明确自己的成长路径，还能为公共部门提供关于人才发展的宝贵信息，从而支持更加精准的人力资源规划和决策。

在人力资源管理的改革背景下，公职人员培训与发展计划还应当注重培养公职人员的领导力和团队合作能力。公共部门面临的挑战越来越复杂，需要公职人员不仅具备专业技能，还能够在团队中发挥领导作用，促进跨部门、跨领域的协作。通过设计包含领导力发展、团队建设和沟通技巧等内容的培训项目，公共部门能够构建一个更加协同、高效的工作环境，从而有效应对各种公共管理挑战。公共部门的公职人员培训与发展计划也需适应公职人员生涯的各个阶段，从新公职人员的入职培训到高级管理者的领导力提升，每个阶段的培训内容和方法都应有所差异，以满足不同阶段公职人员的发展需求。这种对于公职人员全职业生涯周期的培训和发展视角有助于让公职人员持续感受到组织对其职业发展的支持，从而提升其对工作的热情和忠诚度。在推进公职人员培训与发展计划的过程中，公共部门还应注重培养一个支持持续学习和创新的组织文化。这意味着，除了提供形式多样的培训机会，公共部门还需鼓励公职人员在日常工作中实践学习成果，倡导开放的交流和分享氛围，以及建立认可和奖励学习成果的激励机制。通过这样的组织文化建设，公职人员的学习动力将得到提升，而公共部门的整体创新能力和适应能力也将随之增强。

四、鼓励员工参与和提高员工工作满意度

员工参与指的是员工在其工作和组织决策过程中的积极参与程度，

它包括员工对工作的情感投入、愿意主动贡献额外努力以达成组织目标的意愿。工作满意度是指员工对其工作情况的整体感受和评价，包括对工作内容、工作环境、薪酬福利、晋升机会、管理方式等多个方面的满意程度。在公共部门中，通过各种策略鼓励公职人员参与、提高公职人员工作满意度对于公共部门来说至关重要。鼓励员工参与和提高员工工作满意度的具体策略如下（图6-5）。

图6-5　鼓励员工参与和提高员工工作满意度

（一）开放透明的沟通文化氛围

通过营造开放透明的沟通文化氛围，公职人员能够感受到自己的价值，认识到自己的意见对于公共部门有重要的影响。这种文化氛围的营造不是仅依靠一种方式，而是需要多种沟通渠道和文化实践的组合。

定期的会议是营造这种文化氛围的基础，包括全体公职人员大会、部门会议以及小组讨论等。这些会议提供了一个平台，让公职人员有机会直接向管理层汇报工作进展和工作中遇到的问题与挑战、提出改进建议。更重要的是，通过这样的会议，管理层可以及时向公职人员传达公共部门的目标、策略和变化，从而减少误解和信息不对称。公职人员调查和反馈机制是另一个关键的组成部分。通过定期进行满意度调查、意见调查等，管理层可以收集公职人员对于工作环境、管理方式、培训需求等方面的看法和建议。这些数据可以为管理决策提供依据，管理层可以通过跟踪调查结果的变化来评估已实施改进措施的效果。重要的是，管理层需要对调查结果给予反馈,让公职人员看到他们的意见被重视并且管理层已经采取了行动来进行改进。

(二)参与式决策过程

在公共部门中,参与式决策意味着公职人员不仅仅是执行者,更是规划和决策过程中的合作者。这种做法不仅可以增强公职人员的责任感,还可以促进更广泛的观点和创意的产生,从而提高决策质量和工作效率。实施参与式决策的关键在于以下几点。第一,项目规划参与:邀请公职人员参与项目的规划阶段,让他们在项目目标设定和策略制订过程中提供自己的见解和建议。这样不仅可以利用公职人员的专业知识和经验,还可以让他们感到自己对项目成功有直接的贡献。第二,目标设定:与公职人员共同确定工作目标和绩效指标,确保这些目标既具有挑战性,又能够实现。这种共同设定目标的过程可以提升公职人员对目标的认同感和达成目标的动力。第三,解决方案开发:鼓励公职人员在解决工作中遇到的问题时提出自己的想法和解决方案。管理层应该对这些提议给予考虑,并在可能的情况下予以采纳。这不仅能激发公职人员的创造力,还能促进团队之间的协作和沟通。

(三)健康与福祉支持

全面的健康与福祉支持计划包括提供心理健康服务、健康保险以及帮助公职人员平衡工作与生活的措施。心理健康服务可以帮助公职人员应对工作和个人生活中的压力,保持良好的心理状态。健康保险则给予公职人员治疗疾病时的经济保障。此外,支持公职人员平衡工作与生活的措施,如灵活的工作安排和带薪休假能够让公职人员更好地平衡职业责任与家庭责任,从而提高他们的工作满意度和幸福感。

(四)激励与认可机制

有效的激励机制应该包括对公职人员优秀表现的物质奖励和精神认

可,如奖金、加薪或额外的休假。职业晋升机会可以提供给那些表现出色的公职人员,作为对他们贡献的认可和对其未来发展的投资。公开的表彰,如颁发奖项或在部门内部公告板上公布他们的成就也是一种重要的精神激励方式。这些激励和认可不仅可以提高公职人员的工作积极性,还能提升他们对公共部门的忠诚度和归属感。

五、推进数字化转型

推进数字化转型的过程不是将传统的纸质记录转换成电子格式那么简单,它意味着重新审视和设计工作流程、服务交付方式以及公职人员的工作环境,以适应数字时代的需求和挑战。通过数字化转型,公共部门能够提升工作效率,提高服务的可访问性和质量,同时为公职人员创造一个更加灵活、高效和满足其工作需求的环境。

在这个转型过程中,公共部门需要采用先进的信息技术工具和平台,如云计算服务、大数据分析工具、人工智能系统以及移动应用程序等,这些技术的应用会大大提高数据处理的效率、优化决策制订过程、提升公共服务的质量。例如,通过利用大数据分析,公共部门可以更准确地预测和响应公共需求,制订更有效的政策和服务规划。同时,人工智能技术可以在处理大量的服务请求时发挥重要作用,提升公共服务的响应速度和质量。数字化转型还涉及工作方式的根本变化。远程工作、工作时间灵活以及电子文件管理等新的工作模式不仅提高了公职人员的工作灵活性和满意度,还减少了对物理空间的需求和运营成本。此外,这种转型还会促使公共部门在招聘和培训公职人员时采用更为现代化的方法,以确保公职人员具备处理数字化工作环境所需的技能和知识。

数字化转型的成功也依赖于对公职人员的持续支持和培训。公共部门需要为公职人员提供必要的培训资源,帮助他们适应新的数字工具和工作方式。这包括提供在线学习资源、组织工作坊和研讨会,以及营造鼓励创新和知识分享的工作文化。通过这样做,公共部门不仅能够提升公职人员的数字技能,还能提升他们对新技术和工作方法的接受度和热情。推进数字化转型需要公共部门领导层的强有力支持和明确承诺。领导层需要展现出对数字化重要性的重视,将其作为实现组织目标和提高公共服务质量的关键途径。这意味着公共部门不仅要在财政和资源分配上给予足够的支持,还要在文化和战略层面上推动这一转型。

第七章 公共服务的现代化发展

第一节 公共服务与基本公共服务简析

在现代社会中,公共服务的提供和管理是政府履行其社会责任、确保公民基本权利和提高公民生活质量的关键环节。随着社会的发展和公民需求的多样化,公共服务已经成为衡量一个政府综合能力和服务水平的重要指标。

一、公共服务的概念

公共服务通常指的是由政府或其授权的公共机构提供的,旨在满足公众基本需求和公共利益的各类服务。它基于一种社会契约,即政府通过征税等手段筹集资源,在此基础上向社会成员提供必要的服务与支持。这种服务的提供不以营利为目的,更多地强调公平访问、普遍福利和社会正义。公共服务的核心在于实现公共利益,通过预防和解决社会问题,增进社会的整体福祉、维护社会稳定。公共服务对于社会的稳定、经济的发展以及公民福祉的增进具有不可替代的作用。它不仅直接关系到公民的生活质量,还是衡量一个政府服务能力和效率的重要标准。通过有效的公共服务提供,政府能够实现资源的合理分配、缩小社会差距、增强社会凝聚力,推动经济和社会的可持续发展。随着社会的发展和公民需求的变化,公共服务的范畴和模式也在不断演变。从最初的对基本生活的保障,如供水、供电等,发展到如今包括数字化政务服务、公共卫生应急管理等在内的多元化服务。这一过程不仅反映了政府适应社会变革、满足公民期待的能力,还体现了公共服务理念的进步和创新。

二、公共服务的分类

公共服务作为政府职能的一部分,其多样性和复杂性要求研究者采用多维度的方法进行分类。这样的分类不仅有助于研究者理解公共服务的广泛性和多样性,还对于政策制订、服务提供和质量管理具有重要意义。公共服务可以从多个角度进行分类,包括按服务对象、服务提供方式、服务内容以及服务的影响范围等(表7-1)。

表7-1 公共服务的分类

标 准	类 型	主要内容
按服务对象分类	个体服务	直接针对个人的公共服务,如医疗、教育,旨在满足个人基本需求,提升个人生活质量
	社区服务	面向特定社区或群体的服务,如社区健康计划、地方教育项目,重点在于增进社区的整体福祉、推动社区发展
	全民服务	涉及全国公民群体的服务,如国家安全、公共卫生预防措施,目的是保护所有公民的安全和健康
按服务提供方式分类	直接服务	政府机构或公共部门直接向公众提供的服务,如公立学校教育、警察和消防服务
	间接服务	私营部门或非营利组织提供,但由政府资助或监管的服务,如通过合约外包的垃圾回收和部分医疗服务
	公共私营合作制服务	政府与私营企业合作提供的服务,结合了公共部门的监管能力和私营部门的运营效率,如某些基础设施项目和公共交通系统

续 表

标 准	类 型	主要内容
按服务内容分类	基础设施服务	包括交通运输系统、能源供应系统和通信网络等,为公民生活和经济发展提供必要的物理基础
	社会福利服务	旨在增进民众福祉、减少社会不平等的服务,如养老金、失业救济、低收入家庭援助,以及针对残障人士的特殊支持
	环境保护服务	包括空气和水质管理、废物处理和回收、自然资源的保护和可持续利用,以及对抗气候变化的措施等,着眼于可持续发展和环境保护
	文化休闲服务	提升民众生活质量的服务,如图书馆、博物馆和公园的建设
按服务的影响范围分类	地方性服务	主要影响范围局限于特定地区的服务,由地方政府或地区机构负责,如市政服务
	国家性服务	覆盖全国范围,由中央政府或国家级机构提供的服务,如国防
	国际性服务	超越国界、涉及多国合作的服务,如疾病控制和国际援助项目

(一)按服务对象分类

这种分类体现了公共服务提供的有针对性和个性化需求的满足,对于研究者理解服务设计和执行的目标人群至关重要。公共服务按公共服务对象可以分为以下几种。第一种,个体服务。这类服务直接针对个人,旨在满足个人特定的需求。例如,医疗保健服务为个人提供治疗和预防疾病的服务,教育服务为个人提供学习和发展的机会。个体服务的核心在于满足个人的基本和特定需求,提高个人的生活质量。第二种,社区服务。这类服务面向特定的社区或群体,旨在解决社区层面的问题,增进社区的整体福祉。社区服务包括但不限于社区发展计划、社区公共安全和地区卫生项目。对这类服务的管理和优化可以加强社区的凝聚力,提高社区居民的归属感和满意度。第三种,全民服务。这类服务的特点是面向全体国民，旨在增进整个社会的福祉。全民服务包括国防、国家公共安全、基础设施建设等，它们对国家的稳定和发展至关重要。全民服务的质量管理关乎国家的长远利益。

（二）按服务提供方式分类

不同的提供方式会影响服务的效率、质量和可达性，对于服务质量管理策略的制订尤为重要。公共服务按照服务提供方式可以分为以下几种。第一种，直接服务：政府或其授权的公共机构直接向公民提供的服务。这种方式能够保证服务的公共性和服务对基本标准的遵循，同时确保了政府对服务质量的直接控制。直接服务的例子包括公立学校的教育服务、警察部门的公共安全服务等。第二种，间接服务：非政府组织、私营企业或其他第三方提供的服务，但通常在政府的监管和资助下进行。间接服务的优势在于能够利用非政府组织的专业能力和灵活性来提供服务，如社会福利项目和特定的医疗服务。这要求政府在监管和质量保证方面发挥关键作用，以确保服务的标准和公平性得到满足。第三种，公共私营合作制。这种模式是指政府与私营企业合作提供服务，能够将公共部门的公共责任和私营部门的效率结合起来。公共私营合作制在基础设施项目、公共交通系统等领域尤为常见。在这种模式下，对这类公共服务的质量管理需要协调公私双方的利益和标准，确保公共服务既高效又符合公共利益。

（三）按服务内容分类

公共服务的内容反映了政府为满足公民需求而提供的服务的范围和种类。根据服务的具体内容，公共服务可以被分为基础设施服务、社会福利服务、环境保护服务及文化休闲服务等。

基础设施服务涉及为社会提供必要的物理和组织结构，以支撑经济活动和提高公民生活质量。这包括交通运输系统（道路、桥梁、公共交通等）、能源供应系统（供水和排水系统、电力和天然气等）和通信网络。对基础设施服务的建设和维护对于促进经济发展和提升公民生活质量至关重要。社会福利服务旨在支持公民应对生活中的挑战，保障公民的基本生活需求和社会权益。这类服务包括养老金、失业救济、低收入家庭援助，以及针对残障人士的特殊支持。社会福利服务强调公平性和可及性，确保社会的最弱势群体得到足够的支持和保护。环境保护服务关注保护和改善自然环境，包括空气和水质管理、废物处理和回收、自然资源的保护和可持续利用，以及对抗气候变化的措施。政府旨在通过环境保护服务，确保环境的健康和可持续性，为当代及未来世代提供一个宜居的地球。文化休闲服务包括图书馆、博物馆、公园等的建设，这些服务旨在丰富公民的文化生活和休闲体验。通过提供这些服务，政府支持文化多样性和创意表达，同时促进社会凝聚力和公民幸福感的提升。

（四）按服务的影响范围分类

公共服务还可以根据其影响的地理范围和受益群体的广泛性进行分类，主要分为地方性服务、国家性服务和国际性服务。

地方性服务针对特定地区的需求设计和提供，主要由地方政府或地区机构负责。这类服务包括城市规划、地方交通管理、社区卫生和安全服务等。地方性服务的目标是解决当地特有的问题和需求，提升特定区域内居民的生活质量。国家性服务覆盖整个国家，由中央政府或国家级机构提供。这些服务包括国防、外交关系、国家安全，以及全国范围内的基础设施建设和维护等。国家性服务旨在维护国家主权、安全和公共秩序，促进国家整体的经济和社会发展。国际性服务涉及跨国界的合作和服务提供，目标是解决全球性问题，如国际援助、环境保护、疾病控制和促进国际和平与安全等。这类服务通常需要国家之间的合作，以及与国际组织和非政府组织的协作。国际性服务的实施体现了国家在全球舞台上的责任和影响力，同时是对全球挑战共同应对的必要手段。通过国际性服务，各国可以共享资源、知识和技术，有效应对跨国界的环境、健康和安全问题，增进全球福祉和可持续发展。

理论与实践：公共管理的多维探索

三、基本公共服务的范围

基本公共服务指那些应由政府提供给公众并靠公共财政保证的、不具有排他性的公共产品和服务。[①] 基本公共服务的范围广泛，它们构成了现代社会公民基本生活需求的核心，是政府履行其社会责任、促进公平和可持续发展的基石，具体范围主要包括以下方面（图7-1）。

图 7-1　基本公共服务的范围

（一）教育

教育是基本公共服务的重要组成部分，它对于个人发展、经济增长和社会进步具有深远的影响。政府通过提供基础教育、职业教育和高等教育等服务，旨在确保每个公民都有机会获得知识和技能，实现个人发展。教育服务的普及程度和质量直接关系到国家的未来和社会的稳定性。因此，政府不仅需要关注教育服务的广覆盖面，还需致力提高教育质量，包括教师培训、课程内容更新以及教学方法的创新。

（二）医疗保健

医疗保健服务是基本公共服务的另一重要领域，涉及公民的生命健

---

① 史宁安.经济工作常用知识工作册[M].北京：中国时代经济出版社，2012：29.

康权。这包括但不限于基础医疗服务、预防性医疗、紧急医疗援助以及公共卫生项目等。通过提供全面的医疗保健服务，政府可以有效提升公民的健康水平，降低疾病的发生率，同时减少因病致贫的现象。对于政府来说，医疗保健服务的挑战在于如何平衡服务的可及性、可负担性和高质量，确保所有公民都能获得必要的医疗支持。

（三）社会保障与福利

社会保障与福利服务能够保障公民在遇到困难时得到帮助，包括养老金、失业救济、残疾人支持、低收入家庭援助等。这些服务旨在保护最弱势群体，为他们提供生活最基本的保障，促进社会公平与正义。对于政府来说，社会保障与福利服务的挑战在于如何设计出既能有效帮助需要帮助的人，又能激励公民积极参与社会和经济活动的政策。

（四）公共安全

公共安全服务是维护社会稳定、保障公民生命财产安全的基础服务。包括警察服务、消防服务、紧急救援和灾难预防与应对。这些服务确保公民在面对犯罪、火灾、自然灾害等紧急情况时，能够及时得到有效的援助。公共安全服务的有效性不仅会影响公民的安全感，还是社会秩序和经济活动正常进行的前提。

（五）环境保护

环境保护服务关注的是保护自然资源和生态系统，确保可持续发展。这包括水质和空气质量管理、废物处理和回收、野生动植物保护，以及公园和自然保护区的管理。通过这些服务，政府致力减轻污染、保护生物多样性、对抗气候变化的影响，同时为公民提供享受自然环境的机会。环境保护服务的挑战在于平衡经济发展和环境保护的需求，以及如何引导公众参与环境保护活动，共同构建绿色、可持续的未来。

（六）公共交通

公共交通服务是基础公共服务的重要组成部分，为城市和农村居民提供便捷、高效、安全的出行方式。这包括对公交车、地铁、轻轨以及其他公共交通系统的规划、建设和运营。公共交通服务不仅能减少私人车辆的使用、改善交通拥堵和降低环境污染，还是支持社会经济活动和改善公民生活质量的重要措施。公共交通服务面临的挑战包括如何满足公民不断增长的出行需求、提高服务质量，以及实现服务融资的可持续。

（七）住房和城市发展

住房和城市发展服务旨在向公民提供负担得起的住房选项、促进城市规划和基础设施建设、创建宜居的社区环境。这涉及住房补贴、城市更新项目、社区发展计划等。通过这些服务，政府努力确保所有公民，尤其是低收入和弱势群体，能够获得安全、舒适的居住环境。住房和城市发展服务的挑战在于如何平衡城市化进程中的住房需求和城市可持续发展规划，以及如何提升社会包容性和经济多样性。

（八）文化与休闲

文化与休闲服务通过建设图书馆、博物馆、文化中心、体育设施和公园等，丰富公民的精神文化生活和休闲娱乐活动。这些服务不仅促进了文化传承和创新、增强了社区认同感和凝聚力，还是提高公民生活质量的重要方面。面对数字化和全球化的挑战，政府需要不断适应新的趋势和公民需求，创新文化与休闲服务的方式，以吸引更多的公众参与。

四、基本公共服务的原则

在公共服务与服务质量管理领域，确立和遵循一系列原则是至关重要的。这些原则不仅能够指导政府和相关机构如何设计、实施和评估公共服务，还能够确保服务有效地满足公民的需求，提升公共服务的整体质量和效率。以下是提供基本公共服务的几个核心原则（图7-2）。

图 7-2 基本公共服务的原则

（一）可及性原则

可及性原则核心在于确保所有公民，无论地理、经济、社会或身体条件如何，都能平等获得基本公共服务。这个原则体现了公共服务提供的普遍性和包容性，要求政府在公共服务设计和实施中考虑到多样化的社会需求和差异化的服务策略。为实现公共服务的广泛可及性，政府应首先识别可能导致服务可及性差异的因素，如偏远地区的地理隔离、经济条件限制、身体或心理障碍等。其次，政府根据这些特定需求，设计和实施具体措施。例如，在乡村地区增设服务设施或提供移动服务单元，缩小城乡服务差距；利用数字化手段，如在线教育和远程医疗服务，扩大服务的覆盖范围，提高服务的可达性；为经济条件较差的群体提供补贴或免费服务，确保他们也能获得必要的服务；设计无障碍设施和服务，确保残疾人士也能平等享受公共服务。可及性原则促使政府不断优化和调整公共服务提供策略，使公共服务更加贴近公民的实际需求，从而提高公共服务的社会效益和影响力。

（二）效率原则

效率原则强调在有限的资源条件下，通过合理配置和优化利用资源，实现服务提供的效益最大化。这不仅关系到公共服务覆盖的广度和深度，还关系到服务质量的提升和资源的可持续利用。在追求服务提供效率的过程中，政府需要通过以下方式优化服务效率：利用技术创新降低服务成本，提高服务流程的自动化和智能化水平，如电子政务平台的建设和应用可以减少对物理空间的需求，简化办事程序；通过服务流程再设计和优化，减少不必要的步骤和时间延误，提高服务响应速度和处理效率；实施精准的需求分析和资源配置，确保资源集中投入需求最迫切、效益最显著的领域；引入竞争机制和效能评估，激励服务提供机构和人员不断改进服务方式，提升服务质量；等等。效率原则的实施要求政府在确保服务质量和公平性的基础上，不断探索和创新服务管理和提供模式。通过精细化管理和科技应用，实现公共资源的高效利用，提升公共服务系统的整体效能。

（三）质量原则

质量原则着重于提供高标准的公共服务，确保服务不仅满足公民基本需求，还达到或超过公民的期望。这个原则的核心在于持续改善服务质量，通过提升服务的及时性、可靠性、适应性，提升公民的满意度和信任度。要实现这一目标，政府需要采取以下措施：建立全面的质量管理体系，对服务标准进行明确定义，并通过定期评估和审查确保这些标准得到执行；采用现代化的技术和管理方法，如数据分析和用户反馈系统，以实时监控服务质量并快速响应公民需求；鼓励创新和持续改进，通过引入新技术、新方法或新模式来提高服务效率和效果，同时降低错误发生的概率；加强人员培训，确保服务提供者具备高水平的专业能力和服务意识，以提升服务交付的质量。通过上述措施，质量原则不仅关注服务结果的优良，还关注服务过程的优化，从而政府能够在提高公民满意度的同时提高公共服务系统的整体性能和响应能力。

第七章　公共服务的现代化发展

（四）公平性原则

公平性原则要求政府在提供公共服务过程中保证所有个体和群体，特别是社会弱势群体，能够公平地获得和享受服务。这个原则强调消除服务提供中的不平等和歧视，确保服务的普遍性和包容性。实现公平性原则的关键措施包括分析和识别服务提供中存在的不平等因素，如地域、经济状况、性别、年龄等，制订有针对性的策略以解决这些不平等因素；设计和实施特定的支持和干预措施，为弱势群体提供额外的资源和帮助，如经济援助、特殊照顾服务、优先权等；在政策制订和服务设计过程中，采取包容性的方法，确保所有群体的需求和意见都得到充分考虑和尊重；通过教育和宣传，提高社会对公平性重要性的认识，促进公民对服务提供平等原则的支持和理解。公平性原则的实施有助于建立一个更加公正和和谐的社会，其中每个人都有机会获得所需的服务和支持，从而增进社会整体的福祉。

（五）可持续性原则

可持续性原则强调政府在提供公共服务时考虑长期的环境、经济和社会影响，确保服务的持续提供不会损害未来代际的福祉。这个原则要求政府在服务规划、实施和评估过程中，采取预防性和长远性的视角，平衡当前的服务需求与未来资源的可持续使用。具体措施包括在服务设计和提供中采用环保和资源节约的技术和方法，减少对自然资源的消耗和对环境的影响；通过有效的资源管理和再利用策略，提高服务系统的能效和资源利用率，如通过使用可再生能源、推广数字化服务来减少物理资源消耗；鼓励和支持社会创新和社区参与，通过公民的积极参与来实施可持续的服务解决方案，提高服务的社会接受度和效果；考虑到服务提供对未来代际的影响，制订长期规划和政策，确保当前的服务提供不会损害后代的福祉和发展机会；在决策过程中，采用全面的成本效益分析，考虑经济、社会和环境三个维度的影响，以确保服务项目的长期可持续性；提高公共服务系统的适应能力和灵活性，以应对气候变化、社会动态和技术进步等未来挑战。通过这些措施，可持续性原则不仅使公共服务在满足当代需求的同时做到了保护环境和资源，还为未来世代创造了更加公平、健康和繁荣的社会条件。可持续性原则的核心在于长远思维和整体视角，它要求政府在提供服务的每个环节中都考虑到可持续发展的目标，确保服务提供既满足当前公民的需求，又不损害未来世代的利益。

第二节 基本公共服务均等化

均等化不仅关乎每个人公平获取服务的基本权利，还是推动社会整体进步和谐的重要力量。它旨在消除服务提供中的不平等，确保不同地域、社会群体在教育、医疗、社会保障等基本公共服务上都享有平等机会。随着物质生活水平的提升，民众对服务的需求日益多样化和个性化，只有实现基本公共服务均等化，才能满足不同地域和阶层的社会民众的物质需求和精神需求，从而有效提升社会民众整体的生活幸福度。[①]

一、基本公共服务均等化的内涵解析

解析基本公共服务均等化的概念应从"基本公共服务""均等化"这两个维度着手。学界对于基本公共服务的领域存在不同划分。常修泽将其划分为基本民生性服务、公共事业性服务、公益基础性服务和公共安全性服务四大块。[②] 陈海威、田侃将其划分为底线生存服务、公众发展

---

① 麦伟杰.基本公共服务均等化的基本思想和推进过程[J].现代管理科学，2019（4）：91-93.

② 常修泽.中国现阶段基本公共服务均等化研究[J].中共天津市委党校学报，2007（2）：66-71.

服务、基本环境服务和基本安全服务四个领域。[①] 但无论采用哪种划分方法，核心要义都在于基本公共服务是公共服务范围中最基础、最核心和最应该优先保证的部分。对于"均等化"的内涵和标准，各学者见仁见智。唐钧认为"均等化"强调的是一种"合理的差距"，即将公共服务差距控制在可以接受的范围之内并逐步缩小差距，同时，均等化是从最低标准的角度来界定的，即人人都享有不低于他人或社会最低标准的公共服务。[②] 刘尚希持机会均等说，主张均等化的本质在于通过某一个层面的结果平等来达到机会均等，公民不因性别、年龄、民族、地域、户籍而受到不同的待遇，如通过结果平等，使不同地域的人民的消费风险处于同等水平，从而为各地居民的消费水平趋向均等化提供同样的条件和机会。人民对于政府提供的公共服务拥有接收或拒绝的选择权[③]。此外，还存在结果均等说、结果相等说、三要素说、四要素均等说等。结合以上观点，基本公共服务均等化的内涵可以概括如下：基本公共服务均等化是指政府为了回应社会的基本公共需求，保护公民基本的生存权与基础性的发展权，以公平正义为价值理念，运用手中所掌握的公共资源，为社会公众提供基本的、在不同阶段具有不同标准的、最终大致均等的公共服务。

基本公共服务均等化的概念深植于社会公平正义的土壤中，旨在确保每一位社会成员，无论其所处地理位置如何偏远、经济状况如何困难或社会背景如何多元，都能享受到相同质量和标准的基本服务。这包括教育、医疗保健、环境保护等领域，这些服务是每个人提高基本生活质量和实现个人发展的基础。均等化不仅反映了对服务质量的追求，还体现了服务提供的普遍性和无差别性原则。这意味着服务的设计、实施和

[①] 陈海威，田侃.我国基本公共服务均等化问题探讨[J].中共福建省委党校学报,2007（5）:2-5.
[②] 唐钧."公共服务均等化"保障6种基本权利[J].时事报告,2006,（6）:42-43.
[③] 刘尚希.基本公共服务均等化：现实要求和政策路径[J].浙江经济杂志,2007（13）:24-27.

评估都应摒弃任何形式的地域、经济或社会偏见，确保每个人都能够在需要时获得相应的支持和帮助。

在这个过程中，公共政策扮演了极为关键的角色。政策的制订需基于深入的社会需求调研和公平性分析，以确保服务供给不仅反映了人民的需要，还考虑到了不同群体之间可能存在的服务获取差异。政策执行则需要有力的监督和评估机制，以实时调整服务供给策略，确保服务的均等化目标能够被有效实现。技术创新为实现基本公共服务均等化提供了新的可能性。数字化服务平台、远程教育和医疗服务等技术应用能够大大提升服务的可达性和效率，尤其是在偏远和资源匮乏的地区。然而，技术创新也带来了新的挑战，如数字鸿沟可能加剧某些群体的服务获取不平等。因此，确保技术普及的广泛性和公平性成为实现服务均等化的重要途径。实现基本公共服务均等化还需要跨领域的合作。政府、民间组织、社会企业以及公民都应该参与服务的设计、提供和评估过程。这种多方参与不仅可以提升服务供给的多样性和创新性，还可以提升服务的质量和效率。社会监督和公众参与是确保服务均等化实现的重要支柱。政府建立了透明的政策制订和执行机制，以及提供了充分的信息公开和反馈途径后，社会各界就能够对公共服务的提供进行监督和评价，确保政策和实践能够真正回应公众的需求和期待。

二、基本公共服务均等化的意义

基本公共服务均等化的意义深远，它不仅是现代政府治理的一个重要目标，还是推进社会发展的关键机制。通过确保每位社会成员无论其地理位置、经济条件或社会背景都能享受到相同质量和水平的基本公共服务，政府可以显著提升社会公平、增强国家凝聚力、推动可持续发展、提升社会整体的幸福感。这些方面的意义不仅彰显了基本公共服务均等化的重要性，还体现了它对构建和谐社会的贡献。

第七章　公共服务的现代化发展

（一）促进社会公平

在不同的社会经济背景下，人们对基本公共服务的需求是普遍存在的。然而，由于资源分布的不均等、地理位置的差异以及社会经济发展水平的不平衡，服务供给存在显著差异，这种差异反映在服务的可达性、质量和效率上。基本公共服务均等化通过消除这些差异，确保每个人都能够公平地获取教育、医疗保健等基本服务，从而在根本上促进了社会的公平。这种公平不仅仅体现在资源分配上，更重要的是在于提供了平等的发展机会，使每个人都有机会通过自身的努力改善生活条件和提升自我价值。

（二）增强国家凝聚力

国家凝聚力是一个国家振兴发展的不竭动力。任何国家要发展，要在激烈的国际竞争中谋求属于自己的位置，就应增强国家凝聚力。[1] 一个国家的强大不仅来源于其经济实力，还来源于人民之间的相互理解、支持和团结。通过实施均等化政策，政府向公民展示了其承担社会责任、促进公平正义的决心。这种行为可以有效提升公民对国家的认同感和归属感，尤其是在社会日趋多元化的今天，均等化的公共服务已成为联结不同社会群体、构建共同体认知的重要纽带。人们在享受平等服务的过程中，共享社会发展的成果，增强了作为国家公民的荣誉感和责任感。

（三）推动可持续发展

从环境保护到经济增长，再到社会福祉，可持续发展要求政府在满足当代人需求的同时，不损害后代人满足其需求的能力。在这个框架下，均等化确保了所有人都能获取提高自身能力和生活质量所需的基本服务，这不仅促进了社会的公平和谐，还通过教育和健康服务的普及，培养了公民的环保意识和可持续发展的观念。此外，通过优化资源分配，均等

---

[1] 袁博. 震慑＋冲击：大国竞争新探[M]. 北京：兵器工业出版社，2020：43.

化也促进了社会经济资源的有效利用，为可持续发展提供了坚实的社会和人文基础。

（四）提升社会整体幸福感

基本公共服务均等化通过确保每个公民都能接触到高质量的教育、医疗和社会保障服务，直接提高人们的生活质量和满意度。在均等化的环境下，个体不仅能够获得满足基本生活需求的服务，还能感受到社会对其个人发展的支持和尊重，这种感受是提升幸福感的重要因素。当公民看到他们的需求被社会所认可，并通过公共服务得到满足，他们对自己的生活满意度就自然提高，从而社会整体的幸福感也会提升。均等化的实施还意味着减少了因服务质量差异而产生的社会焦虑和不满，减轻了人们因基本生活保障问题而承受的心理压力。例如，均等的医疗服务让每个人在面对健康问题时都能获得及时有效的治疗，减少了因疾病带来的经济负担，心理压力也能得到减轻；均等的教育机会让每个孩子都有可能通过自己的努力改变未来，从而能够增强社会的流动性，激发人们对生活的积极性。

三、基本公共服务均等化的测算指标

测算指标不仅提供了评估服务提供是否公平、有效的依据，还为后续的政策制订和资源分配提供了科学的参考。基本公共服务均等化的测算指标大致可以分为以下几种。第一种，可及性指标。可及性指标主要衡量基本公共服务对于所有社会成员的可达性。这包括服务的地理分布、服务设施的数量、服务的时间可访问性以及经济上的可承受性等方面。例如，在教育领域，可及性指标可以是学校的地理分布密度、每千名学龄儿童的学校数量、学生到最近学校的平均距离等；在医疗领域，可及性指标则可以是每千人口的医院或诊所数量、居民到最近医疗机构的平均距离、医疗服务的价格等级等。第二种，质量指标。质量指标评估基本公共服务的质量水平，包括服务提供的专业性、服务过程的满意度、服务结果的有效性等。在不同的服务领域，质量指标的具体内容会有所不同。例如，在教育服务中，质量指标可以是学生的毕业率、考试通过率、继续深造的比例等；而在医疗服务中，质量指标可能包括医疗服务的成功率、患者满意度调查结果、患者再入院率等。质量指标的设定旨在确保服务不但是普遍可及的，而且能够达到一定的质量标准，真正满足社会成员的需求。第三种，效率指标。效率指标关注基本公共服务的资源使用效率，旨在评估在有限资源条件下服务提供的经济性和效益。这些指标通常涉及服务成本、资源配置的合理性、服务提供的时间效率等。例如，可以通过分析教育或医疗服务的人均成本、服务提供所需的平均时间，以及服务使用的资源（教师、医生人数、设施使用率等）来评估服务的效率。效率指标的设置有助于政府及时发现资源浪费的问题，推动服务提供的优化和改进，确保公共资源得到更有效的利用。第四种，公平性指标。公平性指标评估服务提供在不同群体间的公平性，这些指标尤其关注服务是否能够跨越社会经济、地理、性别、种族等差异，平等地惠及所有社会成员。公平性指标可以包括服务覆盖率在不同社会群体间的差异、服务质量在不同地区间的差异，以及不同群体对服务满意度的差异等。通过对公平性指标的监测和分析，政府可以及时发现和纠正服务提供过程中可能存在的不公平现象，确保均等化政策的实施能够促进社会整体的公平和正义。

在制订和评估基本公共服务均等化的测算指标时，政府需要综合考虑各项指标之间的相互关系和影响。具体而言，这些指标不是孤立存在的，它们相互补充，共同构成了一个全面评价公共服务均等化程度的框架。在实践中，制订测算指标的过程也是一个平衡不同服务需求、资源配置与政策目标的过程。

四、实现基本公共服务均等化的路径

实现基本公共服务均等化的路径涉及一系列复杂而多维的策略和措施。以下是实现这一目标的主要路径（图7-3）。

图 7-3　实现基本公共服务均等化的路径

（一）政策与法律法规框架的建立和完善

专门的法律法规可以明确政府在提供基本公共服务方面的职责和义务，这是确保所有公民平等享受公共服务的基础。同时，设定服务质量标准对于保障服务质量、满足公民基本需求至关重要。法律法规还需要确立公民享有基本公共服务的权利。这种权利的确立不仅体现了国家对公民基本福祉的承诺，还为公民提供了在服务获取不公时的申诉和救济途径。在法律法规的支持下，政策的引导和激励措施可以更有效地发挥作用，如通过财政补贴、税收优惠等方式鼓励社会资本参与公共服务的提供。确保社会资本参与不会损害服务的普遍性和公平性是政策设计时的一项重要原则。这要求政策制订者在鼓励社会资本参与的同时，通过法律法规确立严格的监管和评估机制，防止服务质量的下降或服务获取的不公平现象发生。通过这样的政策与法规框架，政府不仅能够为实现基本公共服务均等化提供坚实的法律保障，还能促进公共服务供给体系的多元化，提高服务的效率和覆盖率，从而更好地满足公民多样化和层次化的服务需求。

（二）资源的优化配置

资源的优化配置主要涉及如何通过科学规划和预算管理，确保财政投入、人力资源和物质资源能够在保障基本公共服务的同时，满足最迫切的社会需求，特别是在教育、医疗保健和社会保障这些关键领域。

实现资源优化配置的首要步骤是对现有资源进行全面而准确的评估，

第七章 公共服务的现代化发展

包括财政资金的规模、分布以及使用效率,人力资源的数量、结构和能力,以及物质资源的可用性和适用性。这种评估不仅能够帮助政府了解资源的总体状况,还能够帮助政府识别资源分配中存在的不平衡或不充分的问题。其次,政府根据评估结果,制订相应的策略来调整资源配置。这可能包括增加对基本公共服务领域的财政投入、优化人力资源的配置,如通过培训和调动提高公共服务人员的专业技能和工作效率,以及改进物质资源的利用,确保资源能够有效支撑服务的提供。对于贫困和边远地区,政府需要采取倾斜的资源分配政策。这意味着通过对这些地区提供更多的财政支持、人力资源和物质资源,来消除服务提供上的地区差异,确保所有社会成员,不论其所在位置,都能享受到公平且高质量的基本公共服务。这种倾斜策略不仅体现了公平原则,还是实现整个社会均衡发展的重要手段。

(三)制度创新与服务模式的转变

制度创新与服务模式的转变意味着对现有系统的改革和优化,而且涉及通过新思维和技术应用来彻底重塑服务提供的方式。制度创新与服务模式的转变旨在通过更为高效、灵活和响应性强的服务提供方式,满足公民多样化的需求,同时保障服务的普遍可及性和质量。

推动电子政务的发展是制度创新中的一个关键方面。通过信息技术的应用,如互联网、大数据和人工智能等,政府可以提供更加便捷、高效的公共服务。电子政务平台使得信息流通更加畅通,公民可以远程访问各种服务,从而大大提高了服务的可及性和效率。例如,通过在线教育平台,边远地区的学生可以享受到优质教育资源;通过电子医疗系统,公民可以实现远程就诊,减少就医难的问题。探索多元化的服务提供模式也是实现服务均等化的关键路径之一。公共私营合作制等创新机制能够有效地引入社会资本参与公共服务的提供、增加服务供给、提高服务质量。政府应通过合理的设计和监管,确保这种合作模式能够补充公共服务体系的不足,而不是替代传统的公共服务提供。鼓励和支持非政府组织、社会企业和志愿者组织等第三方参与公共服务的提供可以增强服务的多样性和创新性。推广社区和家庭为基础的服务模式能够使服务更加贴近民众的实际需求，提高服务的针对性和便捷性。例如，社区健康中心和家庭医生制度能够为居民提供更加方便、快捷的医疗服务；社区教育项目和家庭学习活动能够为孩子提供更加丰富多彩的学习环境和机会。这种基于社区和家庭的服务模式不仅能够强化社区内部的互助和支持，还能够充分利用和发挥家庭在教育、养老、健康等方面的独特作用。

（四）监督和评估的加强

加强监督与评估涉及建立一个综合性的监督体系，该体系能够全面覆盖公共服务的提供、使用和评价各个阶段，从而确保每一步骤都能够符合既定的公平和质量标准。

建立包括政府、社会组织、公民个体在内的多方参与的监督体系是确保服务均等化目标实现的基础。政府部门作为公共服务的主要提供者，应该采取主动，确立和公开服务标准，定期发布服务提供的情况，接受社会的监督。同时，政府需要建立反馈机制，鼓励公民和社会组织就服务质量和均等化进展提出建议。社会组织和公民个体的参与为公共服务监督提供了更为广阔的视角和丰富的资源。非政府组织、专业协会和志愿者团体等可以根据其专业领域和工作重点，对特定的服务领域进行深入监督和评价。他们的参与不仅能够提升监督的广度和深度，还能够提高监督工作的专业性和有效性。定期的服务质量评估和满意度调查是加强监督和评估工作的重要手段。政府通过科学设计的评估工具和方法，定期收集服务使用者的反馈信息，可以准确把握服务提供的质量和效果，及时发现服务中存在的问题。这些评估和调查不仅为政府提供了决策依据，还为公共服务提供了改进的方向和内容。应用公共服务均等化的测算指标对服务的均等化程度进行量化评估是实现目标的重要保障。这些指标应该全面覆盖服务的可及性、质量、效率和公平性等方面，通过定期的数据收集和分析，政府可以客观地评价服务均等化的进展情况，为

第七章　公共服务的现代化发展

政策调整和资源配置提供科学依据。

加强监督和评估的最终目的是确保基本公共服务均等化政策能够有效实施，及时调整和优化服务提供的策略和措施，真正实现让所有公民平等享有高质量公共服务的目标。通过建立健全的监督和评估机制，政府可以提高政策的透明度和公众的信任度，促进公共服务体系不断完善。

（五）公民参与和社会协同的提升

提升公民参与和社会协同强调了公民和社会各界在公共服务提供、监督、评估中的积极作用，体现了现代公共治理的民主和开放精神。政府通过激发和利用社会力量，可以更有效地推动公共服务体系的改进和创新，确保服务更加贴合公众需求，同时提高服务的普遍性和可及性。

在激发公民主动参与公共服务的过程中，政府需要通过建立开放透明的决策机制、提供充分的信息和平台，使公民能够在公共服务的规划、实施和监督过程中发挥作用。这包括开展公众咨询、举行听证会、提供在线反馈渠道等方式，确保公民意见和需求能够被收集和反映。此外，通过发展公民教育，提升公民的公共意识，增强公民参与公共事务的意识和能力，也是促进公民参与的关键措施。加强社会各方的协同合作则需要政府构建跨部门、跨领域的合作网络，鼓励和支持非政府组织、社会企业、专业团体、学术机构和民间组织等多元主体参与公共服务的提供和改进。这些组织凭借其专业知识、操作灵活性和接近社区的优势，能够在服务设计、提供和评估等环节中，提供补充或创新的解决方案，提升服务的多样性和创新性。

政府在推动公民参与和社会协同的过程中应发挥引导和协调的作用，建立合作机制和激励政策，促进不同主体间的信息交流和资源共享。例如，通过提供政策支持和财政补贴，鼓励社会组织参与公共服务项目；通过建立伙伴关系和合作平台，促进不同服务提供者之间的协作和经验分享。确保公民参与和社会协同的有效性还需要政府建立相应的评价和反馈机制。通过定期评估公民参与和社会协同的效果，收集各方面的意见和建议，政府不仅可以及时调整和优化合作模式，还可以进一步激发社会各界参与公共服务改进的热情和创造性。

第三节 城乡基本公共服务均等化

在当代社会，实现城乡基本公共服务的均等化不仅是政府的重要任务，还是社会公正与持续发展的关键。这一目标的追求触及了资源分配的公平性、提高农村地区的生活质量以及促进经济社会整体进步的核心议题。

一、城乡基本公共服务均等化的内涵界定

城乡基本公共服务均等化是城市化、城镇化的重要内容，农村基本公共服务水平的提升是城市化的重要标志。[1] 城乡基本公共服务均等化涉及一个系统性的社会治理目标，其核心在于确保无论是城市还是农村居民，都能享受到同等水平和质量的基本公共服务。这包括教育、医疗卫生、社会保障、基础设施等领域的服务，旨在通过公共政策的调整和资源的合理分配，消除城乡在公共服务获取上的差异，促进社会公平与和谐。城乡基本公共服务均等化的内涵并不仅是限于服务提供的数量上的平等，更重要的是质量上的一致性以及服务获取的易用性和便利性。这意味着不但政府要保证农村地区能够有足够的学校、医院等基础设施，而且这些服务的标准和质量要与城市地区持平，农村居民在享受公共服务时不应因地理位置而遭遇不便。

在实现均等化的过程中，教育服务均等化是基础，它直接关系到下一代的成长环境和发展机会。教育均等化要求在师资力量、教学质量、

---

[1] 闫章荟. 综合配套改革中的公共服务创新研究：以天津市滨海新区为例[M]. 天津：天津人民出版社，2020: 171.

教育资源等方面，农村学校能与城市学校相匹敌，确保所有孩子都能接受良好的基础教育。医疗卫生服务均等化则是保障民众基本健康权益的关键，政府需要保证农村地区居民在医疗设施、医疗服务质量、药品供应等方面不亚于城市。社会保障和基础设施的均等化则为民众提供了生活便利，包括但不限于社会救助、养老保险、清洁饮水、交通网络等。

二、城乡基本公共服务均衡发展的重要性

要实现城乡基本公共服务均等化，需要政府、社会和每一个公民的共同努力和参与，以构建一个更加公平、和谐和可持续发展的社会。

（一）平衡区域发展

城市地区由于有集中的资源和服务，吸引了大量的人才和资本；而农村地区因资源稀缺而发展滞后。这种不平衡不仅加深了地区间的贫富差距，还导致了一系列社会问题，如城市过度拥挤、农村人口外流等。城乡基本公共服务均等化通过保证农村地区能够获得与城市相等的教育、医疗和社会保障服务，提高农村地区的吸引力，促进人才和资源的均衡分布。这不仅能改善农村地区的生活和经济条件，促进农业现代化和农村地区的产业升级，还能减轻城市的压力，推动国家总体稳定均衡发展。

（二）激发经济活力

农村地区一直以来被认为是发展的薄弱环节，通过均等化政策的推动，农村地区可以变成国家经济增长的新动力。改善农村地区的基础设施和公共服务质量不仅可以提升农村居民的生活水平，还能吸引更多的投资进入这些地区，特别是在农业技术创新、乡村旅游、绿色能源等新兴产业领域。此外，教育资源的均等化可以提高农村地区人口的整体素质，为经济的发展提供更多的高素质劳动力。劳动力市场的优化配置和人才素质的提升为经济的持续健康发展提供了强有力的支撑。在全球化背景下，一个国家经济的活力很大程度上取决于其整体的人力资源质量

和创新能力,因此城乡公共服务的均等化不仅是实现社会公平的需要,还是提升国家竞争力的重要策略。

(三)促进科技创新与应用

随着教育资源的均等分配,农村地区的学生和年轻人能够获得更多接触和学习现代科技的机会,这直接催生了更广泛的科技参与和创新活动。科学技术的普及和教育的普及化为农村地区培养了一批具有创新能力的人才,这些人才成为当地乃至国家科技进步和创新发展的重要力量。农村地区通过接触应用新技术如信息通信技术、智能农业技术等,能够有效提高生产效率、降低成本、提升农产品的竞争力。这种技术的应用和推广不仅能够促进农业产业的升级,还能激发更多的科技创新活动,形成良性的创新循环。此外,公共服务的数字化转型为农村地区提供了更便捷的政务服务、医疗健康和教育资源,这些都是科技创新应用的具体体现,它们大大提高了农村居民的生活质量,增强了农村地区的综合竞争力。

(四)提高政策执行的效率

均等化政策的实施要求政府在政策制订和资源配置上更加精准和高效,这需要政府建立和完善数据收集、分析和反馈机制,确保政策制订能够充分考虑到各地区的实际需求和条件。通过这种方式,政府能够更加合理地分配资源,确保资源使用的效益能够最大化,减少资源浪费。均等化政策的推进还要求政府改善和优化服务提供方式,如通过数字化手段提供公共服务,这不仅能够提高服务效率,还能提升政府服务的透明度,增强公众对政府工作的满意度和信任度。此外,公共服务均等化的过程也是政府与民众沟通互动的过程,这有助于政府更好地了解民众的需求和期望,及时调整和优化政策措施,提高政策的适应性和有效性。

三、城乡基本公共服务均等化的关键

在城乡基本公共服务均等化的过程中，加强能力建设与人力资源发展是实现这一目标的关键环节。能力的提升和人力资源的优化不仅能够直接提高公共服务的质量和效率，还能促进社会经济的全面发展。以下是该策略的具体实施方向。

（一）提升服务提供者的能力

这一策略的实施涉及广泛而深入的培训和教育计划，旨在帮助服务提供者，如教育工作者、医疗卫生人员以及社会服务人员，拥有更高的专业知识和技能，以应对日益增长和变化的服务需求。

对教育工作者而言，提升能力意味着不仅提高他们的教学技巧，还包括提升他们对新教育技术的适应能力、确保他们对创新教学方法的掌握。例如，数字教学资源和在线教育平台的应用能够大大扩展教育的覆盖面，特别是在偏远地区，这要求教师能够熟练地利用这些现代教学工具，以提高教学效果。医疗卫生领域的服务提供者面临的挑战则在于如何将最新的医疗知识和技术应用于日常的诊疗实践中，尤其是如何将这些先进的医疗服务带到农村地区，缩小城乡在医疗服务质量上的差距。这不仅需要定期的专业培训，还需要推广远程医疗服务等创新模式，以提高农村地区居民的医疗服务可获取性。社会服务人员如社会工作师和社区服务管理者则需要具备更广泛的社会服务知识和技能，包括对特定社群的需求有深刻理解、能够有效管理社区资源和服务项目、具备良好的沟通和协调能力。这样，他们才能在提供个性化和高效的社会服务过程中，更好地满足不同群体的需求，尤其是农村地区的弱势群体。

要实现这一目标，政府不仅需要在政策和财政上提供支持，还需要建立多层次、多渠道的培训体系。这包括但不限于设立专业培训机构、开展在线培训课程、举办工作坊和研讨会，以及鼓励跨地区和跨领域的学习交流。此外，政府还应鼓励服务提供者参与政策和服务模式创新的过程，以他们的实践经验和专业知识为服务均等化贡献智慧和力量。

（二）发展人力资源

在城乡基本公共服务均等化的大背景下，发展人力资源成了一个关键的策略环节，它的实施不仅直接影响到公共服务的质量和效率，还对促进整个社会的经济和文化发展具有深远的意义。这一过程要求政府在广泛和深入地推进教育普及的同时，注重培养和提升民众的职业技能，为社会经济的发展提供坚实的人力资源支持。

教育是人力资源发展的基石，通过确保每个孩子都能接受到质量相等的基础教育，无论是在城市还是农村，都是实现长期社会稳定和经济增长的基础。这不仅包括传统的阅读、写作和算术技能，还包括科学、技术、工程和数学等领域的教育，以及批判性思维和创新能力的培养。此外，随着社会的发展和技术的进步，信息技术教育也成为基础教育中不可或缺的一部分，它有助于学生适应未来的工作环境，增强个人的竞争力。职业技能培训则是连接教育和就业的桥梁，针对不同年龄段和不同需求的群体，提供多样化的职业技能培训项目不仅可以提高劳动力市场的适应性和灵活性，还能促进个人的职业发展和社会地位的提升。对于农村地区而言，职业技能培训不仅应覆盖传统农业技能的提升，还应包括新兴产业和服务行业的技能培训，以促进农村经济的转型升级和多元化发展。

发展人力资源的过程也是提高公民参与度和提升公共服务质量的过程。受过良好教育和培训的公民能更有能力和信心参与社会事务，他们对公共服务的需求也会更加明确和高标准。这种情况下，公民不仅是服务的接受者，还能成为评价和改善公共服务的积极参与者。通过这样的互动，政府可以促进公共服务供给更加贴近公民需求，提高服务的效率和满意度。发展人力资源的目标是为社会经济的持续发展储备充足的高素质人才，也包括提升整个社会的文化素质和生活水平。这一过程需要政府、教育机构、企业和社会组织等多方面的合作和支持，通过提供平等的教

第七章 公共服务的现代化发展

育机会、创新的培训项目和有效的激励机制,共同推动社会的全面进步。

(三)建立激励机制

这一策略不仅仅关注提供竞争性的薪酬和福利,更涉及职业发展、工作满意度以及社会认可等多个层面,旨在构建一个全面的激励体系,以促进公共服务人员的长期承诺和高效工作。

合理的薪酬体系是激励机制中的基础,它直接影响到公共服务领域工作的吸引力。为了确保公共服务领域能够吸引到有能力的人才,薪酬水平需要与市场水平接轨,特别是对于那些需要特殊技能和高级别教育背景的岗位。此外,针对在偏远农村地区工作的公职人员,政府和相关机构可以考虑提供额外的补贴和津贴,以补偿他们可能面临的生活和工作上的不便。职业发展机会的提供是激励公共服务人员的另一个关键因素。通过为公职人员提供明确的职业路径和晋升机会,政府可以增强他们对未来的期待和对工作的投入度。这包括定期的培训和教育机会,从而使公职人员能够持续提升自己的技能和知识,适应服务需求的变化,以及提升面对新挑战的能力。对于那些表现出色的公职人员,政府应当提供快速晋升的机会,以示奖励。工作成就感的认可也是一个不可忽视的激励要素。人们在工作中寻求的不仅仅是物质回报,更重要的是对自己价值的认可。因此,建立一套有效的评价体系,定期对公职人员的工作表现进行评估,并对那些做出杰出贡献的公职人员给予公开表彰,可以大大提升公职人员的满意度和忠诚度。这种认可形式多样,包括颁发优秀公职人员称号,或给予他们更多的决策权利。

(四)促进人才流动

在城乡基本公共服务均等化的背景下,构建一个开放和灵活的人才流动机制能够有效地促进人才特别是年轻人才向农村和边远地区流动,这不仅仅有助于政府解决人才短缺的问题,更重要的是能够带动地方经济社会的全面进步。

农村和边远地区通常面临严重的人才短缺问题，这会直接影响到当地公共服务的质量和效率。通过建立有效的人才流动机制，鼓励城市地区的专业人才，尤其是教育、医疗、农业技术等领域的年轻人才到农村工作，政府不仅可以直接补充当地人才的不足，还能通过这些人才的工作带动当地的社会服务和经济发展，提高农村地区的吸引力，从而形成良性的发展循环。人才流动是知识和经验交流与分享的重要渠道。当来自不同背景和领域的人才在农村和边远地区汇聚时，他们所携带的新知识、新理念和新技能将与当地的传统知识和实践相结合，激发创新思维和创造活力。这种跨地域、跨文化的交流与碰撞不仅能够促进当地公共服务的改进和提升，还能激发农村地区的创业创新活动，推动社会经济的多元化发展。

人才流入农村和边远地区，特别是那些具备专业技能和现代管理经验的人才，能够直接提升当地的服务水平。他们不仅可以在教育、医疗、社会服务等公共服务领域发挥专业优势，还可以通过培训和指导，提升当地公职人员的能力和服务质量，从而整体提高公共服务的效率和效果。越来越多的人才向农村流动不仅可以促进农村地区的经济社会发展、缩小城乡差异，还能通过减轻城市的人口和资源压力，促进城市的可持续发展。此外，人才流动还有助于城市居民加深对农村生活和文化的了解，增进城乡居民之间的相互理解和尊重，促进社会的整体和谐。

第八章　大数据时代公共管理的创新发展

第一节　大数据与公共管理创新

大数据指无法在一定时间范围内用常规软件工具进行捕捉、管理和处理的数据集合，是需要新处理模式才能具有更强的决策力、洞察力和流程优化能力的海量、高增长率和多样化的信息资产。[①] 在大数据时代的浪潮下，公共管理正面临着前所未有的变革机遇与挑战。大数据技术的迅猛发展不仅重新定义了数据的价值和应用范围，还为政府提供了深化治理、优化服务和增强公众参与的新途径。

一、大数据的基本特征

大数据的基本特征主要体现在数据量大、数据种类多、数据速度快、数据价值高、数据真实性等几个方面（图8-1）。

[①] 郑少峰，张春英. 现代物流信息管理与技术[M]. 2版. 北京：机械工业出版社，2022：178.

01	数据量大
02	数据种类多
03	数据速度快
04	数据价值高
05	数据真实性

图 8-1　大数据技术的基本特征

（一）数据量大

数据量的庞大是大数据最直观的特征之一。随着互联网、物联网和社交媒体的飞速发展，产生的数据量呈爆炸式增长。公共管理部门现在可以接触到前所未有的数据量，这些数据涉及公共政策、市民服务、城市规划等多个方面。大量的数据为政府提供了更多的信息资源，有助于政府在复杂的管理环境中做出更加准确和有效的决策。

（二）数据种类多

大数据的另一显著特征是数据种类的多样性。这些数据不仅包括传统的结构化数据，如数据库中的表格数据；还包括非结构化数据，如文本、图片、视频和社交媒体上的互动信息等。这些多样化的数据类型为公共管理提供了丰富的视角和维度，使得政府能够从多角度理解和分析公共问题，从而制订更为全面和贴近民众需求的政策和服务。

（三）数据速度快

大数据的处理和分析速度也是其核心特征之一。公共管理对实时数据的需求日益增长，无论是社会舆情监测、突发公共事件的应对还是城市交通流的管理，都需要政府具有快速准确地处理和分析大量数据的能力。快速的数据处理能力使政府能够及时响应各类社会需求和变化，有效提升公共服务的时效性和准确性。

（四）数据价值高

大数据的价值在于政府能够从中提取出对决策有指导意义的信息。然而，由于数据量巨大且复杂，如何有效地从中挖掘出有用信息成为一大挑战。政府通过运用先进的数据分析技术和算法，可以从海量的数据中识别出模式和趋势，为政策制订和服务优化提供科学依据。这一过程不仅提升了数据的应用价值，还促进了政府治理能力的现代化。

（五）数据真实性

在大数据的环境下，数据的真实性和准确性尤为重要。由于数据来源广泛，其质量和可信度存在差异，因此确保数据真实性对于提高数据分析的准确性和可靠性至关重要。政府需要通过建立严格的数据质量控制和验证机制，确保数据分析和决策的基础是可靠和准确的。

二、大数据对公共管理的影响

大数据对公共管理的影响深刻而广泛，它不仅提高了公共管理的效率和质量，还推动了政府治理和公共服务的创新。大数据使政府能够更加科学和精准地进行决策制订、提供个性化和优质的公共服务、增强政府透明度和公众参与、提升政策适应性和灵活性、驱动公共管理的创新。

（一）决策制订的科学化与精准化

大数据技术的引入大大提升了公共管理中决策制订的科学性和精准性。传统的决策过程往往面临数据不足或数据利用不充分的问题，而大数据技术拥有处理和分析海量数据的能力，这对于提升政府决策的质量至关重要。通过深入分析社会经济数据，政府能够更全面地把握社会现状和趋势，从而在政策制订、资源分配等方面做出更加合理的决策。例如，在公共卫生管理领域，大数据技术的应用使政府能够迅速准确地收集和分析疾病传播数据、医疗资源分布、人口流动等信息。这种信息的及时获取和分析对于制订有效的防疫措施、合理配置医疗资源、及时应对突发公共卫生事件具有重要意义。尤其在面对全球性流行病时，大数据分析可以帮助政府迅速做出科学决策，有效控制疾病的传播，保护公民健康。

（二）公共服务的个性化与优化

大数据的运用能够大大促进公共服务的个性化和优化。通过分析公众的行为模式、需求特点和反馈信息，政府能够设计出更加符合公众需求的服务项目，并实现服务的个性化定制。这不仅提高了公众对公共服务的满意度和公共服务的有效性，还大大提升了政府资源的使用效率。例如，在教育领域，通过分析学生的学习行为、成绩变化和个人背景数据，教育机构可以提供更加个性化的教学方案和辅导服务；在交通管理领域，利用大数据分析城市交通流量和模式，政府可以优化交通调度，减少拥堵，提高城市交通的整体效率。

（三）政府透明度和责任感的增强

随着技术的进步，政府有能力通过开放数据平台分享海量的公共信息，从政策制订到执行过程，公众能够实时访问、监督和评价政府的各项决策与服务。这种开放性和透明度的提升是建立在大数据技术能够处理、分析并呈现复杂数据的基础之上的。例如，通过开放环境监测数据，公众可以直观了解到本地区的空气质量、水质状况等信息，这不仅让民众能够实时掌握环境变化，还促进了公众对政府环保政策和措施的监督和评价。在应对公共危机和突发事件方面，大数据技术的应用使政府能够更快速、更透明地做出响应。在自然灾害如地震、洪水发生后，通过实时分析地理信息数据、社交媒体信息和移动通信数据，政府能够迅速评估灾害影响范围、确定救援资源需求，并制订救援计划。同时，通过

第八章　大数据时代公共管理的创新发展

数据的公开和分享，政府可以及时向公众提供灾害信息、救援进展和安全指南，有效地减少恐慌，提升公众的安全感和信任度。

（四）公众参与的深化

通过分析社交媒体、在线调查和反馈等数据，政府能够更准确地捕捉到民众的声音和需求，使公众参与成为政策制订和服务改进过程的重要组成部分。这种数据驱动的公众参与模式不仅使政策更加透明、公开，还确保了政策和服务更贴合民众的实际需求，提高了政府行动的有效性和公众满意度。在环境保护方面，政府通过分析公众提交的环境污染报告和监测数据，可以精准地定位污染源，及时采取治理措施，并通过公众参与的方式，共同监督环境治理，提高环保政策的执行力。在城市规划和建设方面，通过分析公众对城市发展的看法和建议，政府能够更好地理解市民对生活空间的需求和期待。这样的数据支持下的城市规划不仅科学合理，还更能反映公众意愿，促进城市的可持续发展和居民的幸福感。例如，通过分析居民在社交媒体上对公园绿地、交通设施的讨论和反馈，政府可以优化公共空间布局，提升城市公共服务水平。

（五）政策适应性与灵活性的提升

通过实时监测社会经济活动和公众反馈，政府可以快速识别政策实施中遇到的问题和挑战，并根据最新的数据分析进行政策调整和优化。这种基于数据的动态管理和决策方式不仅提升了政府对复杂社会变化的响应能力，还确保了政策和措施能够更好地适应社会发展的实际需要。在经济管理领域，实时的经济数据监测和分析能够帮助政府及时调整财政和货币政策，有效应对经济波动。在公共安全领域，大数据分析有助于政府及时发现潜在的安全威胁，并迅速实施有效的预防措施和应急响应计划。例如，通过分析犯罪数据和社会安全数据，政府可以识别犯罪高发区域和时段，有针对性地部署警力和资源，有效降低犯罪率，保护公民的生命财产安全。

（六）数据驱动的创新推动

政府部门通过利用大数据技术分析和处理海量信息，能够发现服务需求的新趋势和治理的新方法，进而推出一系列创新的公共服务和管理模式。这些创新不仅优化了政府的内部运作，还大大提升了公共服务的质量和效率。智能交通系统就是大数据技术创新应用的典型例子。通过分析交通流量数据、驾驶行为数据等，政府可以实时调整交通信号灯，优化路线规划，减轻交通拥堵，提升城市交通的整体运行效率。此外，基于大数据的分析，智能交通系统还能提前预测交通流量变化趋势，指导司机避开拥堵路段，节省出行时间。在社会福利领域，大数据技术使得政府能够更准确地识别贫困人口和他们的具体需求，设计出更为精准和高效的扶贫策略和社会援助计划。例如，通过分析收入水平、就业情况、教育背景等数据，政府可以为不同群体量身定制援助方案，确保有限的社会资源得到合理分配。

第二节　大数据时代公共管理创新的意义、理念与原则

在大数据时代背景下，公共管理面临着前所未有的机遇与挑战。数据的海量增长不仅为公共管理提供了新的视角和工具，还要求公共管理创新以适应这一变革。因此，理解和掌握公共管理创新的意义、理念与原则成为推进有效管理、提升公共服务质量的关键。

一、大数据时代公共管理创新的意义

大数据带来的根本性变革和长期影响特别是在推动管理理念、治理结构、政府职能转型方面有着深远意义（图 8-2）。

第八章　大数据时代公共管理的创新发展

促进跨部门协同和整合治理

加速政府数字化转型

深化公民参与和民主治理

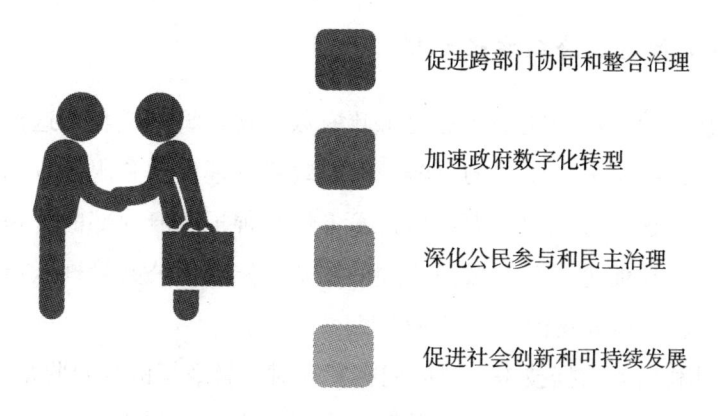

促进社会创新和可持续发展

图 8-2　大数据时代公共管理模式创新的意义

（一）促进跨部门协同和整合治理

大数据技术的发展和应用为不同政府部门之间的信息共享和协同工作提供了前所未有的可能性，这不仅改变了传统的政府工作模式，还为政府解决复杂社会问题提供了新的思路和手段。

随着社会的发展，公共问题日益复杂化、多元化，单一部门往往难以有效应对。环境保护、公共卫生、社会安全等领域的挑战往往涉及多个部门，需要政府以统一和协调的方式进行综合治理。在这种背景下，跨部门的信息共享和协同工作成为提升政府治理能力的关键。大数据技术为实现跨部门协同和整合治理提供了技术支撑。通过建立跨部门的数据共享平台，各部门可以实时共享和访问数据资源，使得信息流通更加畅通无阻。这种即时的信息共享机制不仅加速了政府的决策过程，还提高了决策的准确性和有效性。此外，合作机制的建立还促进了不同部门之间的相互理解和信任，为深化协同工作奠定了基础。在实际应用中，跨部门协同和整合治理体现在多个方面。例如，在公共卫生事件应对中，卫生部门、交通部门、教育部门等可以共享相关数据，实现资源的有效配置和协同应对；在环境保护领域，环保部门、城市规划部门、工业和信息化部门等可以共享污染源数据和监测数据，共同制订环境治理策略，实现环境保护目标。

（二）加速政府数字化转型

大数据的广泛应用确实加速了政府数字化转型的进程，这种转型远远超出了传统服务电子化的范畴，触及政府管理模式和服务方式的深层次变革。在这个过程中，大数据技术不仅改善了政府内部的管理效率和决策质量，还促进了公共服务方式的创新，推动了公共管理从传统的管理向智能化、精准化治理的根本转变。

通过利用大数据技术，政府能够实现对大量数据的高效收集、存储、分析和应用，这为政府提供了前所未有的信息资源和决策支持。在这个基础上，政府不仅能够更准确地理解社会现状和公众需求，还能够预测未来发展趋势，从而能够制订更加科学合理的政策。此外，大数据技术还使得政府能够及时监测政策实施效果，根据反馈信息及时调整政策，从而提高政府治理的适应性和灵活性。在公共服务领域，大数据技术的应用使得政府能够根据公众的行为数据和反馈信息，设计出更加贴合公众需求的服务项目，并实现服务的个性化和精准化。例如，通过分析交通流量数据，政府可以优化公共交通路线和班次，提高公共交通服务的效率和便捷性；通过分析健康数据，政府可以为公民提供更加个性化的健康管理和医疗服务。这些基于大数据的公共服务创新不仅提高了服务的质量和效率，还大大提升了公民的满意度和政府的公信力。

（三）深化公民参与和民主治理

随着技术的发展，大数据不仅改变了信息的收集和处理方式，还为公民提供了前所未有的参与政府决策和社会治理的机会。这一变革使得民主治理的实践更加贴近现代社会的需求，更加反映公民的声音和意愿。

大数据使得政府能够通过分析社交媒体、公共论坛和在线调查等渠道收集到的大量数据，更准确地理解公民的需求和预期。这种对公众意见的实时捕捉和分析为政府提供了即时反馈，使得政策制订能够更加民主化和精准化。通过这种方式，政府能够在政策制订和执行过程中，更

第八章　大数据时代公共管理的创新发展

好地考虑到不同群体的利益和需求，使治理更加公平和高效。大数据技术还为公民提供了更多参与政府决策和社会治理的渠道。通过建立在线平台和应用，政府不仅可以发布政策信息，还可以邀请公民参与政策讨论、决策监督和服务评价。这种参与方式不仅便捷高效，还能够吸引更多年轻人和其他之前难以参与传统政治活动的群体。通过这些平台，公民可以直接对政府工作提出建议，参与社会治理，从而推动政府决策过程的透明化和民主化。大数据还促进了政府与公民之间的互动和沟通。通过分析来自不同渠道的数据，政府能够更好地理解公民的关切和问题，及时调整政策和服务以满足公众需求。同时，公民可以通过数字平台获得政府信息和服务，实现与政府的有效沟通。这种双向互动机制增强了政府的公信力和责任感，提升了公共服务的质量和效率。

（四）促进社会创新和可持续发展

大数据时代为社会创新和可持续发展注入了新的活力，成为推动这一进程的关键力量。在这个过程中，大数据不仅仅是信息的海量聚集，更是洞察社会需求、驱动创新发展的重要工具。政府和社会组织通过对大数据的分析与应用，能够深入理解社会现象、精准识别各类问题，并据此设计出切实可行的解决方案、实现社会服务的优化与创新。在社会需求的识别上，大数据技术能够通过分析人们的在线行为、公共数据和社会反馈，揭示公众的真实需求和关切点。这种基于数据的需求分析使得政策制订和社会项目更加贴近公众的实际需求，提高了资源配置的针对性和效率。同时，大数据能揭示社会趋势和潜在问题，为政府和社会组织提前布局、主动应对提供了可能。

在促进社会创新方面，大数据为科技创新和社会企业发展提供了丰富的信息资源和分析工具。通过对大量数据的分析，创新者可以发现新的商业模式、服务模式和治理模式，推动社会企业的发展和社会服务的创新。例如，基于数据分析的智能交通系统、个性化医疗服务和精准扶贫项目等都是大数据驱动下的社会创新实践，这些创新有效提升了公共服务的质量和效率，增强了社会的活力和包容性。在推动可持续发展方面，大数据技术为环境保护和资源管理提供了有力的数据支持。通过监测和分析环境数据、资源消耗数据等，政府和社会组织能够及时了解环境状况，评估人类活动对环境的影响，据此制订科学的环境保护政策和资源管理措施。此外，大数据还能帮助评估各项政策和措施的实施效果，为可持续发展目标的实现提供指导和调整。

二、大数据时代公共管理模式创新的理念

大数据时代为公共管理领域带来了深远的影响，催生了一系列创新的管理理念。这些理念不仅反映了技术进步对公共管理实践的挑战，还指明了适应和利用这些变化的方向。以下是大数据时代公共管理模式创新的几个核心理念。

（一）职能社会化理念

职能社会化理念体现了在数据密集的社会环境中，公共管理的职能和角色正在发生根本性转变。这种理念强调的是公共管理不再是政府单一行为的体现，而是变成了政府、企业、非营利组织以及广大公众共同参与的过程。职能社会化的核心在于打破传统的政府与社会的界限，借助大数据的力量，促进信息的自由流动和资源的有效配置，实现公共管理的透明化、民主化和高效化。

在大数据环境下，政府的角色由传统的"服务提供者"转变为"平台搭建者"和"协调者"。政府利用大数据分析，精准识别社会需求，制订更为合理的政策。同时，通过开放数据资源，政府鼓励社会各界参与公共服务的提供和创新，从而形成了一种全新的公共管理模式。例如，政府可以与民间组织合作，共同开发社会服务项目；或者通过开放政府数据，促使企业和个人基于这些数据开发新的服务和应用，满足公众的需求。职能社会化理念还意味着政府需要转变其管理方式，采取更加开放和包容的态度。在这一理念指导下，政府不仅仅是规则的设定者和监

管者，更是促进社会协同、激发创新能力的参与者。这要求政府在政策制订和执行过程中，充分听取并吸纳社会各界的意见和建议，以及时调整和优化管理措施，确保政策的实施能够真正反映公众利益，提高公共服务的质量和效率。职能社会化理念下的公共管理还强调利用大数据技术优化资源配置。通过分析大量数据，政府可以更准确地掌握资源分布和社会需求，实现资源的优化配置和高效利用。这不仅提高了政府服务的效率和质量，还促进了社会公平和可持续发展。政府在履行其职能的时候应该尽可能多地把公共事务交由社会管理，进一步简政放权，用间接管理逐步取代之前的直接管理，进而实现公共管理职能的社会化。①

（二）公众满意理念

公众满意理念强调的是政府在决策过程中充分考虑公众的意愿和需求，通过提升服务质量和效率来实现公共价值的最大化。在这一背景下，大数据技术的应用为公共管理提供了前所未有的可能性，能够深刻影响并最终提升公众的满意度。

大数据技术能够通过收集和分析大量的公众反馈信息，为公共管理提供精准的决策支持。这意味着政府可以了解到公众对于各项政策的真实反馈和需求，从而做出更加贴近民意的调整和改进。例如，通过对社交媒体的分析，政府可以及时捕捉到公众对于特定政策的看法和情绪变化，及时调整策略，以提升公众对政策的接受度和满意度。大数据时代的公众满意理念还包括通过技术手段提升公共服务的个性化和便捷性。随着大数据分析技术的进步，政府能够根据公众的行为模式和偏好提供更加定制化的服务，这不仅能够提升服务的效率，还能够提升公众的获得感和满意度。例如，利用大数据技术，公共交通部门可以优化路线设计，减少乘客等待时间，提升公众的乘车体验。大数据技术还能够帮助政府在资源配置和服务提供中实现更高的透明度和公平性。通过开放数

---

① 袁迪嘉. 大数据时代公共管理创新模式探索[M]. 北京：北京工业大学出版社，2022：176.

据平台，公众可以实时监督政府的决策过程和资源分配结果，这种透明化不仅能够增强公众对政府决策的信任，还能促进公共服务质量的提升。

值得注意的是，在追求公众满意度的同时，政府也应该注重保护公众的数据隐私和安全。大数据时代虽然为政府提供了强大的工具，但也带来了数据安全和隐私保护的挑战。因此，构建一个既能够充分利用大数据优势，又能够确保公众数据安全的管理模式是实现公众满意理念的重要前提。

（三）数据驱动决策理念

数据驱动决策理念强调利用大数据分析的深度见解来指导政策制订和服务改进，而非仅仅依靠传统的直觉或经验判断。数据驱动的决策过程能够提高公共管理的透明度、效率和有效性，也促进了公共服务质量的显著提升。

大数据技术的发展使得政府能够处理和分析以前无法想象的数据量，包括社会、经济和环境等方面的数据。通过对这些数据的深入分析，政府可以识别出隐藏的模式、趋势和关联性，这为政府提供了有力的决策支持。例如，通过分析健康数据，政府可以识别出疾病的暴发模式，从而提前做好准备，采取预防措施，以避免或及时化解公共卫生危机。数据驱动的决策还意味着政府能够以更加动态和灵活的方式响应社会变化和挑战。传统的决策过程往往是线性的，从问题识别到政策实施需要经过长时间的准备和审批。而数据驱动的决策允许政府实时监测情况，快速调整策略和行动计划以应对突发事件或新出现的社会需求。数据驱动决策还能够提升政府政策的目标性和精准度。通过对大数据的分析，政府可以更准确地识别目标群体的需求，设计出更加精准有效的服务和干预措施。这种精准性不仅能够提升政策效果，还能够优化资源配置，确保公共资源被有效利用，从而提高公共服务的整体性能和公众的满意度。

在实施数据驱动决策的过程中，数据的质量和分析方法的选择至关重要。只有高质量的数据才能产生可靠的分析结果，而恰当的分析方法能够确保政府从复杂的数据中提取出有价值的信息。因此，政府需要对数据收集、处理和分析技术进行投资，同时培养相关人才，以确保能够有效地利用大数据技术进行决策。

（四）可持续发展理念

可持续发展理念强调在满足当代人需求的同时，不损害后代人满足自己需求的能力，其核心在于实现经济发展、社会包容以及环境保护之间的和谐共存。大数据技术的发展与应用为公共管理提供了实现可持续发展目标的新途径，大数据技术对海量数据的分析能够有效促进资源的合理配置、经济效率的提升，并为环境保护、社会公平做出贡献。

在环境保护方面，大数据技术使得对环境状况的监测和分析成为可能。通过收集和分析来自各种传感器和卫星的数据，政府可以实时监控空气和水质的质量，预测极端气候事件，评估环境政策的影响，从而制订出更加有效的环境保护措施。例如，通过对大气污染数据的实时分析，政府可以及时发布污染预警，采取限制工业排放和交通限行等措施，以减少空气污染对公众健康的影响。在经济发展方面，大数据技术可以帮助政府更准确地理解市场需求和资源分布，从而做出更加科学的决策。通过对经济活动的大数据分析，政府可以识别经济增长的新动力，优化产业结构，提高资源利用效率。同时，大数据技术可以帮助政府监测和预防经济风险，确保经济的稳定增长。在社会包容方面，大数据技术的应用有助于政府更好地识别和解决社会不平等问题。通过分析来自教育、医疗、就业等领域的大量数据，政府可以发现服务分配的不公平现象，有针对性地制订政策，以缩小社会差距，促进社会公平与正义。此外，大数据还可以用于提升公共服务的可接近性和个性化，使得社会弱势群体能够更加容易地获得必要的支持和服务。

三、大数据时代公共管理模式创新的原则

大数据时代的公共管理模式创新不仅仅是技术的应用，更是管理理

念、方法和原则的全面更新。通过遵循以下原则，政府不仅能够更有效地利用大数据技术，还能在确保公共利益的同时，推动社会的可持续发展和进步（图8-3）。

多主体参与构建的原则　　公开透明追求效率的原则　　法治与德治并举的原则　　弹性动态调整的原则　　创新与合作的原则

图8-3　大数据时代公共管理模式创新的原则

（一）多主体参与构建的原则

多主体参与构建原则强调在公共事务的管理与决策过程中，政府需要吸纳并整合企业、非政府组织、公众以及其他社会力量的参与和贡献。这一原则的提出旨在打破传统的由政府单一主导的公共管理模式，通过引入更广泛的参与者，利用大数据等现代信息技术手段，形成更加开放、互动和协作的公共管理新格局。

多主体参与构建的原则源于政府和相关研究者对现代社会复杂性的深刻理解，他们认识到在面对多元化的社会需求和快速变化的社会环境时，单一主体很难全面掌握所有信息，有效应对所有挑战。大数据时代，信息的流动和交换前所未有地快速和便捷，为不同主体之间的沟通与合作提供了技术平台和可能性，使得多主体共同参与公共事务管理成为可能。在这一原则下，政府的角色从传统的决策者和执行者转变为协调者和平台提供者，其主要职责是构建一个开放的信息平台，促进信息的共享和流通，激发社会各界的参与热情，引导和协调不同利益相关者之间的合作与对话。通过这种方式，政府不仅可以提高政策制订的科学性和合理性，还可以提高公共服务的有效性和满意度。多主体参与构建的原则还强调利用大数据技术进行精准识别和需求分析，以确保各利益相关者的意见和需求能够被充分理解和满足。通过对大规模数据的收集、处理和分析，政府可以更准确地把握公众需求的变化，发现社会问题的潜在因素，从而制订更加符合实际需要的政策措施。实践中，多主体参与构建原则的实现需要解决信息不对称、利益冲突调解等问题，确保参与过程的公平性和透明度。这要求政府建立健全的法律法规体系，明确各方的权利和义务，同时通过技术手段保障信息的安全和隐私，避免数据滥用和泄露。

（二）公开透明追求效率的原则

在大数据时代，公共管理模式的创新不仅要求引入多元主体的广泛参与，还强调应在公开透明的基础上追求效率的提升。公开透明追求效率的原则体现了一种现代公共管理的理念，即通过提高公共事务处理的透明度来增强公众信任，同时借助大数据等信息技术提高公共管理的效率和反应速度。这一原则的核心在于认识到信息的公开与共享不仅是民主政治的要求，还是提升管理效能和促进社会进步的重要途径。

在大数据背景下，公开透明不仅意味着公共数据和政府决策过程的开放，还包括政府如何利用大数据提高决策的科学性和精准性，以及如何在保护个人隐私的前提下，合理使用公共数据资源。这要求公共管理者不仅仅关注数据的量和速度，更注重数据的质和效，确保数据的收集、处理和使用过程公正、合理和透明。追求效率的同时强调公开透明可以有效提升政府的公信力和责任感，使公众能够及时了解政府的工作进展和政策实施效果，增强公众对政府工作的理解和支持。例如，公共预算和支出的公开透明可以使公众对政府的财政决策和资源分配有更多了解和监督，从而促进公共资源的合理利用和防止腐败现象的发生。公开透明追求效率的原则也促使政府在政策制订和服务提供中，更加注重利用大数据分析，提高决策的科学性和实时性。通过对大量数据的分析，政府可以更准确地把握社会需求和变化趋势，及时调整和优化政策措施，以适应社会发展的需要。在公共服务领域，利用大数据提高服务质量和效率已成为趋势，如通过大数据分析优化交通管理，减少交通拥堵；利用大数据进行精准扶贫，提高扶贫效果等。

(三) 法治与德治并举的原则

公共管理将德作为全部公共管理活动的灵魂。这是一种把法治与德治有机统一起来的治理模式，可以在全社会生成道德规范体系和伦理机制，通过服务观念的确立，管理者以切实的服务行为引导社会，从而在整个社会范围内弘扬伦理精神，使整个社会实现充分的道德化。[1] 法治与德治并举的原则要求在公共管理过程中，政府既要依法行政，确保政策制订和执行的合法性、规范性；又要弘扬和培育社会主义核心价值观，促进良好社会风气的形成。这一原则的提出是基于对法律规范和道德规范共同作用于社会治理的重要性的认识，特别是在大数据背景下，信息技术的广泛应用对法律法规和道德伦理提出了新的挑战和要求。

法治在公共管理中的地位不言而喻，它是公共管理的重要手段，也是维护社会秩序、保护公民权益的基础。依法行政保证了政府行为的合法性和预见性，提高了政策的权威性和执行力，是维护社会秩序、保障公民权利的关键。在大数据时代，法治原则要求政府在收集、处理和使用大数据过程中，遵循法律法规，确保数据处理的合法性和正当性，同时不断完善相关的法律法规体系，以应对大数据应用带来的新情况和新问题，如数据隐私保护、数据安全、反数据垄断等。德治则是对法治的重要补充，它强调通过道德规范的引导和社会公德的培养，形成积极向上的社会风气，促进社会成员之间的相互尊重、互助合作。德治在公共管理中的应用有助于提升政府公信力、提高政策的社会接受度、促进社会和谐稳定。在大数据背景下，德治的实现需要政府在使用大数据时，注重保护公民个人隐私、公平使用数据资源、避免数据滥用，同时通过教育和引导，提高公众的数据素养和网络道德意识。

法治与德治并举的原则在大数据时代公共管理模式创新中的应用体现了对公共权力运行机制的现代化要求，以及对治理理念的深化。这一原则要求政府在推进大数据应用的同时，既加强法律法规的建设，确保

---

[1] 张康之. 公共管理伦理学[M]. 北京：中国人民大学出版社，2003: 103-105.

数据应用的合法性和正当性；又强化道德引导，营造良好的网络文化环境，担负起数据应用的社会责任和道德责任。此外，这一原则还强调公共管理中的公正性、透明性和公众参与性，通过法律和道德的双重保障，实现公共利益的最大化，维护公民基本权利，促进社会公平正义。实践中，法治与德治并举的原则的实施需要政府不断强化法律意识和法治观念，完善相关法律法规，加大法律执行力度；也需要政府采取有效措施，加强对社会主义核心价值观的宣传教育，引导公民形成良好的数据和网络行为习惯。政府通过法律和道德的双重作用，构建一个既有规范又有温度的公共管理新模式，从而不仅能够应对大数据时代带来的挑战，还能够充分发挥大数据在促进公共管理创新、提高治理效能方面的积极作用。

（四）弹性动态调整的原则

弹性动态调整原则强调公共管理应具备高度的灵活性和适应性，能够快速响应外部环境的变化和内部数据的更新，及时调整管理策略和服务模式，以满足社会发展的动态需求和公众的期待。弹性动态调整的原则源自政府和相关研究者对当前社会变化快速、复杂性增加的深刻认识。在大数据背景下，政府可以通过分析海量数据获得深入的洞察，预测社会经济发展趋势，识别潜在的风险和机会。这种数据驱动的决策模式要求公共管理不仅仅要在策略制订时具有前瞻性，更要在执行过程中保持灵活性，能够根据数据反馈和外部环境的变化快速进行调整。

实现弹性动态调整的关键在于构建一个能够实时收集、处理和分析数据的公共管理信息系统，这一系统应当具备高度的开放性和可扩展性，能够适应不断变化的管理需求和技术发展。此外，政府还需要制订灵活的政策框架和工作流程，允许其在不违反法律法规和社会主义核心价值观的前提下，进行必要的调整和优化。弹性动态调整的原则也意味着对人才和组织文化的要求。公共管理人员需要具备较强的数据敏感性和分析能力，能够在大数据支持下做出科学决策；还需要有勇于创新、乐于接受变化的心态和能力。政府的组织文化应当鼓励创新和灵活性，营造积极应对变化、主动寻求改进的组织氛围。弹性动态调整的原则还要求公共管理能够有效处理和协调各方利益关系，确保在调整过程中充分考虑到不同利益相关者的需求和期望，通过沟通和协作达成共识，保证政策调整的顺利实施和社会的稳定。在具体应用上，弹性动态调整的原则体现在各个领域，如灾害应急管理中根据实时数据调整救援策略，社会服务中根据公众需求的变化优化服务供给，经济政策中根据市场动态调整宏观调控措施，等等。这种基于大数据分析的动态调整机制不仅提高了公共管理的效率和效果，还提升了政府的公信力和公众的满意度。

（五）创新与合作的原则

创新与合作原则体现了政府在处理公共事务和解决社会问题时，不应局限于传统的方法和思维模式，而应积极探索新的解决方案，并通过跨界别、跨领域的合作来实现创新。在大数据的背景下，这种合作不局限于公共部门内部，也包括私营部门、非政府组织、学术机构以及公众的广泛参与。在现代社会，面对快速变化的环境和日益复杂的公共问题，单一主体往往难以独立应对。例如，气候变化、公共健康、城市规划等领域的挑战都需要综合利用多方面的知识、技术和资源来解决。因此，创新与合作成为实现有效公共管理的重要途径。大数据技术的应用为这种合作提供了新的可能性，使得不同主体可以通过共享和分析大规模数据集来发现问题、制订策略并评估政策效果。创新与合作的原则还意味着政府在管理实践中需要不断寻求新的工作模式和合作机制。这包括利用网络平台促进信息交流、使用云计算和人工智能技术优化服务流程、开发公共服务的新模式等。这些创新努力不仅能提高公共服务的效率和质量，还能增强公共政策的适应性和有效性。

第三节　大数据时代电子政务的建设实施

大数据时代电子政务不仅成为政府提升公共服务质量、透明度和决策效率的重要手段，还是构建智慧政府的关键步骤。建设和实施高效、安全且用户友好的电子政务系统对于实现政府职能现代化、满足公众日益增长的服务需求、促进社会经济的全面发展具有至关重要的意义。因此，深入探讨大数据背景下电子政务的建设与实施成了一个重要的课题。

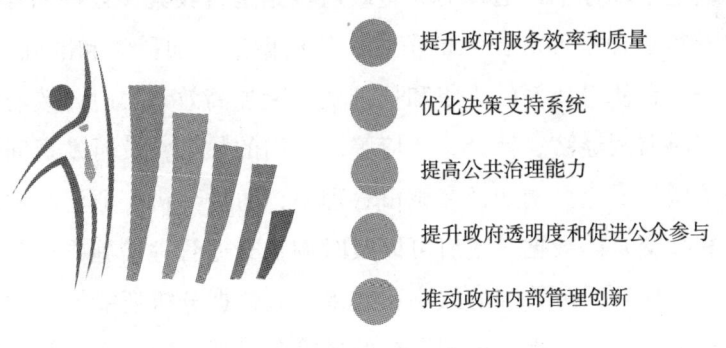

一、大数据时代电子政务建设的重要性

电子政务是指政府通过运用信息技术以及通信技术，打破行政机关的组织界限，构建一个电子化的虚拟机关，改造政府与公众、企业和其他政府部门的关系，实现政务信息化、公开化、高效化和服务网络化，提高政府办事效率以及管理和服务水平。[①] 大数据时代电子政务的建设不仅仅是对传统政务工作的电子化改造，更是一种全新的治理模式和手段的创新，它的重要性主要体现在以下几个方面（图8-4）。

- 提升政府服务效率和质量
- 优化决策支持系统
- 提高公共治理能力
- 提升政府透明度和促进公众参与
- 推动政府内部管理创新

图8-4　大数据时代电子政务建设的重要性

---

① 卞昭玲，王保忠. 信息资源管理实训[M]. 保定：河北大学出版社，2012：77.

(一)提升政府服务效率和质量

电子政务平台通过信息技术手段将政府服务流程数字化,不仅大大简化了传统的手续流程、减少了纸质文档的使用,还实现了服务流程的透明化。这种数字化转型使得政府服务更加高效、响应速度更快,大大提高了政府服务的整体效率。利用大数据技术,政府可以准确地识别和分析公众的服务需求。通过对大量数据的分析,政府能够洞察公众需求的变化趋势,以及不同群体的特定需求,从而提供更加个性化和定制化的服务。例如,在公共健康服务领域,通过分析公众健康数据和环境数据,政府能够提前预测传染病流行开来的可能性,采取预防措施,或者为特定群体提供有针对性的健康建议和服务。这种服务的个性化和精准化会大大提高政府服务的质量和公众的满意度。电子政务平台还提供了一个便捷的互动渠道,使得政府能够及时收集公众的反馈和建议,进一步优化服务内容和流程。这种双向互动机制不仅增强了服务的适应性和灵活性,还促进了政府与公众之间的沟通和信任的建立。

(二)优化决策支持系统

借助电子政务平台通过对大量政府数据进行收集、处理和分析,政府可以获得更加全面和深入的信息,从而做出更加科学和准确的决策。电子政务平台使得数据的收集和处理变得更加高效和实时。政府可以通过平台实时监测经济、社会、环境等多方面的数据,及时发现问题和趋势,快速做出反应。例如,在城市管理中,通过分析交通流量数据、天气数据和社交媒体数据,政府可以及时调整交通管理措施,预防交通拥堵和事故,提高城市管理的效率和效果。大数据分析还能够帮助政府在复杂的社会经济环境中,识别潜在的风险和机遇,制订更加前瞻性和战略性的决策。通过对历史数据和实时数据的深入分析,政府可以准确预测经济、社会的发展趋势,制订相应的政策和措施,引导社会经济的健康发展。

（三）提高公共治理能力

电子政务平台通过整合和应用大数据技术，大大提高了政府对社会动态的监控能力。政府能够通过实时数据分析，快速响应社会变化和公众需求，及时发现并解决问题。这种能力的提升对于预防和管理公共危机、确保社会稳定和公共安全至关重要。大数据技术使政府能够对大量数据进行高效处理和分析，从而预测和防范潜在的风险。例如，在自然灾害管理中，政府可以利用气象数据、地理信息系统数据等，预测自然灾害的发生，及时启动应急预案，减少灾害造成的损失；在公共卫生领域，通过分析流行病数据和环境因素数据，政府可以预测疾病传播的趋势，及时采取防控措施，保护公众健康。电子政务平台还提高了政府应对突发事件的能力。通过建立高效的信息共享机制和应急响应系统，政府各部门能够实现快速协同，有效应对各类紧急情况，从而提高了社会治理体系的整体效能。

（四）提升政府透明度和促进公众参与

电子政务平台为政府与公众提供了一个开放的互动渠道。通过平台，政府可以向公众透露更多信息，包括政策制订的过程、公共服务的实施细节等，提高了政府工作的透明度。这种透明度是增强公众信任、建立开放政府的基础。通过电子政务平台，公众不仅能够轻松获取政府信息，还能参与政策的讨论和评估。公众可以通过在线咨询、投票、论坛讨论等方式，直接向政府提出建议。这种参与机制使公民能够更直接地影响政府决策，增强了公民的政治参与意识和能力，促进了社会共治。电子政务的透明化和互动性还有助于建立政府与公众之间的良好沟通。通过定期发布政策执行情况、开展在线问政等活动，政府能够及时回应公众关切，解释政策理念，减少误解和矛盾，增强公众对政策的社会认同感。

（五）推动政府内部管理创新

通过大数据和云计算等现代信息技术的应用，政府实现了资源的有效配置，显著提高了工作效率和决策质量。这种创新不仅促进了政府自身运行效率的提升，还直接反映在政府服务公民和企业的能力上，有助于政府打造一个更加便利和高效的服务环境。在这个过程中，电子政务充分利用了大数据的分析能力，优化了政府的决策过程，使决策更加科学和精准。云计算的引入使得政府能够按需使用计算资源，避免了资源浪费，同时提高了数据处理的灵活性和效率。这些技术的应用不仅降低了政府运行的成本，还为公民和企业提供了更快捷、更贴心的服务。电子政务的推进实际上是对政府内部管理模式的一次深刻变革，它倡导以数据驱动决策，以技术优化流程，推动了政府向数字化、智能化转型。这种转型不仅仅提高了政府服务的效率和质量，更是实现公共资源优化配置、提升公共管理水平的有效途径，标志着现代政府管理进入了一个新的阶段。

二、电子政务的基本框架与关键技术

电子政务的建设和实施是一个复杂而持续的过程，它要求政府不仅掌握和应用关键技术，还不断优化政策环境、法律框架和管理流程，以确保电子政务能够有效地服务于公民和企业，提升政府的透明度和效率。

（一）电子政务的基本框架

电子政务的基本框架主要包括三个层面：政府对公民（Government to Citizens, G2C）、政府对企业（Government to Business, G2B）和政府对政府（Government to Government, G2G）。

G2C 服务是电子政务最直接、最广泛的应用领域，它直接关系到公民的生活质量和满意度。通过电子政务平台，政府能够向公民提供包括但不限于电子税务、社会保障、公共健康信息等一系列服务。这些服务

第八章 大数据时代公共管理的创新发展

的目标是提供更加便捷、高效、透明的政府服务，以满足公民的多样化需求。通过在线系统，公民可以直接申报和支付税款、查询税务信息，这不仅避免了公民前往实体税务机关的奔波，还大大提高了税务管理的效率和透明度；公民可以通过电子政务平台查询个人社会保险信息，申请各项社会保障福利，如失业保险、养老保险等，电子政务平台实现了社会保障服务的数字化和个性化；政府可以利用大数据分析，向公民提供精准的健康信息和预警，如疫情监控、健康生活指导等。

G2B 服务旨在为企业提供高效、便捷的政府服务，促进经济发展。通过电子政务平台，企业可以轻松完成许可申请、税务申报、标准查询等业务，这大大降低了企业的运营成本，提高了政府服务的透明度。企业可以通过电子政务平台申请各种必需的营业执照和许可证，从而方便快捷的线上审核和反馈流程能够取代传统的纸质申请过程。企业可以在线完成税务申报和支付，实时查询税务信息，这不仅提高了税收管理的效率，还为企业提供了便利。

G2G 服务是指政府内部或跨部门之间通过电子政务平台进行信息共享和业务协同的活动。这一层面的服务对于提高政府内部的运作效率、优化决策过程以及提升公共服务质量具有重要意义。政府各部门之间可以通过电子政务平台实现数据和信息的共享，避免信息孤岛，提高政府服务的整体效率；跨部门的业务协同处理能够确保政府内部各部门在处理公共事务时高效配合，加速决策进程，提升服务质量。这种协同不仅涉及日常的行政管理活动，还包括紧急事件应对、公共项目规划和实施等方面。

（二）电子政务的关键技术

在大数据时代，电子政务的实施和发展依赖于多种前沿信息技术的综合应用。这些关键技术不仅推动了政府服务方式的创新，还大大提升了政府决策的精准度和效率，同时为公民提供了更加便捷、个性化的服务。下面将详细探讨大数据分析、云计算、移动技术、区块链技术、人工智能与机器学习以及物联网这几项关键技术在电子政务中的应用及其带来的影响。

1. 大数据分析

大数据分析在电子政务中的应用能够帮助政府有效管理和利用海量数据，为政府的公共决策提供科学依据。通过对社会、经济、环境等方面的大量数据进行收集、存储、处理和分析，政府能够洞察复杂现象背后的规律，预测未来趋势，实现政策制订的精准化和服务的个性化。例如，通过分析历史交通流量数据，政府能够优化交通管理方案，缓解城市拥堵问题；在公共卫生领域，大数据分析有助于政府追踪疾病传播路径，评估疫情防控策略的效果，提高公共卫生应急管理的效率和效果。

2. 云计算

云计算为电子政务提供了弹性伸缩的计算资源，支持政府信息系统的高效运行和灵活部署。通过云计算服务，政府不仅能够降低信息技术基础设施的建设和维护成本，还能快速响应服务需求的变化，提高服务的可靠性和安全性。在云平台上，政府可以部署各种应用程序，如电子档案管理、公共服务门户等，使得政府服务更加高效、便捷。此外，云计算还促进了政府数据的集中管理和共享，为跨部门协作提供了技术支撑。

3. 移动技术

随着智能手机和平板电脑等移动设备的普及，移动技术已成为电子政务不可或缺的组成部分。政府通过移动应用和移动网站提供服务，从而公民可以随时随地访问政府信息、办理业务，大大提高了政府服务的覆盖面和便捷性。例如，通过移动健康应用，公民可以预约医生、查询健康信息，甚至进行远程医疗咨询。移动技术的应用还包括移动支付、移动身份认证等，为公民和企业提供了全面的便利。

4. 区块链技术

区块链技术以其去中心化、不可篡改和透明的特性，为电子政务提供了新的解决方案。在公共服务和政府采购等领域，区块链可以提高数据交换的安全性和透明度，防止信息篡改和欺诈行为，增强公众对政府操作的信任。例如，通过区块链技术实现的电子投票系统不仅能够确保投票过程的公正性和透明性，还能提高投票的便捷性和参与度。此外，区块链在政府文件管理、财产登记、社会援助等方面也展示了巨大潜力，通过确保数据的完整性和可追溯性，区块链技术大大提升了政府服务的质量和公众满意度。

5.人工智能与机器学习

人工智能和机器学习在电子政务中的应用正在开启政府服务的新篇章，它们不仅优化了服务流程，还提升了决策质量，实现了服务的智能化。人工智能技术可以自动化处理公民咨询，如通过聊天机器人提供24/7的不间断的服务，解答公民的疑问、收集反馈、进行导航服务等。机器学习则能通过分析大量数据，发现服务中的问题和改进点，预测公共需求的变化，从而帮助政府做出更加科学和合理的决策。在公共安全领域，人工智能技术能够辅助监控系统识别异常行为，提前预警，保障公众安全。

6.物联网

物联网技术通过将各种在线设备和传感器连接起来，实时收集和分析城市管理、环境监测等方面的数据，为政府提供了全新的方式。例如，在智慧城市项目中，物联网技术可以用于智能交通系统，通过实时监控路况和交通流量，优化交通信号控制，减少拥堵；在环境保护领域，通过布设环境监测传感器，政府能够实时监测空气质量、水质等环境指标，及时采取措施应对污染问题。此外，物联网技术在公共安全、健康监护、资源管理等多个领域都展现出了巨大的应用价值和潜力。

三、大数据时代电子政务建设的原则

在大数据时代下，电子政务建设的原则应当体现对新技术的深度融合与利用，并确保这些技术应用能够在提升政府服务效能的同时，保障公民的权益。具体如下（图8-5）。

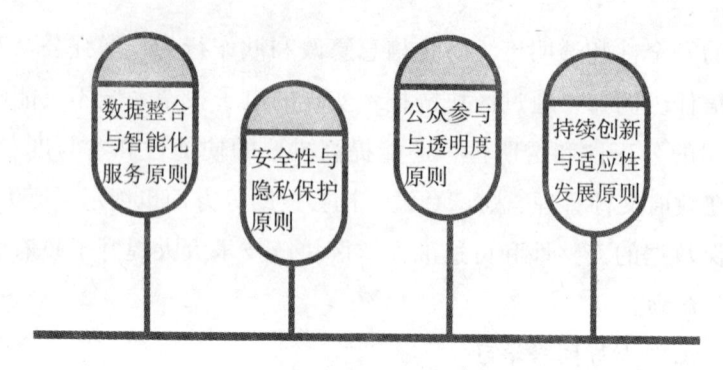

图 8-5　大数据时代电子政务建设的原则

（一）数据整合与智能化服务原则

在大数据时代建设电子政务的重要原则是实现数据的跨部门、跨层级整合，以及通过智能化手段提升政府服务的质量和效率。这要求政府打破信息孤岛，建立统一的数据共享和交换平台，通过数据整合为公民和企业提供更加精准和个性化的服务。智能化服务通过应用机器学习、人工智能等技术，对公共服务流程进行优化，实现自动化处理常见事务，从而提高了响应速度和服务质量。

（二）安全性与隐私保护原则

在大数据的应用过程中，电子政务系统应严格遵守安全性与隐私保护的原则。这意味着政府在设计、实施电子政务项目时，应采取有效的技术和管理措施来确保数据的安全，防止数据泄露、丢失或被滥用。同时，政府应当尊重和保护公民的隐私权，确保公民的个人信息在收集、存储、使用和传输过程中得到严格保护，遵循最小必要原则，未经授权不得泄露公民个人信息。

（三）公众参与与透明度原则

大数据时代的电子政务建设应当鼓励公众参与，提高政府工作的透明度。这不仅有助于构建公众信任，还能促进政府决策的民主化和科学化。通过开放数据平台，政府可以向社会公开更多的政府数据和决策过程，让公众能够更加直观地了解政府工作和公共资源的使用情况。同时，政府应通过线上咨询、意见征集等渠道，积极收集公众意见和建议，让公民参与政府决策和服务改进。

（四）持续创新与适应性发展原则

在快速变化的大数据技术环境中，电子政务的建设和发展需要遵循持续创新和适应性发展的原则。政府应当持续关注新兴技术的发展趋势，探索和实验新技术在公共管理和服务中的应用，以不断优化和升级电子政务系统。同时，政府需要建设灵活的管理机制和政策环境，以适应技术变革带来的挑战和机遇，确保电子政务项目能够持续适应社会和技术的发展需要。

四、大数据时代电子政务建设实施的具体策略

在大数据时代下，电子政务的建设和实施需考虑的方面更为广泛和深入，政府不仅要应对技术的快速变化，还需满足公民对高质量政府服务的期待。以下是针对大数据时代电子政务建设实施的具体策略。

（一）转变观念，树立全面的数据意识

在当前信息爆炸和技术迅猛发展的背景下，数据不仅仅是信息的载体，更是推动政策创新、优化服务、提升治理能力的关键资源。在这一转变的过程中，重要的是把握以下几个关键方面。第一，数据意识的树立意味着政府需要从采取传统的以程序和规则为中心的管理模式，转变为采取以数据为核心的决策模式。这种转变不仅改变了政府的工作方式，还促使政府重新思考与公民、企业以及其他政府部门的互动方式。通过数据的收集、分析和应用，政府能够更深入地理解公民需求，预测社会趋势，提高政策的针对性和效率。第二，树立全面的数据意识还包括对数据质量、安全和隐私保护的高度重视。在大数据应用过程中，如何确

保数据的准确性、完整性和时效性，如何防止数据泄露和滥用成为政府应面对的问题。政府需要建立和完善数据管理和保护机制，确保数据的安全使用，同时保护公民的隐私权。第三，全面的数据意识还要求政府部门之间打破信息孤岛，加强数据共享和协作。建立跨部门的数据共享平台不仅可以避免资源浪费，还可以提升政府整体的服务能力和治理效率。这种跨部门协作的数据共享机制能够将大数据的潜力转化为政府治理和服务的实际成效。第四，树立全面的数据意识还需要政府持续关注和适应新兴技术的发展。随着人工智能、云计算、物联网等技术的进步，大数据的收集、存储、处理和分析能力不断增强，政府应该积极探索这些技术在公共管理和服务中的新应用，推动电子政务的创新和发展。

（二）加强顶层设计，构建高效的数据共享与服务平台

这一策略的核心在于通过高效的组织架构和技术平台，实现数据资源的整合和优化利用，从而为公民和企业提供更为高效、便捷的公共服务。

要实现这一目标，政府就需要对电子政务的整体架构进行精心设计，明确电子政务的发展方向、目标和重点领域。这涉及对现有政府数据资源的深入分析，识别数据孤岛，评估数据共享的潜力和挑战，以及确定哪些数据资源对提升政府服务质量和效率最为关键。顶层设计还需考虑如何通过立法和政策引导和规范数据的共享和利用，确保数据共享的安全性和公平性。要构建高效的数据共享与服务平台，政府就需要采用先进的信息技术，如云计算、大数据分析工具、应用程序编程接口等，以支持大规模数据的存储、处理和分析。这样的平台不仅能够提高数据处理的效率和准确性，还能支持更为复杂的数据分析和挖掘，帮助政府发现和利用数据中的价值，为决策提供科学依据。数据共享与服务平台的建设还需要注重用户体验。政府应设计易于使用的界面和交互逻辑，确保公民和企业能够轻松访问和使用平台提供的服务。同时，政府应提供丰富的在线服务和应用，满足不同用户的需求，提升服务的覆盖面和满

第八章　大数据时代公共管理的创新发展

意度。为了保障数据共享与服务平台的长期发展和持续创新，政府还需建立多方参与的机制，鼓励高校、研究机构、企业以及社会的参与。通过合作和交流，政府可以不断丰富和完善平台的服务内容，引入新技术和新理念，使平台能够适应技术发展和社会需求的变化。

（三）强化大数据技术研发，提供全方位的技术支持

大数据技术的快速发展为政府提供了前所未有的机遇，使得处理大规模数据集成为可能，从而为政府决策提供了更加丰富和准确的信息来源。为了充分利用这些技术带来的机遇，政府需要在多个方面加强努力。

政府需投资大数据技术的基础研究，探索和开发更高效的数据处理算法、数据存储解决方案和数据安全技术。这包括但不限于机器学习、人工智能、云计算和分布式计算等领域的研究。通过提升大数据处理的能力，政府不仅能够更有效地管理和分析海量数据，还能在数据安全和隐私保护方面取得进展，确保数据利用的合法性和合理性。政府还应加强与学术界、产业界的合作，共同推进大数据技术的应用研发。通过建立公私合作伙伴关系，政府可以充分利用外部资源和专业知识，加速大数据技术的创新和落地应用。这种合作不仅能够为政府提供技术解决方案，还能够促进知识转移和技能培训，为政府公职人员和社会公众提供学习和成长的机会。政府还需要为大数据技术的研发和应用创造良好的政策环境。这包括制订鼓励创新、支持研发的财政和税收政策，以及提供适宜的试点项目和应用场景，鼓励技术实验和模型验证。政府还应加强知识产权保护，激励企业和个人投身于大数据技术的研究和开发。

（四）加大大数据人才的培养和引进力度

在大数据时代电子政务建设的全过程中，人才是推动这一领域发展的关键。因此，加大大数据人才的培养和引进力度不仅仅是一项策略，更是政府面向未来的必要投资。这一策略的实施对于提高政府决策质量、优化公共服务、促进社会经济发展具有深远的影响。随着大数据技术的

快速发展和应用领域的不断扩展,对大数据人才的需求日益增长。政府机构和公共部门需要能够处理、分析大数据,以及利用数据洞察进行决策的专业人才。为此,政府需要从多个维度加大力度,形成一个全面的人才培养和引进体系。

政府需与教育机构合作开发和推广大数据相关的教育和培训项目。这包括在高校中设置大数据科学与分析、数据工程、人工智能等相关专业和课程,鼓励学生掌握大数据处理的理论基础和实践技能。同时,政府应支持职业技术教育和在职培训项目,帮助现有公职人员提升在大数据分析和应用方面的能力。政府还需要通过制订优惠政策和提供职业发展机会来吸引国内外的大数据人才。这可能包括税收减免、研究资助、职业晋升通道等激励措施。通过创建一个对大数据专业人才友好的工作环境,政府不仅能够吸引优秀人才加盟,还能激发他们的创新潜能,为电子政务和公共服务带来新的思路和解决方案。政府要重视跨领域人才的培养。大数据的应用不限于技术领域,还涉及管理、决策、政策分析等多个方面。因此,培养能够跨学科工作的复合型人才对于充分发挥大数据在电子政务中的价值至关重要。政府还应建立一个持续的人才发展机制,包括建立人才库、进行定期评估和反馈、提供持续学习和成长的机会等,确保大数据人才队伍的活力和竞争力。

(五)构建安全的网络环境,确保数据的安全与隐私保护

随着电子政务服务的深入发展和大数据技术的广泛应用,政府需收集、存储和处理的数据量急剧增加,这无疑增加了数据遭受非法访问、泄露或滥用的风险。因此,构建一个全面、高效、安全的网络环境对于保障电子政务服务的安全运行至关重要。

政府需要采取先进的技术手段来保障数据的安全,包括使用加密技术来保护数据传输过程中的安全,使用防火墙和入侵监测系统来防止非法访问,以及使用数据脱敏技术来保护个人隐私。此外,应用区块链等分布式技术可以进一步提升数据存储的安全性和透明度,从而增强公众

对电子政务服务的信任。构建安全的网络环境还需要政府制订严格的数据安全政策和管理制度，包括数据分类管理制度，明确不同类别数据的保护等级和处理规范；数据访问控制政策，确保只有授权用户才能访问敏感信息；数据泄露应急响应机制，保证一旦数据安全事件发生，政府能够及时采取措施，减少损失。

提升公职人员和公众的数据安全意识也是构建安全网络环境的关键一环。政府应定期举办数据安全培训和演习，增强公职人员处理数据的安全意识和技能；同时，通过公开教育和宣传活动，增强公众对个人数据保护的意识，鼓励公众采取措施保护自己的网络安全和隐私。政府还应加强与国际社会的合作，共同应对跨国网络安全威胁。在全球化背景下，数据安全和隐私保护面临的挑战具有跨国性，因此政府需要加强国际合作，与其他国家共享情报，从而各国协同应对网络攻击和数据泄露事件，共同提升网络空间的整体安全水平。

第四节 大数据时代服务型政府的构建

数据的海量增长不仅为政府提供了深入洞察社会需求和优化公共服务的可能性，还对政府的治理模式、决策过程以及与公民的互动方式提出了新的要求。服务型政府建设是我们党和政府在行政体制改革发展趋势与经济社会发展现实情况的双重压力下的明智选择，是在马克思唯物史观与中国共产党服务人民的执政理念的理论基础上对我国政府改革与发展的重新定位。[①] 构建服务型政府意味着政府需利用大数据技术提升其服务效率、透明度和响应性，更好地满足公民的期待。

---

① 侯晓艳. 我国政府职能转变及对行政审批制度改革探究[M]. 北京：中国商务出版社，2021：127.

一、服务型政府的概念及重要性

（一）服务型政府的概念阐析

服务型政府的概念在现代社会尤为重要，它不仅代表着政府职能和角色的转变，还是政府适应市场经济体制、满足公民需求、促进社会和谐发展的重要体现。服务型政府强调的是政府在社会治理中的服务角色，而非传统意义上的控制或统治角色。这一转变体现了对政府职能现代化理念的追求，要求政府在提供公共服务的过程中，更加注重效率、公平和民众的满意度。研究者可以从以下四个方面理解服务型政府。第一，服务型政府的主体包括各级政府及其行政人员。这些主体是政府服务的直接提供者，承担着向公民和社会提供全面服务的职责。在服务型政府中，政府及其行政人员需要根据国家宪法和相关法律的规定，以高度的责任感和使命感，为公众和社会提供高质量的服务。这要求政府及其行政人员不断提升自身的服务意识和能力、创新服务方式、优化服务流程，以满足公民多样化的服务需求。第二，服务型政府的服务对象广泛，包括公民、市场、企业和整个社会。这意味着政府的服务不应局限于某个特定领域或群体，而应面向社会各界，既包括向公众提供基本的公共产品和服务，如教育、医疗、社会保障等；又包括为企业和市场提供一个公平、透明、有利于竞争的发展环境。通过这样全方位的服务，政府能够有效促进社会公平正义，推动经济健康发展，增强社会整体的幸福感和满意度。第三，政府服务的内容既包括公共产品和公共服务的提供，又涉及为企业和市场创造良好的发展环境。在服务型政府中，政府通过提供优质的公共服务，满足公民在教育、医疗、就业等方面的基本需求；同时，政府需通过制订公平的政策和法规，为企业发展和市场竞争提供支持，保障经济活动的公正性和透明性。第四，在服务型政府中，对服务效果的评价不能仅仅依赖于经济发展指标，更应关注公民和社会的满意度。这一点体现了服务型政府公民本位、社会本位的服务理念。政府需要通过定期调查、反馈等方式，了解公民对政府服务的满意程度，及时调整和优化服务策略和内容，以确保服务的持续改进和提升，真正公民本位、社会本位。

（二）服务型政府构建的重要性

构建服务型政府在当今大数据时代不仅是政府适应社会发展趋势的必然选择，还是提升国家治理现代化水平的关键步骤。这一转变对于促进经济发展、提高公民生活质量以及增强政府的公信力和效能具有深远的意义。第一，是完善社会主义市场经济体制的重要一环。政府与市场的关系历来是经济学讨论的焦点。在社会主义市场经济体制下，如何处理好政府与市场的关系，实现两者的有效衔接和互补，是促进经济快速健康发展的关键。服务型政府的构建恰恰提供了一种新的思路和方法。通过推动职能的转变，政府强调自身在提供公共服务和公共产品、维护市场秩序、保障社会公平正义等方面的作用，同时充分释放市场活力、优化市场环境。服务型政府能够有效弥补市场失灵，推动社会经济的又好又快发展。服务型政府的构建有助于完善社会主义市场经济体制，通过优化政府与市场的关系，实现资源配置的高效与公平，促进经济结构的优化升级，提高经济发展的质量和效益。在此过程中，政府不仅要适当退出市场机制能够有效运作的领域，还要在公共服务领域通过引入市场机制，实现公共服务的多元化供给，满足人民群众日益增长的美好生活需要。第二，能够加快实现政府职能科学化。实现政府职能科学化是构建服务型政府的重要目标之一。随着社会的发展和人民需求的变化，政府的职能也在不断地调整和转变。服务型政府强调政府应当做好自己应该做的事情，正确处理政府与市场、政府与社会的关系，既要简政放权，释放市场和社会组织的活力；又要有效地发挥政府在社会管理和公共服务中的作用，促进经济社会持续健康发展。通过不断优化和调整政府职能，服务型政府能够更好地适应社会发展的需要，实现政府工作的科学化、精准化和高效化。第三，能够适应国际行政体制改革的潮流。

在全球化背景下，政府间的竞争已经不局限于经济领域，更扩展到了治理能力和服务效率的层面。构建服务型政府，增强政府的服务意识和管理效率，是适应国际行政体制改革潮流、提升国家竞争力的重要途径。通过加强政府服务功能的建设，优化政府服务流程，提升公共服务的质量和效率，政府不仅可以更好地满足人民群众的需求，还能够增强政府的国际竞争力，促进国家的长远发展。第四，落实科学发展观的核心。科学发展观是指导当代中国发展的重要思想，其核心是以人为本，全面协调可持续。构建服务型政府，强化政府在保障和改善民生、推进人的全面发展等方面的作用是落实科学发展观核心要求的重要举措。建设服务型政府不仅可以更有效地保障人民的基本权益，提高人民生活的质量和水平，还可以促进社会的公平正义，实现人的全面发展，为构建和谐社会提供坚实的基础。

二、服务型政府的基本特征

服务型政府在大数据时代展现出了以人民为中心的服务理念、从管理者到服务提供者的转变、高效透明的治理机制、多元协作的治理模式、参与式治理的价值取向以及持续改进的质量意识等基本特征（图8-6）。

- 以人民为中心的服务理念
- 从管理者到服务提供者的转变
- 高度透明的治理机制
- 多元协作的治理模式
- 参与式治理的价值取向
- 持续改进的质量意识

图 8-6　服务型政府的基本特征

第八章　大数据时代公共管理的创新发展

（一）以人民为中心的服务理念

服务型政府秉承的以人民为中心的服务理念体现了政府对民众需求的高度重视和对服务品质的不断追求。这种理念强调政府工作应紧紧围绕满足民众的实际需求来展开，无论是政策的制订还是服务的提供，都应以提升民众的幸福感和满意度为目标。在大数据技术的支持下，政府能够通过对海量数据的分析，精确捕捉到民众的需求变化，及时调整和优化服务策略，从而实现服务供给的精准性和个性化，大大提升政府服务的效率和质量。

这种以人民为中心的服务理念要求政府在决策过程中充分考虑民众的意见和反馈，实现政府决策的透明化和公开化，让民众能够更直接地参与政府的治理和服务。通过建立多渠道的反馈机制和参与平台，政府能够及时收集和响应民众的声音，进一步强化服务的人民导向性。

（二）从管理者到服务提供者的转变

服务型政府从传统的"管理者"角色向"服务提供者"角色的转变标志着政府角色和职能的现代化。这一转变体现了政府对于社会治理理念的更新，即政府不仅仅是社会秩序的维护者，更是公共服务的提供者和社会问题的解决者。利用大数据技术，政府能够对大量的社会信息进行实时监测和分析，准确把握社会动态和公众需求，从而在公共服务的提供、社会问题的预测与解决、公共资源的配置等方面实现更高效的决策和执行。大数据的应用不仅提升了政府服务的响应速度和精确度，还使得政府能够在处理复杂社会问题时更具前瞻性和针对性。这种角色上的转变还意味着政府应不断优化和调整其内部结构和运行机制，以适应服务提供者角色的需要。这包括简化行政程序、提高工作效率、优化服务流程、加强跨部门协作等，旨在构建一个更加开放、灵活和高效的政府治理体系。

(三) 高效透明的治理机制

随着信息技术和大数据的飞速发展，政府治理的透明度和效率显著提高，这对于增强政府的公信力、提升公民满意度和促进社会和谐具有重要意义。

利用信息技术实现政务公开不仅意味着政府活动和决策过程的透明化，还包括政府数据和信息资源的开放共享。这种开放性和透明度使公民能够更方便地获取政府信息，理解政府政策的依据和目的，从而更加积极地参与社会治理和公共服务的评估与改进。此外，透明的治理机制还为公民提供了监督政府行为的渠道和手段，有助于预防和减少腐败现象，保障政府权力的正确行使。通过大数据分析和智能决策支持系统，政府能够对海量数据进行有效挖掘和分析，从而更科学、精确地制订政策，优化资源配置，提高政策实施的有效性。这种基于数据的决策模式不仅提高了政府工作的效率，还使政府能够更快速地响应社会变化和公民需求。

(四) 多元协作的治理模式

在大数据时代，政府治理不再是单一政府行为的集中体现，而是多种力量共同作用的结果。政府、社会组织、民间企业以及公民个体等多个主体之间的合作和互动构成了现代社会治理的新格局。这种多元协作模式的核心在于打破传统的界限，促进政府内部各部门之间、政府与社会各界之间的信息共享和资源整合。大数据时代为这种协作提供了技术基础和数据支撑，使得政府能够更有效地汇聚各方面的智慧和力量，共同参与社会问题的识别、分析和解决。多元协作的治理模式还强调了公民参与的重要性。通过建立更加开放和便捷的互动平台，政府鼓励公民对社会治理和公共服务进行意见反馈，使公民成为社会治理的积极参与者而非被动接受者。这种模式不仅提升了政府治理的灵活性和响应速度，还增强了社会治理体系的包容性和有效性。

第八章　大数据时代公共管理的创新发展

（五）参与式治理的价值取向

参与式治理作为服务型政府的一大价值取向，体现了现代治理理念的进步，即公民在政府治理和公共服务提供过程中发挥更加积极和主动的作用。这种治理模式的核心在于认识到公民不仅是政策和服务的接受者，还是重要的参与者和贡献者。在大数据时代，这一价值取向得到了进一步的强化和实践。政府利用大数据和信息技术如社交媒体平台、在线调查和反馈系统等，建立了更加开放和便捷的参与渠道，大大降低了公民参与的门槛。这使得公民能够轻松表达自己的观点和需求，参与政策的制订、执行以及监督过程，从而使政策更加贴近民意，提高政策的社会接受度和执行效果。参与式治理还有助于在政府与公民之间建立信任和沟通的桥梁，通过公民参与的过程，增进政府与公民之间的理解和信任，形成共治共享的社会治理格局。这种治理模式不仅提升了政府工作的透明度，还提高了公共服务的质量和效率，从而促进了社会的和谐与稳定。

（六）持续改进的质量意识

服务型政府对公共服务质量的持续改进体现了其对优质服务提供的承诺和追求。在这一过程中，政府通过建立反馈机制、主动收集和分析公共服务的效果、定期评估服务质量、识别不足和短板，及时调整和优化服务策略和内容。大数据技术在这一过程中发挥了至关重要的作用。通过对大量服务数据的实时监测和分析，政府能够快速准确地把握公共服务的质量状况，发现潜在的问题和改进空间。这不仅包括对服务过程的监控，还涵盖了对服务效果的评估，从而确保服务质量得到持续提升。持续改进的质量意识还意味着政府需要不断创新服务方式和手段，利用新技术提高服务效率和满意度。这种对质量的持续追求不仅提高了公共服务的水平，还体现了政府对民众福祉的深切关怀和责任感。

三、服务型政府的主要职责

在大数据时代,服务型政府的构建不仅体现了政府对角色和职能的现代化理解,还对政府的主要职责提出了新的要求。随着信息技术的飞速发展,特别是大数据的广泛应用,政府的职责不再局限于传统的管理和服务,而是扩展到了更为广泛和深入的领域。在这一背景下,服务型政府的主要职责可以归纳为以下几个方面(图 8-7)。

图 8-7 服务型政府的主要职责

(一)满足民众多元化需求

大数据时代背景下,传统的服务提供方式已不能完全满足快速变化的社会需求,因此,政府应借助大数据分析、云计算、人工智能等先进技术,对公共服务的供给进行优化。大数据技术的应用使政府能够通过分析海量的数据信息,准确地理解并预测民众在教育、医疗、交通等多个领域的实际需求。这种预测不仅基于过去和现在的数据分析,还能够捕捉到未来趋势,为政府提供科学的决策支持。随着技术的发展,这种数据分析的准确性和效率都在不断提升,为政府提供了更为强大的决策工具。借助这些技术手段,政府可以实现公共服务的精准化和个性化供给。例如,在教育领域,通过分析学生的学习习惯和成绩,政府可以为不同学生提供更为个性化的教育资源和辅导计划；在医疗领域，通过分析居民的健康数据，政府可以实现疾病的早期预防和个性化治疗；在交通领域，通过实时监控交通流量和人群移动模式，政府可以有效预测和缓解交通拥堵，优化公交路线和服务时间，从而提高整体的交通效率。大数据技术还使政府能够在资源分配和服务布局上做出更为科学的规划。通过深入分析不同区域、不同人群的服务需求和使用情况，政府可以更合理地规划公共设施的分布，合理调配教育、医疗、交通等公共资源，确保资源的有效利用和服务的公平可及。

（二）保障和提升公民权益与福祉

这一职责覆盖了经济权益、社会权益和生命安全权益等多个方面，反映了政府在保障公民全面福祉方面的全方位角色。借助大数据技术，政府能够深入分析社会经济数据，更有效地识别和响应社会需求，保障公民权益。大数据技术的应用使政府在制订和执行社会保障政策时更加精准有效。通过对大量社会经济数据的分析，政府可以及时发现社会弱势群体和边缘化现象，从而有针对性地提供支持和援助。例如，通过分析失业数据、低收入家庭数据和社会福利需求数据，政府能够精确识别需要社会援助的个人或家庭，进而制订更加公平合理的社会援助计划。大数据在灾害预警和公共安全领域的应用也为保护公民生命财产安全提供了有力支持。政府可以利用大数据分析预测自然灾害趋势，提前采取预警措施，减轻灾害带来的损失。同时，通过对公共安全数据的实时监控和分析，政府能够快速响应各类安全事件，有效维护社会稳定和公民安全。大数据技术的运用不限于对现有问题的响应，它还能帮助政府在社会政策制订上具有前瞻性，通过对社会经济发展趋势的分析，政府能够预见潜在的社会问题和挑战，提前做好准备，制订相应的政策和措施，从根本上维护和提升公民的福祉。

（三）推进社会治理现代化

由于社会发展越来越快，传统治理模式已经无法完全适应新的社会需求，政府迫切需要借助大数据等现代信息技术来提升社会治理的能力和水平。大数据技术的引入使得政府可以通过对大量社会经济数据的分析，更加精确地进行社会态势分析、风险评估及决策支持，有效预测和应对社会发展中可能出现的各种问题和挑战。

大数据技术的应用使得社会治理能够实现精细化管理，这包括但不限于对社会各领域如公共安全、环境保护、交通管理等的实时监控和分析，从而政府能够在问题初露端倪时就及时发现问题并采取措施，有效避免或减轻负面影响。同时，智能化的数据处理和分析能力大大提高了社会治理的效率，使得政府能够更快速、更准确地做出反应。服务型政府还强调多元协作的治理模式，这一模式鼓励政府、市场和社会三方面的有效互动，共同参与社会治理和公共问题的解决。在大数据时代，政府可以通过建立开放的数据平台、分享政府数据资源，吸引社会各界参与数据的分析和应用，共同探讨和解决社会问题。这种开放互动的治理模式不仅增强了政府治理的透明度和公众参与度，还有效提升了治理方案的科学性和实效性。

（四）构建数据驱动的决策机制

构建以数据为驱动的决策机制，意味着政府决策过程中应充分利用数据资源，确保每一项政策的制订和实施都建立在科学分析和精确预测的基础之上。这种决策机制的建立不仅可以显著提升政府工作的效率和效果，还能使政府更加灵活地应对社会的快速变化和各种挑战。要实现这一目标，政府首先需要加强数据资源的整合和开放。在现代社会，数据来源广泛、形式多样，政府需要通过建立统一的数据平台，整合来自不同部门和领域的数据资源，实现数据的互联互通。同时，开放数据资源，鼓励社会各界特别是科研机构和企业参与数据的分析和应用，可以大大提升数据资源的使用效率和价值。其次，提升数据分析和应用的能力也是构建数据驱动决策机制的关键因素。这不仅需要政府投入资源培养专业的数据分析团队，掌握先进的数据分析技术和工具，还需要政府能够根据数据分析结果灵活调整政策策略。在这一过程中，人工智能、机器学习等技术的应用可以大大提高数据分析的效率和准确性，帮助政府在复杂的社会经济环境中做出更加科学和合理的决策。最后，政府还要确保政策制订和实施能够充分依据数据分析结果，这要求政府在决策过程中建立起以数据为核心的工作机制和文化，鼓励和支持决策者依据数据分析结果做出判断和选择，并在实施过程中持续监测和评估政策效果，及时调整和优化政策，确保政策目标的实现。

四、大数据时代服务型政府的构建路径

在大数据时代，构建服务型政府不仅是跟随技术发展的必然趋势，也是提升国家治理现代化水平的关键步骤。服务型政府的建设依托大数据及相关信息技术的广泛应用，通过这些技术手段，政府能够更好地响应公民需求、提升公共服务质量、提高治理效率、实现公平正义。构建大数据时代的服务型政府，可以从以下几个路径进行探索。

（一）完善数据制度供给，为服务型政府夯实制度基础

在大数据时代，服务型政府的构建离不开坚实的数据治理基础。这包括两个关键方面。一是加强顶层制度设计和大数据战略的研究制订。数据的双刃剑特性要求政府在作为数据的收集者、使用者，也作为公民权利的保护者时，应有清晰的战略和制度设计。政府需要积极投入大数据科研，通过深入研究和比较国内外先进的大数据实践，结合本国实际，制订适合自身发展的大数据战略。这不仅仅涉及电子政务和智慧政府的建设，更关乎如何通过大数据推动国家治理体系的现代化。要实现这一目标，政府需要联合学术界、社会组织等各方力量，共同参与大数据战略的研究和实施，确保大数据应用的科学性和有效性。二是完善数据相

关立法以加强数据安全。随着大数据的广泛应用，数据安全和隐私保护成为亟须解决的问题。在此背景下，建立健全的数据治理制度框架变得尤为重要。政府需要出台相关的数据立法，明确数据应用的原则和规范、数据分级标准、数据使用的责任和权益等，以法律的形式为数据活动设定边界和规则。这包括对数据开放程度、安全等级和使用权限的明确规定，尤其对涉及个人隐私和国家安全的数据，政府需要有更为严格的管理和保护措施。立法加强数据安全保护不仅可以防止数据滥用和泄漏的风险，还能够为数据的开发利用提供清晰的指导和支持。

（二）完善数据组织机制，为服务型政府夯实运转基础

面对数据利用与管理的新挑战，政府需要采取创新的措施，打破传统的条块分割机制，形成更加开放、协同的网络化管理模式，同时明确各级部门的职责，有效提升数据的保护能力。

在大数据背景下，传统的政府部门间存在着条块分割的现象，这种机制障碍使得数据的有效性难以得到最大化体现，也影响了政府的创新活力。对比之下，具有强烈竞争意识和创新意识的企业在数据的利用和开发应用方面往往更为领先。因此，为了充分发挥大数据的潜力，政府需要树立开放包容和合作共赢的意识，加强政府与企业、社会组织之间的合作与交流。通过政策鼓励技术创新，用资本吸引人才，以合作实现双赢的局面，政府可以打破固有的工作模式，促进数据的共享和开放。此外，建设专业的开放数据网站，实现数据的分层分级公开共享不仅能提高数据的公开性和透明度，还能激发社会各界的积极性，共同参与数据的利用和管理，实现协同共治。在大数据时代，信息技术的迅猛发展对政府管理体系提出了更高要求。为了提升行政效率，各级政府部门应明确自己的职责，充分利用网络平台的开发和利用，加快政府信息化建设的步伐。这不仅仅包括传统的政府门户网站信息数据的发布更新和后台维护服务，更重要的是将大数据意识融入政府管理体系之中，使政府管理平台展现出数据信息化的全新面貌。

具体而言，政府需要建立清晰明了的数据平台，这一平台应成为政府门户网站建设的重点。信息公开、业务流程和互动反馈等功能也应该成为服务型政府建设框架的一部分。建立数据安全分级评估机制，明确数据类型标准和分类制度，对涉及个人隐私和国家安全的数据实施严格的管理和保护都是提升数据保护能力的重要措施。

（三）建立健全数据基础设施，为服务型政府提供治理工具

在大数据时代，服务型政府的构建是对政府治理模式现代化的直接响应。要实现这一目标，建立健全的数据基础设施是关键，这不仅需要政府在数据挖掘、分析和应用方面发挥主导作用，还需要政府加强财政投入和人才培养，并借鉴国外的先进经验，以确保数据驱动的治理工具能有效支撑服务型政府的运作。具体如下。

第一，发挥政府主导作用，加大数据挖掘力度。在当今社会，科学决策的能力已成为衡量政府服务效能的关键因素，而大数据时代的公共管理决策趋势倾向于"社会化"，为决策提供了坚实的社会基础。随着信息技术的飞速发展，公民和社会组织通过更便捷的方式表达权益诉求，信息传递成本降低，公民意愿和社会诉求的表达更为主动和广泛。这种变化使得政府需面对来自社会各界的庞大、分散的数据集和信息源，为政府利用这些信息提供了前所未有的机遇。在这个大背景下，政府应积极确立数据战略、树立数据意识、加大数据挖掘和分析力度，这不仅是创新管理的需要，还是提升服务效率和质量的要求。通过利用云计算、大数据分析等先进技术，政府可以将众多无序、零散的信息数据整合成结构化、可利用的数据集，为防范和应对可能发生的社会问题和危机提供科学的依据。

现代社会的决策过程越来越多地受到大众舆论和网络热点的影响。因此，政府应始终保持对网络热点的敏感性，准确把握社会关注的焦点以及公众的实际需求和政治期待，确保公共决策能够及时、高效地回应社会公众的意愿，并在可能的范围内汇聚更多的民意和智慧。为了充分

发挥数据的价值，政府还需不断扩充数据容量，形成可用于关联预测的技术支持，并寻求方法将大量数据精简成更直观、可用的小数据。政府可以借鉴商业领域的成功经验，如电商平台通过分析用户的搜索和浏览轨迹，为用户推荐定制化的商品信息。

第二，加强财政投入，完善数据人才培养。一个国家对大数据战略的重视程度、财政资源的投入力度以及人力技术的支持是推动社会、企业、高校等各方面积极合作，开发创新应用的关键因素。因此，政府在大数据时代应加大资源供给和人才配备的投入力度，打造一个开放、合作、共享的政治生态环境，以应对挑战，发掘和实现数据的应用价值。政府对大数据价值的认识和重视是形成大数据时代各方合力的先决条件。这要求政府不仅在理念上重视大数据的发展，还在财政资源的投入上表现出坚定的决心。加大投入力度可以促进数据基础设施的建设和完善，包括数据收集、存储、处理、分析和共享的全过程。这样的财政投入不仅仅是对现有资源的优化配置，更是对未来发展潜力的投资，能够促进数据资源信息的快速利用和共享，加速服务型政府构建的进程。数据人才是实现大数据价值的关键，政府应从资源供给和人才配备两个层面加强投入，特别是在数据人才的培养上下功夫。一方面，政府可以在高校现有的课程设计中加入大数据相关的内容，培养一批具备专业技能的大数据分析师和开发人员。另一方面，政府可以通过加强高校与企业的联合培养，设置企业实践课程，从而不仅提升学生的实践能力和创新思维，还促进学术界和产业界的紧密合作，推动大数据技术的创新和应用。政府还应鼓励优势项目的开发、创新激励机制的建立以及政企联合培养人才的模式，以形成理论研究和实践深入、全社会合作交融的大数据开放和应用氛围。通过这种方式，大数据的价值和优势能够真正用于服务型政府的构建，为社会提供更优质、更高效的服务和产品。

第三，借鉴国外相关经验，完善数据基础设施建设。借鉴国外的先进经验，结合我国的具体国情，加强数据人才的引进和培养，积极举办和参与数据高峰论坛以及搭建和完善数据设施可以有效推进服务型政府的构建，提升政府治理的现代化水平，更好地满足人民日益增长的美好生活需要。

政府通过与国际先进教育机构的合作，引进高水平的数据科学课程，以及开展政府和企业共同参与的人才培养项目，可以快速提升国内数据人才的专业水平和创新能力。同时，鼓励国内人才出国深造和交流，引进国际顶尖的数据专家和团队对本土数据人才队伍的建设和提升具有重要意义。定期举行的数据高峰论坛，无论是官方还是民间组织主办，都是交流国际先进数据应用经验、探讨数据治理最佳实践的重要平台。这些论坛不仅可以吸引国内外的数据专家、政策制订者、企业家等参与，还能够促进跨国界、跨行业的知识分享和合作。举行论坛这样的交流活动可以促使我国的数据基础设施建设和数据管理策略更加符合国际标准，更好地应对全球化背景下的挑战。我国政府在借鉴国外经验时，应充分考虑我国的特定国情，结合国内的实际需求和发展目标，对引进的技术和管理模式进行本土化改造。这包括考虑国内的法律法规、文化传统、社会结构等因素，确保数据基础设施建设和数据管理策略既符合国际标准，又适应国内实际，真正实现为我国人民提供更加优质、高效的服务和产品。

参考文献

[1] 陈伟.公共管理定量决策方法[M].合肥：中国科学技术大学出版社，2022.

[2] 赵京国.公共管理理论与实践探索[M].长春：吉林人民出版社，2021.

[3] 杜宝贵.公共管理经典理论概要[M].沈阳：东北大学出版社，2020.

[4] 沈毅.公共管理前沿问题透视[M].长春：吉林人民出版社，2020.

[5] 郭敏.公共管理理论与城市服务创新[M].长春：吉林出版集团股份有限公司，2021.

[6] 袁迪嘉.大数据时代公共管理创新模式探索[M].北京：北京工业大学出版社，2022.

[7] 汪燕，桑志强.公共管理概论与信息服务创新[M].北京：经济日报出版社，2019.

[8] 张正军.公共管理研究：大问题及其理论基础[M].西安：陕西科学技术出版社，2021.

[9] 傅小随，吴良仁.政府公共管理教程[M].北京：国家行政学院出版社，2013.

[10] 顾爱华.公共管理的理论与实践[M].沈阳：辽宁大学出版社，2013.

[11] 洪力铖.新公共管理理论对我国公共管理的启示[J].公关世界，2022（14）：65-66.

[12] 李方琪. 大数据时代公共管理创新分析 [J]. 活力，2023，41（16）：91-93.

[13] 李旅，徐敏. 公共管理创新与经济发展的协同路径 [J]. 中国商人，2023（12）：76-78.

[14] 张笑男. 基于市场经济的公共管理职能解析 [J]. 理财，2023（6）：8-10.

[15] 谢晓军. 公共管理与经济协同创新发展研究 [J]. 商业经济，2023（5）：129-130，143.

[16] 王丽丹. 公共管理专业人才培养模式探索 [J]. 教育信息化论坛，2023（2）：81-83.

[17] 曾夏夏. 浅析公共管理的内涵 [J]. 福建质量管理，2019（15）：210.

[18] 钱颖. 大数据技术与公共管理范式的转型 [J]. 商业观察，2022（21）：17-20.

[19] 温慧. 基于市场经济的公共管理职能研究 [J]. 经济与社会发展研究，2022（14）：4-6.

[20] 张惠嘉. 试析公共管理中的公民参与 [J]. 公关世界，2022（12）：81-83.

[21] 赵琪. 新经济时代公共管理的实现途径 [J]. 商业观察，2022（10）：93-96.

[22] 黄梦妮. 公共管理部门的目标管理现状及对策 [J]. 中国管理信息化，2022，25（6）：179-181.

[23] 张正军. 公共管理研究范式的嬗变与转换逻辑 [J]. 阅江学刊，2022，14（2）：100-111，174.

[24] 陈建新. 公共管理的公共性与社会性分析 [J]. 区域治理，2022（2）：37-40.

[25] 毛亚娥. 公共管理创新与经济增长的质量发展 [J]. 营销界，2021（37）：80-81.

[26] 黄榕. 新常态下公共管理研究 [J]. 中国管理信息化，2021，24（22）：214-215.

[27] 金媛. 大数据时代公共管理创新 [J]. 中国管理信息化，2021，24（20）：195-196.

[28] 程儒. 公共管理工作中的公民参与研究 [J]. 经济与社会发展研究，2021（19）：284.

[29] 高露雅. 论大数据时代的公共管理创新 [J]. 区域治理，2021（17）：49-50.

[30] 王帅,胡奇志.关于新公共管理与乡村治理的思考[J].山西农经,2021(15):142-143.

[31] 罗崇菲.探究公共管理理论中的公民参与[J].现代交际,2021(14):245-247.

[32] 栗艳鸽.基于市场经济的公共管理职能研究[J].上海商业,2021(11):110-111.

[33] 王文奇.公共管理创新与经济增长质量的协同发展探讨[J].商业观察,2023,9(30):78-81.

[34] 张子磐.公共管理领域中个人信息法律保护的优化路径[J].法制博览,2023(30):66-68.

[35] 张晓桐.优化区域公共管理 推进区域经济合作[J].中国外资,2023(18):21-23.

[36] 刘雨.公共管理与经济协同发展的策略研究[J].质量与市场,2021(3):133-135.

[37] 李阳阳.新时代公共管理困境与对策研究[J].辽宁广播电视大学学报,2021(3):58-60.

[38] 任静文,李盈,孙雪斌.新公共管理理论下政府绩效审计思考[J].合作经济与科技,2023(16):154-156.

[39] 徐慧中.大数据时代的社会公共管理模式创新分析[J].管理学家,2023(15):28-30.

[40] 段树新.新常态下的公共管理策略[J].现代经济信息,2021(2):43-44.

[41] 沈雨辰.当代公共管理体制改革必要性分析[J].区域治理,2023(12):47-49.

[42] 周子嘉.公共管理部门人力资源管理的特点及改进对策初探[J].现代经济信息,2023,38(12):155-157.

[43] 谢俊琴.浅谈大数据条件下公共管理改革及创新[J].中国卫生产业,2023,20(8):152-155.

[44] 平谨华.大数据时代下公共管理创新与经济发展[J].经济研究导刊,2023(7):145-147.

[45] 孙明俊.公共管理视角下的城市规划职能探析[J].中国科技纵横,2023(6):141-143.

[46] 陈宝刚,邹娟.大数据背景下公共管理改革策略研究[J].环渤海经济瞭望,2023(5):117-119.

[47] 邵旭,吴小彦.中国式现代化进程中的公共管理未来面向[J].乐山师范学院学报,2023,38(5):126-131.

[48] 潘宸.大数据时代社会公共管理模式的创新[J].经济师,2023(1):23-24.

[49] 刘小丽.新媒体对公共管理的影响研究[J].教育现代化,2020,7(54):141-144.

[50] 张倩.论公共管理模式的构建研究[J].商品与质量,2020(39):85.

[51] 穆柳杉.公共管理与公共文化服务体系建设[J].卷宗,2020,10(35):370.

[52] 陈启梦,韩伟.试论我国公共管理现状及改革措施[J].教育教学论坛,2020(33):23-24.

[53] 徐国冲.迈向合作治理:从新公共管理运动说起[J].江海学刊,2023(2):117-126,256.

[54] 马妮.新媒体时代政府公共管理探析[J].区域治理,2020(28):48.

[55] 袁宪君.论构建和谐社会与加强公共管理的作用[J].区域治理,2022(37):56-59.

[56] 殷宏康.新公共管理理论对我国行政改革的启示[J].区域治理,2022(33):35-38.

[57] 李敏.新常态下协同性公共管理模式创新研究[J].区域治理,2022(32):259-262.

[58] 李佳琪.基于市场经济为基础的公共管理职能浅析[J].商业观察,2022(28):65-68.

[59] 林子涵.大数据背景下的公共管理创新研究[J].中国管理信息化,2022,25(24):180-182.

[60] 孙宇彤.大数据时代社会公共管理模式探讨[J].品牌研究,2022(22):81-84.

[61] 郭昱江. 大数据与公共管理变革研究 [J]. 全国流通经济，2020（14）：39-40.

[62] 高宇. 公共管理模式构建现状及途径研究 [J]. 中国管理信息化，2020，23（10）：200-201.

[63] 程龙灿. "互联网+"背景下公共管理面临的问题与应对措施 [J]. 中国管理信息化，2022，25（14）：224-226.

[64] 赵治皓. 基于大数据的公共管理决策模式演进与趋势研究 [J]. 公关世界，2022（13）：67-68.

[65] 温慧. 论政府公共管理活动中公共政策的执行 [J]. 经济与社会发展研究，2022（12）：188-190.

[66] 李宜霏. 公共管理视角下城市交通可持续发展探究 [J]. 中国储运，2022（11）：145-146.

[67] 马若彤. 协同发展背景下公共管理创新与经济发展探究 [J]. 经济师，2022（10）：38-39.

[68] 栾开. 浅谈公共管理经济政策分析 [J]. 中文信息，2020（7）：84.

[69] 卢东晶. 公共管理部门人力资源管理的特点及改进对策初探 [J]. 质量与市场，2022（8）：112-114.

[70] 张骥. 对新公共管理的认识及研究 [J]. 中文信息，2020（6）：276.

[71] 李鑫. 公共管理中电子信息技术的应用探讨 [J]. 科学与信息化，2022（8）：187-189.

[72] 刘月. 人力资源管理在公共管理部门的作用探析 [J]. 质量与市场，2022（8）：121-123.

[73] 黄雨柔. 人工智能在公共管理中的应用研究 [J]. 科技资讯，2022，20（7）：37-39.

[74] 杜乔双. 新公共管理理论对政府绩效审计的影响 [J]. 营销界，2021（28）：89-90.

[75] 史惠文. 基于公共管理的城市文化建设策略研究 [J]. 科技创新导报，2021，18（27）：130-132.

[76] 刘人春，邵红燕. 基于区块链的公共管理大数据共享机制研究 [J]. 区域治理，2021（27）：91-92.

[77] 张彦伍. 智能网络时代公共管理面临的挑战和创新对策[J]. 中国管理信息化, 2021, 24 (24): 217-218.

[78] 陈云云. 关于协同视角的公共管理模式构建策略研究[J]. 营销界, 2021 (24): 139-141.

[79] 张伊彤. 新经济时代公共管理方式的对策探讨[J]. 营销界, 2021 (21): 159-160.